AKAL BÁSICA DE BOLSILLO 367

Serie Clásicos del pensamiento político

Director de la serie
Ramón Máiz Suárez

AF276923

Diseño interior y cubierta: RAG

© Ediciones Akal, S. A., 2024
Sector Foresta, 1
28760 Tres Cantos
Madrid - España
Tel.: 918 061 996
Fax: 918 044 028
www.akal.com

ISBN: 978-84-460-5508-2
Depósito legal: M-11.108-2024

Impreso en España

Piero Gobetti

Sobre liberalismo
y antifascismo

Edición, estudio introductorio y notas de
Giaime Pala y Gianluca Scroccu

Giaime Pala es profesor Lector de Historia Contemporánea en la Universidad de Girona. Sus intereses historiográficos se han centrado sobre todo en la historia de los intelectuales y en la historia del comunismo español.

Gianluca Scroccu es profesor Titular de Historia Contemporánea en la Universidad de Cagliari. Es autor de diferentes
ensayos sobre la historia del socialismo italiano y europeo, y
acerca del antifascismo italiano.

Traducción de
Francisco Amella Vela

Francisco Amella Vela es profesor Titular de Filología Italiana en la Universidad de Barcelona, donde enseña lengua,
literatura y cultura italianas.

ARGENTINA / ESPAÑA / MÉXICO

Estudio introductorio

Perfil biográfico y político-cultural de Piero Gobetti[*]

1.1. Entorno familiar y antecedentes culturales

Piero Gobetti nació en Turín el 19 de junio de 1901, hijo de Giuseppe Giovanni Battista y Angela Luigia Canuto, ambos comerciantes. El contexto en el que se crio el pequeño Piero fue el del Turín de principios de siglo: una ciudad en plena expansión tanto desde el punto de vista cultural (no olvidemos el prestigio de su universidad y de los profesores que en ella daban clase), como desde el punto de vista económico e industrial (ya que era la sede, desde 1899, de la empresa Fiat y de otras importantes industrias de los sectores metalúrgico y textil)[1]. La importancia de Turín –que fue la primera

---

[*] Aunque los dos autores han concebido y discutido conjuntamente este estudio introductorio, amén de revisar y corregir en profundidad cada una de sus partes, Giaime Pala ha redactado el bloque 1 y los puntos 3.1. y 3.2. del mismo, mientras que Gianluca Scroccu ha redactado el bloque 2 y los puntos 3.3. y 3.4. El último epígrafe sobre los criterios de la presente edición de escritos de Gobetti ha sido redactado por Giaime Pala.

[1] Para una visión de conjunto sobre el Turín de la época, véanse U. Levra (ed.), *Storia di Torino. Da capitale politica a capitale industriale*

capital del Reino de Italia entre 1861 y 1865– la llevó a ser elegida, en 1911, sede de la Exposición Universal para conmemorar el 50.º aniversario de la Unificación italiana. Un acontecimiento concebido como expresión de la contribución de los italianos a la humanidad a través de la unidad conseguida con el Risorgimento y que modificaría profundamente la estructura urbana de Turín, convirtiéndola en una metrópoli en la que se cruzarían destinos y personalidades centrales de la historia italiana del siglo xx[2]. Obviamente, no todos los estratos sociales de la ciudad se beneficiaron del mismo modo de los valores y oportunidades que exaltaba la Exposición. De hecho, en los primeros años del siglo la brecha económica entre la clase media y la trabajadora aumentó considerablemente en el contexto urbano de Turín.

Ese era el clima, pues, en el que Piero Gobetti vivió su infancia y su adolescencia, desarrolladas en un contexto familiar que, como se ha visto, era humilde pero no modesto. La pasión por los libros se convirtió en la razón de vivir del joven Piero, cosa que lo hizo destacar siempre como un alumno brillante: cursó sus primeros estudios en la escuela primaria Giacinto Pacchiotti de 1907 a 1911 y, tras su paso por la escuela secundaria Cesare Balbo de 1911 a 1916, asistió al liceo clásico Vincenzo Gioberti de 1916 a 1918. La

---

(1864-1915), vol. 4, Turín, Einaudi, 2001; A. L. Cardoza y G. W. Symcox, *Storia di Torino,* Turín, Einaudi, 2006, pp. 213-218.

[2] Véanse, al respecto: E. Gentile, *La Grande Italia. Il mito della nazione nel xx secolo,* Roma-Bari, Laterza, 2007, pp. 42 y ss.; A. D'Orsi, «Un primo della classe. La formazione torinese di Palmiro Togliatti», en R. Gualtieri, C. Spagnolo y E. Taviani (eds.), *Togliatti nel suo tempo,* Roma, Carocci, 2007, p. 25. Sobre el tema, también hay que consultar las interesantes observaciones que formula N. Cullen en su obra *Gobetti's Turin. Modernity, Mith and Memory,* Oxford, Peter Lang, 2011, pp. 17-56.

experiencia del liceo fue, sin duda, una de las fases fundamentales en la formación del joven Gobetti, pues le permitió entrar en contacto con profesores que desempeñaron un papel esencial tanto en la culminación de su preparación intelectual como en su educación política y moral. Entre ellos, por ejemplo, se hallaba el profesor de Literatura italiana Umberto Cosmo, célebre dantista que más tarde daría clase en la Facultad de Letras, donde también fue profesor de Antonio Gramsci. Cosmo se convirtió en uno de los impulsores del antifascismo intelectual en Turín e influyó en muchos de los protagonistas del movimiento socioliberal Giustizia e Libertà [Justicia y Libertad] y, durante la Segunda Guerra Mundial, del Partito d'Azione [Partido de Acción][3]. Otro de esos docentes fue el profesor de Filosofía Balbino Giuliano, que en años posteriores se uniría al fascismo y llegaría a ocupar importantes cargos políticos en el ámbito nacional. Mientras tanto, ya hacía algún tiempo que en la vida del joven Gobetti había entrado Ada Prospero, hija única de padres también comerciantes y que vivía en el mismo edificio que Piero, en el número 60 de la calle XX Settembre. La relación en un principio amistosa pronto se convirtió en un gran amor, ensalzado a través de la visión compartida y casi metafísica de la pasión que los unía –influenciada por la lectura de las obras de Dante Alighieri– y basado también en una comunión de intenciones en el plano político y cultural[4].

---

[3] Sobre Umberto Cosmo, véase la entrada biográfica redactada por A. Vittoria para el *Dizionario Biografico degli Italiani* de la editorial Treccani, vol. 34, 1988, disponible en [https://www.treccani.it/enciclopedia/umberto-cosmo_%28Dizionario-Biografico%29/].

[4] Además del epistolario entre Piero Gobetti y Ada Prospero publicado en 1991 (véase *infra*, p. 8 n. 6), cfr. también P. Gobetti y A. Gobetti, *La forza del nostro amore,* ed. de P. Polito y P. Impagliazzo, Florencia, Passigli, 2016.

Tras terminar sus estudios en el liceo, Gobetti se matriculó en noviembre de 1918 en la Facultad de Derecho de la capital del Piamonte. Se licenció en 1922 con una tesis sobre el pensamiento político del dramaturgo y escritor Vittorio Alfieri[5], al que Gobetti admiraba porque, como veremos, en su heroísmo veía un método para librar su propia batalla política y cultural durante el fascismo desde posiciones propias de un intelectual poco dispuesto a aceptar compromisos con el poder político. Y fue precisamente este espíritu el que propició que a Gobetti, con solo diecisiete años, se le ocurriera la idea de fundar una revista que despertase la cultura turinesa e inyectara nueva savia a una realidad que él, en su ardor juvenil, creía necesitada de una profunda renovación cultural y espiritual.

1.2. *Energie Nove:* influencias, temas y batallas políticas

> Objetivos: despertar el movimiento de ideas en este Turín cansado, promover la cultura, fomentar los estudios entre los jóvenes, etc. El primer número ya está totalmente redactado: se publicará a principios de noviembre [...]. Perdonad el exceso de pretensiones: pero se trata de una obra de italianismo, y todos los jóvenes deben colaborar[6].

---

[5] El piamontés Vittorio Alfieri (1749-1803) fue un prolífico autor de tragedias, poemas, sátiras y escritos de otros géneros literarios. Fascinado por la Revolución americana y por la francesa, pero contrario a la fase jacobina y luego duro opositor a Napoleón, hizo de la lucha contra las tiranías políticas uno de los grandes temas de sus obras, que fueron muy leídas por los núcleos románticos europeos y los patriotas italianos de la primera mitad del siglo XIX.

[6] Cfr. la carta de Piero Gobetti a Ada Prospero del 14 de septiembre de 1918, en P. Gobetti y A. Gobetti, *Nella tua breve esistenza. Lettere 1918-*

Con estas palabras, Piero Gobetti adelantaba a su futura esposa y principal colaboradora, Ada Prospero, cuál sería la misión de *Energie Nove,* la revista de cultura política que iba a dirigir y con la cual debutaría en la escena intelectual italiana. En el momento de su aparición en noviembre de 1918, *Energie Nove* tenía un formato medio, una portada azul claro y una foliación inicial de dieciséis páginas, que pasarían a ser veinticuatro en la segunda serie de doce números, publicada del 5 de mayo de 1919 al 12 de febrero de 1920[7]. Entre la primera y la segunda serie se produjo una interrupción de poco más de un mes que, sin embargo, no impidió que la publicación periódica volviera a editarse y continuara su acción cultural.

El título de la nueva publicación era una síntesis eficaz del espíritu que estimulaba a su fundador y a su grupo de colaboradores. Era evidente, en efecto, la llamada a la regeneración y al dinamismo como elementos centrales de una nueva reflexión política y cultural destinada a contribuir a la renovación de Italia tras la tragedia de la Gran Guerra. Como ya había ocurrido con la influyente revista *La Voce* de Giuseppe Prezzolini[8], la generación inquieta que participó

1926, Turín, Einaudi, 1991, p. 5. La traducción al castellano de esta y de todas las demás citas de textos de Piero Gobetti que aparecen en este estudio introductorio son de Giaime Pala y Gianluca Scroccu.

[7] C. Pianciola, *Piero Gobetti. Biografia per immagini,* Cavallermaggiore, Gribaudi, 2001, pp. 46-47.

[8] *La Voce* fue la revista italiana político-cultural más importante de los primeros quince años del siglo xx. Fundada en Florencia en 1908 por el escritor Giuseppe Prezzolini (1882-1982), adoptó enseguida una línea crítica hacia el positivismo que dominaba la escena cultural italiana y hacia la clase dirigente liberal de la época, culpable de no saber modernizar el país. La revista se hizo eco de los problemas del sur de la península, de las carencias y defectos del mundo escolar italiano y del provincianismo cultural del país. Con los años, fue acercándose a las posiciones del nacionalismo italiano organizado, hasta cerrar en 1916.

en la experiencia de *Energie Nove* estaba imbuida de un anhelo de cambio que debía ser la expresión de las mejores fuerzas de la nación, las más frescas, las que de verdad eran capaces de cambiar la situación, pero también de modificar
profundamente el espíritu público. La política, en su sentido más amplio y desde luego alejada de cualquier compromiso partidista, debía convertirse en un pilar de esta batalla
inherente a los impulsores de la revista. En ese sentido, el
compromiso cultural y político debía orientarse, a través de
una labor pedagógica específica inspirada por fuerzas «jóvenes», hacia una nueva conciencia de la identidad nacional
radicalmente distinta a la del pasado y en continua evolución[9]. Nada que ver con perspectivas revolucionarias en el
plano político, que incluso podrían incluir formas violentas
de ascenso político, sino enmarcadas siempre en el plano de
las ideas y del paciente trabajo de construcción cultural y
pedagógica.

Los temas de la nueva publicación debían ser de lo más
variado: entre ellos podemos enumerar el despertar cultural
bajo la bandera del antipositivismo idealista, la cuestión de
las reivindicaciones territoriales italianas en el Adriático, el
paso de la industria de guerra a la industria de paz, el anti-
proteccionismo, el *antigiolittismo,* el antiestatismo, la reconstrucción institucional combinada con la reforma burocrática, el socialismo y la reforma educativa.

En su artículo «Commenti e giustificazioni» [«Comentarios y justificaciones»], Gobetti anunció el programa de la
revista y aclaró que la función de la nueva publicación periódica era «promover movimientos de ideas, plantear pen-

---

[9] M. Gervasoni, *L'intellettuale come eroe. Piero Gobetti e le culture del
Novecento,* Florencia, La Nuova Italia, 2000, pp. 373-374.

samientos, fomentar discusiones»[10], en un contexto en el que debía dominar el espíritu crítico de «jóvenes sinceros y reflexivos, cualesquiera que fuesen las ideas que impulsaban» y el estudio sin prejuicios desde la literatura y el arte hasta los temas de actualidad. La acción de la nueva publicación debía caracterizarse desde el principio por el deseo de contribuir al despertar político y cultural de Turín tras el desafortunado estancamiento del periodo *giolittiano* (del que hablaremos en el siguiente apartado); una tarea que solo podían asumir las generaciones más jóvenes, las únicas conscientes, en opinión de Gobetti, de la necesidad de una ruptura radical tras lo ocurrido durante la Gran Guerra.

El carácter de renovación con una fuerte impronta generacional era uno de los ejes de la revista y fue así ya desde el primer número, donde el anhelo de regeneración, que se expresaba también a través de un preciso registro lingüístico fruto del conflicto mundial y que Gobetti había asimilado[11], se contraponía a un clima político y cultural considerado asfixiante:

> Quisiéramos aportar una nueva ola de espiritualidad a la limitada cultura actual, suscitar nuevos movimientos de ideas, llevar a la sociedad y a la patria las aspiraciones y los pensamientos de nuestra juventud, mientras otros entregan su sangre y nosotros nos disponemos a entregarla también[12].

---

[10] P. Gobetti, «Commenti e giustificazioni», *Energie Nove* I/4 (15-31 de diciembre de 1918), pp. 49-51.

[11] Cfr. M. Gervasoni, *L'intellettuale come eroe. Piero Gobetti e le culture del Novecento,* cit., pp. 213-252.

[12] «Rinnovamento (nota)», nota no firmada pero atribuible a Gobetti que respondía a un artículo con el mismo título firmado por Balbino Giuliano, *Energie Nove* I/1 (1-15 de noviembre de 1918), p. 2.

La mayoría de los colaboradores de la revista eran estudiantes de bachillerato o de los primeros cursos de la universidad. En cualquier caso, eran todos jóvenes y, desde luego, no se trataba de los vástagos de las familias cultas o adineradas más importantes de Turín, sino que más bien procedían de la pequeña y mediana burguesía de la ciudad. Entre aquellos jóvenes desempeñaron un papel especial las mujeres –lo cual era una novedad en las revistas culturales de la época–, como la ya citada Ada Prospero o la helenista y ensayista Maria Marchesini.

En el marco de este contexto, la situación política y social de Italia en los meses en que Gobetti planeaba y luego hacía realidad el nacimiento de su revista estaba experimentando grandes cambios, ligados tanto a la insatisfacción en parte de la opinión pública por las insuficientes ganancias territoriales de Italia en la Conferencia de Paz de París de los países ganadores de la guerra (siguiendo al poeta nacionalista Gabriele D'Annunzio, se habló al respecto de «victoria mutilada») como por la explosión de las tensiones políticas que se habían acumulado durante el conflicto y que provocaban profundas divisiones entre quienes querían restaurar el *statu quo* liberal anterior a 1914 y quienes querían revolucionar por completo el escenario político italiano, como efectivamente ocurrió en 1919.

Por razones de edad, Gobetti no había participado en la guerra, aunque, cuando se publicó el primer número de la revista, su quinta estuvo a punto de ser llamada a filas, a pesar de que el conflicto estaba dando ya sus últimos coletazos[13]. Es evidente, sin embargo, que Gobetti, como muchos de los jóvenes de su época, también se vio fuerte-

---

[13] P. Spriano, *Gramsci e Gobetti. Introduzione alla vita e alle opere*, Turín, Einaudi, 1977, pp. 99-100.

mente influenciado por la guerra y que respiró plenamente aquel deseo de renovación y profundo cambio económico, cultural y social que la guerra había generado y había dejado tras ella. La Primera Guerra Mundial fue para el joven turinés un auténtico punto de inflexión, con una ruptura muy clara respecto a las expectativas del periodo de la *Belle Époque,* en cuyo discurso político, intelectual y artístico también había estado muy presente el tema de la guerra[14].

Sobre ese legado del conflicto se asentaban la rebeldía y el sarcasmo contra la academia cultural, la cual había sido una de las principales dianas de los jóvenes que habían impulsado, en la transición entre los siglos XIX y XX, publicaciones periódicas como *Il Marzocco* y revistas como *Regno, La Voce* e *Il Leonardo*[15]. Estos ejemplos estaban muy presentes en la mente de Gobetti cuando lanzó su primera experiencia editorial. Los impulsores de las mencionadas revistas supieron desarrollar razonamientos nuevos y más agudos sobre el tema del carácter nacional, aprovechando también el entusiasmo de jóvenes intelectuales pertenecientes a la clase media y, por tanto, no vinculados al *establishment.* En opinión de dichos jóvenes (opinión que, ciertamente, no siempre era fruto de una ponderada visión histórica), el camino recorrido por el Reino había sido muy mediocre hasta entonces, como demostraban los resultados de los gobiernos presididos por Giovanni Giolitti.

---

[14] Para una reflexión robusta y articulada sobre el tema, véase E. Gentile, *L'Apocalisse della modernità. La Grande Guerra per l'uomo nuovo,* Milán, Mondadori, 2008.

[15] Cfr. E. Gentile, *La Grande Italia,* cit., pp. 123-132.

1.3. En las raíces de la crítica del joven Gobetti: el sistema *giolittiano*

La situación de Italia entre 1896 y 1914 era de claro retraso respecto a naciones como Francia o Gran Bretaña, por ejemplo en lo que se refiere al proceso de crecimiento económico dentro de los factores de la Segunda Revolución Industrial. Debido a que se localizó casi exclusivamente en las regiones del norte, el proceso de industrialización condujo a la existencia en la práctica de dos naciones: una más moderna en el norte, y otra más atrasada en el sur y las islas, conocida como *questione meridionale* («cuestión del sur»). En este escenario, las primeras reivindicaciones concretas del movimiento obrero aparecieron en las fábricas del norte, mientras que el socialismo arraigaba también en las zonas de la llanura Padana.

En este marco se desarrolló la labor del liberal Giovanni Giolitti, el estadista más importante de la historia del Reino de Italia después de Cavour, hasta el punto de que el periodo 1901-1914 es normalmente conocido con el sintagma «etapa *giolittiana*»[16]. El modelo político de Giolitti pretendía incorporar en las funciones de gobierno a las fuerzas más

---

[16] Procedente de una familia de la alta burguesía piamontesa, Giovanni Giolitti (1842-1928) fue un funcionario público del Reino de Italia que ocupó diferentes carteras en los gobiernos liberales del último tercio del siglo XIX. Su fama de buen gestor económico convenció a Humberto I de Saboya para nombrarlo presidente del Gobierno ya en 1892, aunque solo a partir de 1901 se impuso como el político liberal más importante del país. Aparte de la primera experiencia como jefe del ejecutivo en 1892-1893, Giolitti fue presidente del Gobierno en los años 1903-1909 y 1911-1914. Después de la Gran Guerra, volvió a ser presidente del Gobierno en 1920-1921, manteniendo un cierto peso político hasta el último y definitivo giro autoritario de Mussolini en 1925-1926.

responsables y pragmáticas tanto del movimiento socialista como del católico, al tiempo que cerraba las puertas a todas las fuerzas extremistas, tanto de izquierda como de derecha. Sus gobiernos llevaron a cabo importantes reformas en los ámbitos de la legislación laboral, el derecho de huelga y el diálogo con los sindicatos del sector privado para intentar mejorar las condiciones de los trabajadores. Este estadista piamontés estuvo al frente del Estado tanto en la fase de rápido progreso de la industria, que duró hasta 1907, como en la siguiente, de relativa crisis económica. Fue en el quinquenio 1902-1907 cuando la industrialización del país experimentó su mayor aceleración dentro del ciclo iniciado en 1896 y concluido, aunque con una desaceleración, en 1913.

En cuanto a las relaciones con los católicos, a través del Pacto Gentiloni de 1913 Giolitti intentó poner fin, al menos parcialmente, a las relaciones conflictivas del Reino de Italia con el Vaticano que se remontaban a la ocupación militar de Roma en 1870, permitiendo un acuerdo entre votantes católicos y candidatos liberales que hicieran referencia explícita a la doctrina papal[17]. Para desactivar la capacidad de atracción de las fuerzas del nacionalismo, que se habían constituido en asociación política en 1910, Giolitti lanzó en 1911-1912 una campaña colonial contra Libia, con la intención de conseguirle al Reino de Italia un puesto en la geografía del colonialismo que estaba surgiendo en el norte de África. En materia electoral, amplió el electorado con la introducción del sufragio universal masculino en 1912.

---

[17] Este acuerdo es conocido como «Pacto Gentiloni» por Vincenzo Ottorino Gentiloni, político católico y hombre de confianza del papa Pío X que negoció con Giolitti el pacto (que sancionaba el fin de la prohibición de los católicos de hacer política en el Reino de Italia impuesta por el Vaticano después de la ocupación de Roma de 1870).

El precio del proyecto de Giolitti, sin embargo, no fue insignificante en términos de transparencia y respeto a los cánones democráticos, ya que pronto surgieron agrias críticas contra su labor, que tuvieron un impacto muy fuerte al influir posteriormente, como veremos, en jóvenes como Piero Gobetti. Para formar y consolidar sus mayorías parlamentarias, Giolitti no dudó a la hora de recurrir a presiones de todo tipo e incluso a la corrupción abierta; lo hizo sobre todo en el sur de la península y en las islas, que, a diferencia del centro-norte, carecían de fuertes organizaciones obreras que actuaran como elemento de control del gobierno: en esas regiones Giolitti recurrió, siguiendo los métodos heredados de sus predecesores, a gobernadores civiles y policía para manipular las citas electorales con chanchullos y violencia, hasta el punto de que sus adversarios liberales, demócratas y de extrema izquierda lo denunciaron como «corruptor de la vida pública». El hecho de contar con amplias mayorías parlamentarias permitió a Giolitti aumentar el poder del ejecutivo aprovechando la naturaleza flexible del Estatuto Albertino, es decir, la Carta Magna del viejo Reino de Cerdeña que el Reino de Italia adoptó en 1861. Todo ello en un contexto en el que, sin embargo, Giolitti nunca abandonó el perímetro parlamentario e incluso convirtió el Parlamento en el principal foro de discusión política, elemento que desató contra él las críticas de quienes veían en este planteamiento una manifestación de los males de la política palaciega romana, que apartaba al pueblo de los procesos de decisión en favor de los juegos de la política ministerial. No en vano, en aquellos años se desencadenó un frente antiparlamentario especialmente poderoso que trabajó para debilitar no solo su figura, sino todo el sistema político constitucional del Reino, con repercusiones muy graves inmediatamente después del final de la Primera Guerra Mundial.

El proyecto de Giolitti se topó con duros detractores que, aunque desde posiciones diferentes, acabaron uniéndose en un frente común y concentraron en él todos los males de una Italia que debía morir para regenerarse tras el final de la Gran Guerra, gracias sobre todo al nuevo protagonismo de quienes habían luchado en el frente. Aparte del ala izquierda y revolucionaria del Partito Socialista Italiano [Partido Socialista Italiano (PSI)], se oponían a Giolitti los liberales de derechas y los conservadores, los industriales y los terratenientes, y también una parte sustancial de los jueces, en su mayoría del sur, que toleraban mal o se oponían abiertamente a su supuesta debilidad ante las exigencias del mundo del trabajo y de sus organizaciones. Y, por último, también se oponían a él los «meridionalistas» (así se solían llamar a los estudiosos de los problemas del sur de Italia) contrarios al proteccionismo económico –como Giustino Fortunato, Gaetano Salvemini y Antonio De Viti De Marco–, que lo acusaban, no sin razón, de favorecer al norte en detrimento del sur. Fue así inevitable que, tras el final de la Gran Guerra, la crisis del Estado liberal desembocara en un claro contraste entre las viejas y las nuevas fuerzas políticas, donde lo que estaba claro era que había que superar la forma de hacer política de la etapa *giolittiana.*

Ya en el primer número de *Energie Nove,* Gobetti había manifestado explícitamente que el conflicto mundial debía interpretarse como un elemento de fractura capaz de abrir una época de renovación de la fisonomía política y cultural de la nación[18]. En el artículo-manifiesto titulado «Rinnovamento» [«Renovación»], la intención de Gobetti era aportar «una nueva ola de espiritualidad» a un contexto político y

---

[18] P. Gobetti, «Volontà», *Energie Nove* I/1 (1-15 de noviembre de 1918), p. 15.

cultural que se juzgaba con severidad y no se consideraba a la altura de las circunstancias, todo ello mientras tantos jóvenes derramaban su sangre para defender a su país[19]. El carácter juvenil era el elemento que otorgaba confianza a la nueva aventura editorial y la preparaba para afrontar los inevitables obstáculos y problemas, hasta el punto de que «la edad joven, el ardor y la conciencia de no hacer un trabajo inútil son un acicate para superarlos»[20].

Volviendo a la revista, es necesario subrayar que la intolerancia y la denuncia de los partidos políticos y de sus estrategias públicas que se fomentaban desde sus páginas permitían ver cómo en un momento de crisis y de transición incierta, como era el de la inmediata posguerra, se apoyaba el llamamiento a una renovación generacional y a una «regeneración» moral que debía partir de los jóvenes, frente a una política considerada incapaz de afrontar de forma concreta los problemas del presente[21]. La crítica hacia «la oligarquía de los politiqueros, que no ganan las elecciones por méritos propios, sino por el apoyo del Gobierno»[22] y, por tanto, a la cohabitación con la masonería y a todas las prácticas hostiles del *giolittismo,* fue un estribillo muy presente en la revista. La creación de un nuevo Estado dirigido por una elite renovada en el plano generacional que debía incluir a Italia en los esquemas de las naciones modernas: este era el espíritu de renovación moral que Gobetti quería contribuir a

---

[19] «Rinnovamento (nota)», cit.
[20] *Ibid.*
[21] Cfr. Marco Gervasoni, *L'intellettuale come eroe. Piero Gobetti e le culture del Novecento,* cit., pp. 170-177.
[22] P. Gobetti, «Verso la proporzionale», *L'Unità* 27 (3 de julio de 1919), pp. 141-142; P. Gobetti, «Giolitti, giolittismo e antigiolittismo», *Energie Nove* II/5 (5 de julio de 1919), pp. 93-95.

promover[23]. Este era, en definitiva, uno de los muchos jóvenes que, como ha escrito el historiador Emilio Gentile, querían hacer historia y ser protagonistas[24]; de estos supuestos partía su condena de los partidos como organizaciones burocráticas sin aspiraciones, reinos de los acuerdos de bajo nivel y factores de bloqueo de la modernidad.

Estas posiciones se nutrían de las ideas de aquellos referentes intelectuales que inspiraron a Gobetti en su primera experiencia editorial, muchos de los cuales llegaron incluso a colaborar con su revista. Entre los primeros, no podemos olvidar la figura del historiador y político Gaetano Salvemini[25], en quien vio a uno de esos hombres de cultura que no habían tenido miedo de criticar la obra de Giolitti, y la del economista liberal Luigi Einaudi[26], destinado a influir de

---

[23] Cfr. E. Gentile, *Le origini dell'ideologia fascista,* Bolonia, Il Mulino, 1996, pp. 25 y 38-39.

[24] Cfr. E. Gentile, «Le giovani generazioni nella storia dell'Europa del Novecento», en M. de Nicolò (ed.), *Dalla trincea alla piazza. L'irruzione dei giovani nel Novecento,* Roma, Viella, 2011, pp. 15-23.

[25] Gaetano Salvemini (1873-1957) fue un renombrado historiador y político de la región de Apulia. Salió polémicamente del PSI en 1911 por su apoyo al proteccionismo industrial y por su renuncia a hacer oposición a Giolitti, que Salvemini calificaba de corrupto y corruptor. En 1911 fundó *L'Unità,* una revista cuyo impacto político fue notable por su crítica al proteccionismo, su denuncia de los problemas del sur y por su mensaje regeneracionista. La influencia de esta revista, que cerró en 1920, fue especialmente relevante entre los jóvenes de la época. Por ejemplo, Antonio Gramsci, para quien Salvemini fue un referente, decidió llamar *L'Unità* al diario del Partito Comunista d'Italia [«Partido Comunista de Italia» (PCdI)], que inició sus publicaciones en febrero de 1924.

[26] Cfr. A. D'Orsi, *La cultura a Torino fra le due guerre,* Turín, Einaudi, 2000, pp. 59-60. Luigi Einaudi (1874-1961) fue un economista y político piamontés extremadamente influyente hasta los años cincuenta del siglo XX. Profesor en la Universidad de Turín y opinionista en los gran-

forma relevante en su pensamiento, si bien Gobetti lo criti-
caría con bastante dureza en años posteriores. Por último,
tuvo una influencia fundamental Benedetto Croce[27], filósofo al que Gobetti, que por entonces tenía dieciocho años,
admiraba por su capacidad de exponer su propio marco de
pensamiento de forma laica y no según esquemas cerrados,
todo ello con el único fin de construir herramientas de trabajo intelectual capaces de impulsar las conciencias hacia la
crítica y la investigación.

En este contexto, el vocabulario utilizado por Gobetti y
sus colaboradores contra Giolitti no se andaba con rodeos.
A Giolitti se le tildaba abiertamente de «inepto»[28], o se le
consideraba el gran corruptor de la vida civil de la nación,
alguien de quien Italia debía deshacerse para superar un sistema político basado en el proteccionismo y el parlamentarismo entendidos como práctica extrema destinada a pre-
servar un poder que buscaba la estabilidad a ultranza. Para
Gobetti, Giolitti era culpable de haber eliminado el espíritu
«agonístico» de la política de los italianos, tanto de la burguesía como de la clase obrera, sobre todo después de haber
puesto en marcha una política de concesiones que había
minado su voluntad introduciendo una cultura de tipo servil entre gobernantes y gobernados (aplastando la dialéctica
natural entre pueblo y gobierno). Tales argumentos estaban
presentes, por ejemplo, en artículos como «Traditore o in-

---

des diarios italianos, fue un secuaz del liberalismo clásico y desempeñó
el cargo de presidente de la República italiana entre 1948 y 1955.

[27] Véase, al respecto, P. Craveri, «Gobetti e Croce», en P. Polito (ed.),
Piero Gobetti e gli intellettuali del Sud, Nápoles, Bibliopolis, 1995, pp.
85-99.

[28] P. Gobetti, «Traditore o incapace?», *Energie Nove* I/3 (1-15 de diciembre de 1918), p. 33.

capace»[29] [«Traidor o incapaz»] o «Giolitti, giolittismo e antigiolittismo»[30] [«Giolitti, *giolittismo* y *antigiolittismo*»], textos todos ellos en los que la filosofía *antigiolittiana* de Gobetti alcanzaba su máxima expresión y ratificaba también su distanciamiento de los que él consideraba los críticos más suaves hacia la acción política del varias veces primer ministro. El suyo era un *antigiolittismo* que no se limitaba al plano personal, sino que proponía un vuelco moral contra las manifestaciones tangibles de un régimen político corrupto[31].

Estas críticas se publicaron en un momento en que la galaxia política socialista también veía surgir en su seno nuevos y aguerridos grupos de jóvenes. Entre ellos, el más importante fue ciertamente el de *L'Ordine Nuovo,* reunido también en Turín en torno a Antonio Gramsci, Palmiro Togliatti y Angelo Tasca; una experiencia que, por su impacto de ruptura generacional, puede compararse en cierto modo al primer intento de Gobetti[32]. Por poner solo un ejemplo, pensemos en el intercambio dialéctico entre Gramsci, Bal-

---

[29] *Ibid.*

[30] P. Gobetti, «Giolitti, giolittismo e antigiolittismo», cit.

[31] Cfr. G. Quagliariello, «Un difficile apprendistato. Sui rapporti tra Gobetti e il suo maestro Salvemini», en P. Polito (ed.), *Piero Gobetti e gli intellettuali del Sud,* cit., p. 132. Estos juicios se nutrían de las reflexiones críticas sobre Giolitti que, en los años anteriores, habían formulado revistas como *La Voce.* Al respecto, véase: E. Gentile, *Le origini dell'Italia contemporanea. L'età giolittiana,* Roma-Bari, Laterza, 2003, pp. 206-207.

[32] Sobre este tema, remitimos al lector a: L. Gorgolini, *Gioventù rivoluzionaria. Bordiga, Gramsci, Mussolini e i giovani socialisti nell'Italia liberale,* Roma, Salerno editrice, 2019; y L. Gorgolini y P. Dogliani, *Un partito di giovani. La gioventù internazionalista e la nascita del Partito comunista d'Italia (1915-1926),* Florencia, Le Monnier, 2021.

bino Giuliano y Angelo Tasca[33] sobre el significado de la relación entre marxismo y socialismo publicado en la primera mitad de 1919 precisamente en *Energie Nove*. En dicho intercambio participó el propio Gobetti, para quien, a partir de la influencia de Salvemini, el socialismo se sintetizaba en una perspectiva determinista, por lo que Gramsci y Tasca, debido a su voluntarismo, le parecían más cercanos a Mazzini que a Marx[34].

Sin embargo, hay que subrayar cómo se fue estableciendo progresivamente una relación de diálogo e interlocución entre el director de *Energie Nove* y los «ordinovistas». Por supuesto, se ha hablado mucho de la relación entre Gobetti y los «ordinovistas», y de las contradicciones de un liberal, aunque *sui generis,* tan pendiente de lo que ocurría entre los obreros de las fábricas de Turín. En realidad, era solo esto lo que atraía al joven director, que ciertamente no fue un defensor del comunismo; al contrario, y en especial después de la muerte de Lenin, lo criticaba por sus aspectos burocráticos y por su ideología estatolátrica, que sofocaban las energías de la sociedad civil.

---

[33] Véanse los artículos: A. Gramsci, «Stato e sovranità», *Energie Nove* I/7-8 (1-28 de febrero de 1919), pp. 99-101; B. Giuliano, «Risposta a "Stato e sovranità" di Antonio Gramsci», *Energie Nove* I/7-8 (1-28 de febrero de 1919), pp. 111-113; A. T. (Angelo Tasca), «Perché sono socialista. Note in margine ad una polemica», *Energie Nove* I/10 (15-31 de marzo de 1919), pp. 141-145; B. Giuliano, «Marxismo e socialismo», *Energie Nove* II/3 (5 de junio de 1919), pp. 57-64.

[34] Cfr. al respecto la reflexión de Gobetti explicitada en el artículo «Postilla a: Perché sono socialista», *Energie Nove* I/10 (15-31 de marzo de 1919), pp. 146-149. Pero acerca de la misma cuestión, véase también el artículo de U. Formentini, «Lo Stato e il socialismo», *Energie Nove* II/3 (5 de junio de 1919), pp. 64-68.

1.4. De *Energie Nove* a *La Rivoluzione Liberale*

A pesar de la fuerza y el compromiso, *Energie Nove* dejó de publicarse en febrero de 1920. El propio Gobetti confesó sentir un cierto «cansancio de voluntad» al que se sumaron una serie de dificultades dictadas por los problemas en la gestión de los aspectos financieros[35]. Por otra parte, 1920 fue un año fundamental en la carrera política del joven intelectual turinés. Ello se debió a su creciente interés por el estudio de la cultura rusa y de la Revolución de Octubre, pero sobre todo a que esos meses marcaron tanto el apogeo como el declive del *biennio rosso* (bienio rojo), caracterizado por la movilización obrera.

En este contexto de agitación y maduración interior, Gobetti, tras comunicar en el número 11 de la segunda serie un claro programa de trabajo[36], en el 12 (publicado en febrero de 1920) anunció repentinamente, en un breve artículo de fondo titulado «Intermezzo» [«Intermedio»], que la revista dejaba de publicarse:

> Un poco de silencio honesto, de laboriosidad activa: he aquí el intermedio. Dentro de unos meses, la reanudación más fructífera y más amplia[37].

Energie Nove concluía así su experiencia como revista y abandonaba la escena cultural turinesa e italiana. Gobetti se

---

[35] Carta de Piero Gobetti a Ada Prospero del 18 de agosto de 1918, en P. Gobetti y A. Gobetti, *Nella tua breve esistenza. Lettere 1918-1926*, cit., p. 111.

[36] P. Gobetti, «Per il 1920», *Energie Nove* II/11 (20 de diciembre de 1919), pp. 225-227.

[37] P. Gobetti, «Intermezzo», *Energie Nove* II/12 (12 de febrero de 1920), p. 245.

dedicaría a los estudios universitarios e iniciaría así su propio camino personal de relectura de la historia unitaria, con una atención creciente al movimiento obrero y a su perfil de fuerza «heroica» en lo que para él era el desolado panorama político italiano. Habían de pasar casi dos años antes de que apareciera la nueva y más avanzada aventura editorial de Gobetti: la publicación, el 12 de febrero de 1922, del primer número de *La Rivoluzione Liberale.* Sin la experiencia previa de haber dirigido ya una primera revista, Gobetti y sus amigos seguramente no habrían podido establecer contactos y relaciones con distintas personalidades y exponentes del mundo de la cultura, en muchos casos alejados de su propia manera de interpretar la realidad.

2.1. *La Rivoluzione Liberale:* la lucha por cambiar el espíritu de los italianos

Como ya se ha dicho, el escritor Vittorio Alfieri ocupaba uno de los lugares principales en el panteón personal de Gobetti. Este vislumbraba en Alfieri las características de un intelectual liberal en constante tensión con la vida, ajeno a los compromisos y dispuesto a enfrentarse al contexto europeo de su tiempo, disgustado por todo lo que veía en Italia. No es casualidad, por tanto, que al terminar sus exámenes universitarios Gobetti pidiera a su director de tesis de licenciatura, el profesor de Filosofía del Derecho Gioele Solari, que le permitiera escribir su disertación final sobre la figura de Vittorio Alfieri. Se dedicó intensamente a ello desde el verano de 1921 y concluyó su trabajo el 14 de julio de 1922 con las máximas calificaciones y la recomendación de publicarla. La obra encontró primero espacio en las columnas de *La Rivoluzione Liberale,* entre octubre y diciembre de 1922, y pocos meses más tarde, con el apéndice «Las tragedias de Alfieri», la editorial Arnaldo Pittavino & C. –que, como veremos, se transformaría más adelante en Piero Gobetti Editore– la publicaría integralmente con el título de *La filosofia politica di Vittorio Alfieri [La filosofía política de Vittorio Alfieri]*[38].

2.2. El encuentro con Gramsci

Si ese era el plan para finalizar sus estudios universitarios y profundizar en sus referencias culturales, el año 1920 fue la coyuntura que puede definirse como fundamental en la trayectoria política de Gobetti. En efecto, fue durante el verano de ese año cuando se desarrolló en el norte industrial el movimiento de ocupación de fábricas, destinado a transformar las comisiones sindicales internas en verdaderos órganos de autogobierno[39]; la línea adoptada e impulsada por el periódico *L'Ordine Nuovo,* dirigido entre otros por Antonio Gramsci, era la que estaba destinada a ejercer una influencia considerable en el joven Piero. Gobetti enseguida empezó a seguir con mucho interés las acciones de los obreros de Turín, hasta el punto de que, en una carta del 7 de septiembre de 1920, dirigida a Ada Prospero, escribió lo siguiente:

> Aquí estamos en plena revolución. Sigo con simpatía los esfuerzos de los obreros que están construyendo realmente un mundo nuevo. […] No siento dentro de mí, por

---

[38] Una edición de esta obra es: P. Gobetti, *La filosofia politica di Vittorio Alfieri,* Roma, Edizioni di Storia e Letteratura, 2012.
[39] Sobre el tema, sigue siendo de obligada lectura el libro de P. Spriano, *«L'Ordine Nuovo» e i consigli di fabbrica,* Turín, Einaudi, 1971.

razones especiales que tú conoces, la fuerza necesaria para seguirlos en su aventura, al menos por ahora. Pero me parece que poco a poco se va aclarando e imponiendo la mayor batalla ideológica del siglo. [...] Se trata de un intento verdaderamente grandioso de lograr ya no el colectivismo, sino una organización del trabajo en la que los obreros, o al menos los mejores de ellos, sean lo que hoy son los industriales. [...] Nos hallamos ante un hecho heroico[40].

¿Cómo podía un joven que se proclamaba liberal participar en una aventura como la de la fracción comunista de la juventud turinesa reunida en torno a Gramsci? El propio Gobetti lo explicó muy claramente y lo definió como

uno de los episodios más originales del pensamiento marxista en Italia, de hecho, quizá el primer intento de entender a Marx, más allá de las fugaces ilusiones ideológicas, en su significado como instigador de la acción[41].

La acción de los obreros de Turín le parecía, pues, la creación de una gran fuerza de libertad, una acción colectiva, el mito de una minoría que desafiaba las reglas cristalizadas y que, por tanto, se presentaba candidata a convertirse en un modelo para la reforma intelectual y moral que el país, en su opinión, necesitaba de forma desesperada:

La realidad más profunda es que la gran industria no puede desarrollarse sin concretar un desarrollo simultáneo

---

[40] P. Gobetti y A. Gobetti, *Nella tua breve esistenza. Lettere 1918-1926*, cit., pp. 345-346.
[41] P. Gobetti, «La nostra cultura politica. 2», *La Rivoluzione Liberale* II/6 (15 de marzo de 1923), p. 25.

de las fuerzas del proletariado, y de su capacidad de defensa y conquista. Esta es la clave de toda la historia europea futura[42].

Gobetti vislumbraba en aquel movimiento obrero el fin de una idea de Italia que había alcanzado su mayor representación en los años del *giolittismo*. El nuevo protagonismo de estos obreros era, en su opinión, la constatación del fracaso del socialismo reformista y de su lógica de los pequeños pasos obtenidos a través de acuerdos de bajo nivel con Giolitti. Después de todo lo ocurrido en las fábricas, el movimiento obrero había conquistado, a ojos de Gobetti, su dimensión nacional y la de posible agente de la transformación del Estado como nunca antes había ocurrido desde la Unificación. Fueron los obreros de las fábricas, paradójicamente, quienes para Gobetti desempeñaron el papel de artífices de la «revolución liberal», no tanto para materializar el comunismo en su versión marxista-leninista, sino como una clara demostración de la necesidad de (auto)gobernarse desde abajo para crear una nueva ética de la responsabilidad. De hecho, Gobetti no esperaba una revolución según el modelo leninista en el caso de Italia; nunca hizo llamamientos de tipo comunista, pues prefería concebir la autogestión obrera de las fábricas como un elemento de descentralización política y económica. Estaba convencido de que el carácter de ruptura fundamental que representaba la Revolución rusa no residía única ni principalmente en la fuente socialista de aquel acontecimiento, sino más bien en el momento en que se habían sentado las bases de un nuevo Estado, «desperta-

---

[42] Editorial no firmado (pero redactado por Piero Gobetti), «Operai e industria moderna», *La Rivoluzione Liberale* IV/40 (8 de noviembre de 1925), p. 161.

do» por un pueblo que se había convertido en el protagonista de una acción liberadora. Los obreros que ocupaban las fábricas podían ser, por tanto, los agentes de la nueva clase dominante capaz de llevar a cabo la revolución concreta de la que Italia había carecido hasta entonces. En esta idea se perciben claras referencias a la visión heroica y sacrificada del pensamiento revolucionario de Georges Sorel[43]; es evidente, sin embargo, que Gobetti fue más allá al atribuir a los obreros una función central de renovación como nueva y potencial clase dominante. Un razonamiento que, como veremos, se basaba en una sobrestimación de la fuerza «regeneradora» de aquel movimiento, al cual supo imponerse el fascismo (como el propio Gobetti tuvo que admitir más tarde).

Estudioso atento y apasionado, junto con su compañera Ada, de la lengua y de la cultura rusas (como prueba de este interés, en 1926 se publicó póstumamente la antología de artículos sobre cuestiones rusas de Gobetti *Paradosso dello spirito russo [Paradoja del espíritu ruso]*)[44], estaba convencido de que el verdadero cambio, tanto en Rusia como en Italia, no podía producirse mediante una intervención desde el exterior, sino solo a partir del estímulo de las conciencias y de los cambios en el carácter nacional. Para Gobetti, estudiar la lengua y la literatura de aquel país era el instrumento adecuado para intentar comprender mejor los presupuestos culturales del bolchevismo. En su opinión, la acción de los bolcheviques había sido liberal en el sentido de que había dado el golpe de gracia a la dictadura zarista, yendo incluso más

---

[43] Cfr. al respecto M. Gervasoni, *L'intellettuale come eroe. Piero Gobetti e le culture del Novecento*, cit., p. 129.

[44] P. Gobetti, *Paradosso dello spirito russo*, Roma, Edizioni di Storia e Letteratura, 2016.

allá del propio esquema marxista como, desde otra perspectiva, también escribiría Gramsci en su famoso artículo «La rivoluzione contro il capitale» [«La revolución contra el capital»].

En el plano teórico, la importancia que atribuía a la clase obrera lo distanciaba de las posiciones de un liberal clásico como Luigi Einaudi, aunque su concepción de la lucha obrera nunca se identificara con el derrocamiento del poder social y político de la burguesía, pues la percibía más bien como una competición política con la burguesía que acabaría impulsando el progreso social y el avance de la democracia. Al fin y al cabo, la clase obrera que valoraba Gobetti debía forjarse en la tecnología y en la modernidad del capitalismo fordista, adquiriendo fuerza y preparación gracias al liderazgo de una elite de políticos-intelectuales altamente cualificados.

Gobetti, por tanto, no escribió sobre política para *L'Ordine Nuovo,* limitándose a ejercer –como se verá unas páginas más adelante– de crítico teatral. Pero su herética colaboración estaba destinada igualmente a suscitar críticas muy profundas, partiendo precisamente del círculo de los comunistas de Turín. El propio Gramsci respondió a estos ataques en varias ocasiones; el intelectual sardo tenía en gran estima al liberal Gobetti y apreciaba el hecho de que, a pesar de no haberse adherido al comunismo, se planteara en concreto el problema de la función histórica que representaba la clase obrera y, en particular, de todas las consecuencias, en términos de apertura de nuevas libertades y de ruptura con los intereses establecidos, que la revolución bolchevique había asumido en los procesos históricos mundiales. No es casualidad que lo definiera, en su famoso ensayo de 1926 «Alcuni temi sulla questione meridionale» [«Algunos temas sobre la cuestión meridional»], como un «gran organizador de la cultura» que había tenido la capacidad de llevar a cabo una labor de contaminación entre el proletariado y una parte de los intelectuales de izquierda. En ese mismo escrito, Gramsci dedicó varias páginas a reconstruir, con una fuerte carga emotiva, la figura del joven intelectual turinés fallecido poco antes en el exilio de París[45]. En concreto, el autor de los *Cuadernos de la cárcel* respondió con estas palabras a las acusaciones de quienes, incluso entre los comunistas, no habían visto con buenos ojos aquella colaboración:

> Algunas veces, camaradas del partido nos han reprochado el que no lucháramos contra la corriente de ideas de la *Rivoluzione Liberale:* el que no hubiera lucha con él pareció prueba de una relación orgánica maquiavélica (como suele decirse) entre Gobetti y nosotros. Pero el hecho es que no podíamos combatir a Gobetti porque él representaba un movimiento que no debe combatirse, al menos en principio. No comprender esto significa no comprender la cuestión de los intelectuales y la función que estos desarrollan en la lucha de clases[46].

Hay que señalar que esa reflexión de Gramsci surgió cuatro años después de que las relaciones entre ambos hubieran terminado, coincidiendo con el viaje de Gramsci,

---

[45] A. Gramsci, «Algunos temas de la cuestión meridional (fragmentos)», en *Antología*, sel., trad. y ed. de M. Sacristán, Madrid, Akal, 2013, pp. 180-182 (en las que se analiza la figura de Gobetti). Según Gramsci, la característica más destacada de Gobetti «era la lealtad intelectual y la falta completa de toda vanidad y mezquindad de orden inferior; por eso tuvo que convencerse de que toda una serie de modos de ver y pensar tradicionales respecto del proletariado eran injustos y falsos» (p. 151).

[46] *Ibid.,* p. 152. Se mantiene aquí la traducción de M. Sacristán.

primero, a Moscú y, más tarde, a Viena. Gobetti, sin embargo, continuó siguiendo de cerca la actividad política e intelectual de Gramsci. No solo publicó íntegramente el discurso que este pronunció como miembro de la Cámara de Diputados el 18 de mayo de 1925[47], sino que antes, el 22 de abril de 1924, ya había celebrado con estas palabras, en *La Rivoluzione Liberale,* la elección de Gramsci como diputado:

> Más que un táctico y un combatiente, Gramsci es un profeta como solo se puede ser hoy en día: desoído, salvo por el destino. La elocuencia de Gramsci no desvelará ningún misterio. Su polémica catastrófica y su sátira desesperada no esperan consuelo fácil. Toda la humanidad, todo el presente es sospechoso para él. Exige justicia a un feroz vengador futuro[48].

Su relación se vio fortalecida por el hecho de que Gramsci había intuido que la esencia del planteamiento de Gobetti era histórica y política al mismo tiempo, y sobre todo había apreciado su convicción de que todas las dificultades experimentadas por el Estado italiano podían achacarse a la debilidad del proceso de Unificación[49]. Para desencallar esas

---

[47] A. Gramsci, «Borghesia ed emigrazione», *La Rivoluzione Liberale* IV/22 (31 de mayo de 1925), p. 91.

[48] P. Gobetti, «Uomini e idee. Gramsci», *La Rivoluzione Liberale* III/17 (22 de abril de 1924), p. 66.

[49] Ya en la cárcel, en la nota 59 del cuaderno 10 dedicado a la filosofía de Benedetto Croce –redactado entre 1932 y 1935–, Gramsci confirmó el juicio sobre Gobetti de 1926 afirmando que, con *La Rivoluzione Liberale,* «se produjo una innovación fundamental» respecto del liberalismo en el que creía Croce (y que entonces era la visión del liberalismo dominante en Italia); a saber: «[Con *La Rivoluzione Liberale*] el término "liberalismo" se interpretó en un sentido más "filosófico" o más abstrac-

rigideces que degradaban el potencial nacional, Gobetti estaba dispuesto a ver con buenos ojos cualquier elemento
revolucionario, incluso de tipo marxista, que pudiera en-
cender esa chispa capaz de provocar una verdadera renovación de la conciencia nacional.

2.3. La relación con socialistas y católicos

Si esa era su actitud hacia los «ordinovistas», distinta y
más crítica era su actitud hacia el mundo socialista, en la
cual influía poderosamente la herencia de Einaudi, de *La
Voce* y de Salvemini[50]. Gobetti concebía el socialismo, sobre todo en su experiencia italiana, como un movimiento
imbuido de estatismo y proteccionismo lanzado desde arriba sobre la base de rígidas trabas burocráticas. En cambio,
en el marxismo, en la lucha de clases y en las vanguardias
obreras organizadas percibía el punto de encuentro con su
teoría liberal personal para alcanzar una valorización común del individuo sobre el Estado (concepción que, lógicamente, Gobetti habría modificado si no hubiese muerto
en 1926 y hubiese podido presenciar las horribles páginas
del estalinismo).

Su juicio sobre los socialistas fue por tanto duro y sin
concesiones, máxime sobre los socialistas más reformistas y

---

to, y se pasó del concepto de libertad en los términos tradicionales de la
personalidad individual, al concepto de libertad en los términos de
la personalidad colectiva de grandes grupos sociales, y al de competición
ya no entre individuos sino entre grupos». Véase la nota en A. Gramsci,
Cuadernos de la cárcel II. Cuadernos 6-11, trad. de A. J. Antón Fernández
y ed. de A. Garrido, Madrid, Akal, 2023, p. 609.
[50] Cfr. M. Gervasoni, *L'intellettuale come eroe. Piero Gobetti e le culture
del Novecento,* cit., pp. 268-280.

moderados como Filippo Turati y Claudio Treves –acusados de haber desempeñado un papel solo dentro de las instituciones y no en las masas–; ambos adolecían de múltiples limitaciones en su preparación política y cultural, lo que a juicio de Gobetti había determinado su decisiva subordinación al *giolittismo*. En *La Rivoluzione Liberale* del 12 de febrero de 1922 escribía, por ejemplo, lo siguiente:

> El socialismo se desmoronó por falta de preparación cuando tenía que hacerse realidad. Expresó su impotencia en Turati. En lugar de atenerse a una lógica autónoma, aceptó el legado de la democracia[51].

En la concepción vitalista de Gobetti, en su reivindicación de la autonomía del Estado en el proceso de construcción de una nueva generación de italianos en continua tensión moral, el reformismo socialista, su forma de administrar sobre el terreno y de buscar mediaciones parlamentarias con los partidarios de Giolitti aparecía como un mero politicismo redistributivo, incapaz de hacer crecer intelectualmente a los trabajadores. Bien mirado, el único socialista reformista al que Gobetti apreciaba era Giacomo Matteotti, sobre el cual volveremos, admirado tanto por su concreción política como por su absoluta inflexibilidad ante el fascismo.

Igualmente significativas, aunque situadas en una perspectiva diferente, fueron sus relaciones con los católicos implicados en política, de los que fue uno de los observadores más agudos. Este aspecto demuestra su capacidad para contaminarse y tejer relaciones con este mundo hasta el verano

---

[51] P. Gobetti, «Manifesto», *La Rivoluzione Liberale* I/1 (12 de febrero de 1922), p. 2.

de 1922[52], cuando lo asaltó el temor de que el ala derecha del
Partito Popolare Italiano (Partido Popular Italiano), fundado por Luigi Sturzo en 1919 como sujeto político aconfe-
sional –aunque inspirado en los valores del cristianismo[53]–,
pudiera convertirse en un medio de entrada directa de la
Iglesia católica en el mundo político italiano tras las batallas
del Risorgimento y las primeras décadas del Estado unitario. Sin embargo, captó «el carácter nuevo, laico y moderno
del Partito Popolare»[54], la naturaleza reformista de la propuesta de Sturzo y su interés por renovar las estructuras del
Estado a través de la participación democrática. El joven
intelectual laico estaba convencido, en esencia, de que los
elementos más avanzados de la dirección del Partito Popolare debían desempeñar un papel importante en ese proyecto de crecimiento civil que él había imaginado. Un punto
de inflexión que se acentuó inmediatamente después de la
primavera de 1922, cuando el éxito del movimiento fascista
se hizo más evidente[55]. En el marco de la lucha contra Mussolini, Gobetti consideraba indispensable resaltar la importancia de aquellos sectores de la democracia cristiana que se
identificaban con algunos principios del liberalismo, como
el laicismo del Estado, el liberalismo económico, la tolerancia y el pluralismo en la lucha política entendida como tensión para alcanzar la libertad. Asimismo, Gobetti valoró

---

[52] Cfr. B. Gariglio, *Progettare il postfascismo. Gobetti e i cattolici (1919-1926),* Milán, Franco Angeli, 2003, p. 17.

[53] La mejor historia del Partito Popolare Italiano es todavía la de G. de Rosa, *Storia del movimento cattolico in Italia. Vol. II. Il Partito popolare italiano,* Roma-Bari, Laterza, 1979.

[54] «Intervento di Gabriele de Rosa», en P. Polito (ed.), *Piero Gobetti e gli intellettuali del Sud,* cit., p. 122.

[55] B. Gariglio, *Progettare il postfascismo. Gobetti e i cattolici (1919-1926),* cit., p. 24.

muy positivamente la línea *antigiolittiana* y el compromiso de Sturzo y de sus allegados en la lucha contra el fascismo mientras que el resto del Partito Popolare adoptaba una postura más a la expectativa, que se convertiría en cohabitación gubernamental tras la Marcha sobre Roma en octubre de 1922[56].

También fueron interesantes sus relaciones con las nuevas realidades políticas locales surgidas sobre todo a raíz del movimiento de excombatientes, otro importante sujeto político nacido de las cenizas de la experiencia de la Gran Guerra que pregonaba la reforma agraria y la descentralización del Estado para responsabilizar a las poblaciones locales y evitar el clientelismo de la política romana. Para Gobetti, la cuestión del regionalismo, aunque en un marco que seguía siendo esencialmente unitario, fue siempre una cuestión de libertad a partir del ejemplo de Carlo Cattaneo[57] y de Salvemini, de quienes también tomó prestada la atención al problema agrario en el escenario político italiano. Por ello mantuvo numerosos contactos con exponentes del mundo político e intelectual, sobre todo del sur, que se habían enzarzado en batallas autonomistas y federalistas inmediata-

---

[56] Sobre este punto, véase B. Gariglio (ed.), *Con animo di liberale. Piero Gobetti e i popolari. Carteggi 1918-1926,* Milán, Franco Angeli, 1997.

[57] Historiador y economista, Carlo Cattaneo (1801-1869) fue uno de los representantes más destacados del republicanismo liberal del Risorgimento. En 1848 participó en la revuelta de Milán contra los austriacos y, a diferencia de Giuseppe Mazzini, propugnó un régimen federal para la futura Italia unificada que resaltase la histórica diversidad cultural y política de sus regiones y ayuntamientos. En 1860 y en 1867 fue elegido diputado, pero nunca entró en el Parlamento italiano por negarse a jurar fidelidad a la monarquía. Su política se inspiró en los principios de un positivismo abierto a los nuevos conocimientos técnicos y científicos que se estaban produciendo en Europa. Fue siempre muy admirado por Piero Gobetti.

mente después de la guerra. En él fue poderosa, verbigracia, la influencia de los «meridionalistas» Giustino Fortunato, prestigioso político de la región de Basilicata que criticó el estatismo y el excesivo intervencionismo económico del gobierno central, y Guido Dorso, un agudo intelectual de la Campania que luchó contra el proteccionismo económico. Para Gobetti, era necesario superar la actitud que los gobiernos italianos habían adoptado hasta entonces respecto de la cuestión del sur mediante una «revolución liberal» protagonizada por nuevas fuerzas capaces de irradiar energías disruptivas que derribaran las prácticas políticas consolidadas[58].

2.4. *La Rivoluzione Liberale:* identidad y perfil de una revista de cambio

Tras la fase de *Energie Nove,* la experiencia intelectual de Gobetti estaba destinada a tener un desarrollo ulterior y fundamental en una nueva revista totalmente inmersa en la oposición al fascismo. Sin embargo, tras licenciarse en Derecho en el verano de 1922, Gobetti vivió un momento de crisis derivado de la incertidumbre sobre la posibilidad de continuar su labor editorial y de la difícil situación política motivada por la creciente violencia de los escuadristas de Mussolini. Pero a la postre la batalla cultural librada por su nueva revista resultó ser la energía más poderosa para seguir trabajando y tratar de hacer realidad su plan de cambio. *La*

---

[58] A. Granese, «Gobetti e gli intellettuali meridionali (Fortunato, Salvemini, Dorso e Fiore)», en A. Fabrizi (ed.), *Piero e Ada Gobetti: due protagonisti della storia e della cultura del Novecento,* Roma, Domograf, 2006, p. 185.

Rivoluzione Liberale, que así se llamaba la nueva revista, se publicó durante cuatro años: el primer número salió el 12 de febrero de 1922, y el último el 8 de noviembre de 1925. La revista ya se definía a partir de sus características gráficas: cuatro páginas a cuatro columnas, a menudo con artículos muy largos que muchas veces adoptaban la forma de pequeños ensayos (la tirada inicial de 2.000 ejemplares pasó más tarde a 4.000, aunque Gobetti intentó aumentarla a 10.000 en 1924)[59]. Con esta publicación quería dar un perfil más maduro y elaborado a su idea de concebir espacios en los que las elites intelectuales pudieran crear, mediante la discusión y el debate, aquellas premisas capaces de propiciar el proceso de regeneración de la nación que él deseaba[60]. Con el ascenso del fascismo, las tareas no tardaron en cambiar y la publicación periódica se convirtió en un punto de referencia para todos aquellos que se oponían al ascenso de Mussolini. A este, como era de esperar, no le gustaban las actividades del joven turinés y de su círculo de colaboradores, consciente, como experiodista, de que la propaganda contraria a su partido y a su Gobierno, aunque no fuera explícita, convertía a la revista en un peligroso antídoto contra la fascistización total del país. Volviendo al perfil organizativo de la nueva revista, el número de colaboradores fue aún mayor que en el caso de *Energie Nove:* desde la presencia de amigos y colegas que habían vivido la experiencia anterior, hasta personalidades del mundo liberal y demócrata cristiano, pasando por demócratas radicales y socialistas. Como propósito general, el periódico pretendía desarrollar el debate sobre la transformación social y el análisis históri-

---

[59] C. Pianciola, *Piero Gobetti. Biografia per immagini,* cit., p. 75.
[60] Cfr. M. Gervasoni, *L'intellettuale come eroe. Piero Gobetti e le culture del Novecento,* cit., p. 74.

co-político de los males italianos, desde la Unificación hasta principios de los años veinte. Dar fuerza y apoyo a las anheladas «energías nuevas» del primer experimento juvenil significaba reflexionar sobre la forma de crear una nueva clase dirigente responsable y moderna, un modelo de Estado en el que estuviera realmente viva la participación de las clases populares, hasta entonces excluidas o tratadas de forma paternalista por quienes habían gobernado, renovando tanto el liberalismo como el socialismo[61]. El nombre de la publicación, así como las afirmaciones contenidas en el artículo titulado significativamente «Manifesto» [«Manifiesto»], dejaban claro cuáles debían ser los objetivos de aquel compromiso: provocar un cambio real, una liberación de los mecanismos en los que había caído Italia durante los años del *giolittismo,* a través de la identificación de un nuevo componente social: los obreros de las fábricas, que en opinión de Gobetti podían convertirse en el motor de este cambio. Una revolución liberal en la medida en que se sustentaba en una pasión libertaria siempre viva que rechazaba el estancamiento del compromiso, en la que el cambio de las clases dominantes debía lograrse gracias al estímulo intelectual derivado de la acción de las elites y al deseo de las clases populares de no

---

[61] Un enfoque similar será aplicado, en el ámbito hispanoamericano, por José Carlos Mariátegui, que conoció muy bien y fue influido por la obra de Gobetti. Acerca de la relación entre Gobetti y Mariátegui, es útil el artículo de A. Filippi, «Gobetti y Mariátegui: la búsqueda de una teoría política nuestroamericana entre liberalismo y socialismo», *Utopía y praxis latinoamericana: revista internacional de filosofía iberoamericana y teoría social* 77 (2017), pp. 13-28. Un ejemplo de la influencia de Gobetti sobre el autor peruano se puede ver en el apartado «Ética y socialismo» del libro inconcluso *Defensa del marxismo,* consultable ahora en J. C. Mariátegui, *Antología,* selección, introducción y notas de Martín Bergel, Buenos Aires, Siglo XXI, 2021, pp. 150-156.

renunciar a su anhelo de ver mejorada su condición social. Como escribió en «Manifesto»:

> Privados de libertad, nos vimos privados de una lucha política abierta. Faltaba el primer principio de la educación política, es decir, la elección de las clases dirigentes. Sin embargo, la vitalidad del Estado, que presupone la adhesión —en cualquiera de sus formas— de los ciudadanos, se forma precisamente sobre la capacidad de cada individuo de actuar libremente y de realizar precisamente por este medio la necesaria labor de participación, de control y de oposición[62].

La nueva publicación, a diferencia de los periódicos del mundo comunista con los que Gobetti también había tenido vínculos, no quería convertirse en portavoz de una revolución concreta y *manu militari,* sino que pretendía llevar a cabo un cambio intelectual y cultural, comparable a lo ocurrido en la historia con la Reforma protestante, y con el nuevo protagonismo de una burguesía consciente y capaz de percibir la actividad económica y la relación con la política de forma dinámica a partir de la Revolución industrial, la Ilustración y la Revolución francesa. En este sentido, la revista debía convertirse en ese contenedor de ideas y propuestas capaces de generar un movimiento creativo con vistas a una modernización liberal y libertaria completa, ajena a toda práctica de compromiso, abierta a Europa y opuesta a todo nacionalismo. Una misión que pronto se vio dificultada por el ascenso del fascismo, hasta el punto de que Gobetti tuvo que orientar sus intentos hacia una valiente, aunque desesperada, batalla contra lo que estaba llamado a ser el nuevo totalitarismo.

---

[62] P. Gobetti, «Manifesto», cit., p. 1.

Frente a la censura del poder fascista, el desafío se elevó considerablemente, pero el espíritu libertario que Gobetti quería llevar a cabo era de tal calibre que exigía un esfuerzo a sus lectores: leer entre líneas, hablar del pasado para razonar sobre el presente y no perder el carácter concreto de la lucha. En julio de 1924, en el artículo «La nostra difesa» [«Nuestra defensa»], Gobetti escribió:

> Mantener una publicación periódica libre en tiempos tan peligrosos debe significar, por tanto, confiar en la inteligencia del público, renunciar al público fácil y superficial. Tenemos la suerte, que no posee ningún otro periódico, de dirigirnos a un público reducido pero selecto. Podemos contar con la repercusión, con el comentario, con una especie de entendimiento de las premisas. En estas condiciones, se hace interesante jugar con el ingenio. [...] Involucremos, pues, al lector en una singular competición: el premio será para quien sepa encontrar significados implícitos más ingeniosos, leer y escribir con más astucia entre líneas, encontrar malicia en las cosas más inocentes, interpretar la historia antigua como auténticos modernos[63].

Partiendo de estas premisas, Gobetti se propuso convertir su publicación en un foro de debate libre y abierto. En este planteamiento surgía con decisión el perfil de organizador cultural que Gobetti se estaba labrando con sus publicaciones y colaboraciones; un perfil que aspiraba a tener una envergadura europea, como demuestra la especial atención prestada al panorama político y cultural francés.

---

[63] P. Gobetti, «La nostra difesa», *La Rivoluzione Liberale* III/30 (22 de julio de 1924), p. 121.

Es evidente, sin embargo, que el peso de la batalla política contra el fascismo obtuvo de inmediato un espacio preponderante. Frente a las decepciones derivadas de la oportunidad perdida de reformar el país tras la Primera Guerra Mundial y en respuesta al auge del *mussolinismo,* Gobetti intentó con este producto editorial librar una batalla pública, pero sobre todo aportar una contribución relevante al crecimiento moral y civil de los italianos. Un compromiso, en suma, más puramente político-cultural que ligado a la mera situación histórica. Una verdadera revolución capaz de liberar energías capaces de superar las carencias históricas de la nación italiana (la fallida Reforma religiosa, la lucha contra el dogmatismo católico, el atraso de la pequeña y mediana burguesía junto a los privilegios acumulados por industriales corporativos y parasitarios).

Este planteamiento se explica bien en un artículo que escribió en marzo de 1923, titulado «La nostra cultura politica» [«Nuestra cultura política»], en el que Gobetti se explayaba acerca de la falta de una verdadera lucha política en Italia que, en su opinión, antes de la guerra solo habían expresado personalidades como Salvemini o Sturzo y, sobre todo, revistas como *La Voce* o *L'Unità.* Esta laguna había provocado la ausencia de un pensamiento nuevo, capaz de inspirar a las nuevas elites en conceptos, que él denominaba «mitos activos», como la potenciación de la lucha política y de clases, la consagración de la libertad individual y la posición central de las vanguardias intelectuales dentro de un sistema capitalista moderno capaz de guiar su acción. Un punto de inflexión en su diseño político y cultural que, evidentemente, marcó un paso más allá de las intenciones meramente intelectuales y pedagógicas tanto de *Energie Nove* como de la primera serie de *La Rivoluzione Liberale.* Todo ello para avanzar hacia lo que a todos los efectos aspiraba a ser una cultura política capaz de contaminar en lo concreto la vida política nacional. Una posición que, naturalmente, el fascismo veía con muy malos ojos, hasta el punto de que a partir de noviembre de 1922 la revista y su director acabaron en el punto de mira del Ministerio del Interior[64], y que hizo de *La Rivoluzione Liberale* una posible arma capaz de unir distintas posturas antifascistas. Por ese motivo, Gobetti fue detenido por primera vez el 6 de febrero de 1923, por petición directa de Mussolini, y acusado de «inteligencia con los comunistas»[65].

2.5. El antifascista intransigente: la oposición al *mussolinismo*

La Rivoluzione Liberale había nacido unos nueve meses después de las elecciones generales de mayo de 1921, ronda electoral que había visto la entrada en el Parlamento de los primeros diputados fascistas, además del estallido y el recrudecimiento de los ataques escuadristas contra las sedes obreras y socialistas (financiados en gran parte por los terratenientes y los grandes sectores industriales). Un escenario en

---

[64] Cfr. E. Alessandrone Perona, «Introduzione», en P. Gobetti, *Carteggio 1923,* Turín, Einaudi, 2017, p. XXXVIII.
[65] Cfr. R. de Felice, *Intellettuali di fronte al fascismo,* Roma, Bonacci, 1985, pp. 252-253. Además del telegrama de Mussolini de febrero de 1923, el historiador Renzo De Felice publicó en este libro también el contenido del telegrama de respuesta del prefecto de Turín, en el cual informaba de la inmediata detención de Gobetti, de su padre y del tipógrafo Pittavino. Sobre este asunto, véase también R. De Felice, *Mussolini il fascista. 1. La conquista del potere,* Turín, Einaudi, 1966, pp. 395-396. Acerca de las demostraciones de solidaridad que recibió Gobetti después de la detención, véase P. Gobetti, *Carteggio 1923,* cit., pp. 19-51.

el que además el PSI, tras la escisión de la fracción comunista llevada a cabo en enero de 1921 en el congreso de Livorno[66], quedó profundamente desgarrado por las laceraciones internas que dividían a los reformistas liderados por Turati y Matteotti y a los maximalistas liderados por Giacinto Menotti Serrati[67]. En este contexto, la situación política agravada por la violencia del bienio 1921-1922 había conducido a un aumento de la tensión institucional[68]. De hecho, la primera crítica real al fascismo en *La Rivoluzione Liberale* no se publicó hasta mayo de 1922, cuando la revista dedicó un número monográfico al fascismo[69]. Hasta el primer trimestre de 1922, Gobetti creía que las verdaderas amenazas destinadas a impedir el nacimiento de una nueva Italia procedían principalmente de los socialistas y de los populares más conservadores, mientras que a comunistas y fascistas no los consideraba actores capaces de desempeñar un papel importante[70]. Sin embargo, el ascenso de los fascistas tras la Marcha sobre Roma y el nombramiento de Mussolini como presidente del Consejo de Ministros cambiaron la perspectiva de Gobetti, y lo condujeron a él y a su revista hacia una decisiva batalla antifascista. La elección, sin embargo, no

---

[66] Escisión, que dio vida al Partido Comunista Italiano [Partido Comunista de Italia (PCdI)], bien explicada por M. Flores y G. Gozzini en su *Il vento della rivoluzione. La nascita del Partito comunista italiano,* Roma-Bari, Laterza, 2021.

[67] Cfr. P. Mattera, *Storia del PSI. 1892-1994,* Roma, Carocci, 2010, pp. 71-103.

[68] Cfr. G. Sabbatucci, «La crisi dello Stato liberale», en G. Sabbatucci y V. Vidotto (eds.), *Storia d'Italia. Vol. IV: Guerre e Fascismo. 1914-1943,* Roma-Bari, Laterza, 1997, sobre todo pp. 133-161.

[69] Antiguelfo (P. Gobetti), «Esperienza liberale», *La Rivoluzione Liberale* I/15 (28 de mayo de 1922), p. 54.

[70] P. Gobetti, «Valutazioni marginali», *La Rivoluzione Liberale* I/6 (26 de marzo de 1922), p. 24.

fue unívoca, como demuestra la polémica con Giuseppe Prezzolini. Este último, en realidad, se mostraba escéptico ante la perspectiva de un enfrentamiento directo con los fascistas, hasta el punto de que el 28 de septiembre de 1922 publicó un artículo titulado «Per una società degli Apoti»[71] [«Por una sociedad de los Escépticos»], es decir, quienes no comulgaban con la retórica demagógica del fascismo, pero al mismo tiempo no querían librar una lucha sin cuartel contra ese partido y preferían retirarse al silencio hasta que la situación volviera a una dialéctica política normal. Bien mirado, lo único que hacía Prezzolini era repetir una posición que ya había expresado tras el final de la Primera Guerra Mundial[72], en la que explicitaba su convicción de que los intelectuales debían mantenerse al margen de la lucha política, sin tomar partido ni juzgar. En sus comentarios sobre este artículo, Gobetti pidió a Prezzolini que definiera los contornos y las intenciones de esta «sociedad de los Escépticos», pero alrededor de un mes más tarde precisó que si el fascismo quería reprimir la acción de periódicos como *La Rivoluzione Liberale* y el derecho de voto, tendría que crear «no la congregación de los Escépticos, sino la compañía de la muerte. No para hacer la revolución, sino para defenderla»[73].

Partiendo de estos supuestos, la perspectiva de Gobetti, alineada en aquel momento con la revista para buscar nuevas fuerzas como la clase obrera, capaces de contribuir a la

---

[71] Cfr. G. Prezzolini, «Per una società degli Apoti», *La Rivoluzione Liberale* I/28 (28 de septiembre de 1922), pp. 103-104.

[72] Véase, al respecto, el posfacio de E. Gentile al libro de G. Prezzolini, *Io credo,* Roma, Edizioni di Storia e Letteratura, 2011 (ed. or.: 1923), concretamente p. 181.

[73] P. Gobetti, «Difendere la rivoluzione», *La Rivoluzione Liberale* I/31 (25 de octubre de 1922), p. 116.

renovación de Italia, se encaminó progresivamente hacia una lucha contra el fascismo, cuya excepcionalidad hasta entonces no había considerado de lleno[74]. Para Gobetti, oponerse al partido de Mussolini se convirtió progresivamente en un imperativo moral, una misión que todo italiano que creyera en los principios de la libertad debía perseguir[75]. El objetivo era luchar contra lo que representaba el fascismo desde dentro, sin ayuda exterior, en una batalla valiente pero que pronto se revelaría desesperada. Desde la perspectiva de Gobetti, solo podía ser así, como ya se había visto en la respuesta a Prezzolini y en esa referencia a «la otra Italia» que el periódico quería representar con respecto al *mussolinismo*.

En opinión de Gobetti, había llegado el momento de las opciones claras, es decir, no era posible eludirlas, ni tampoco entregarse a titubeos transformistas. En ello se evidenciaba el intento de proporcionar las herramientas para el triunfo de un nuevo liberalismo, en vista de que el liberalismo italiano había quedado demasiado prisionero de una visión clasista en el sentido burgués, sin ver cuáles eran los derechos universales que debían preocupar al conjunto de los ciudadanos. Cualquier tipo de acuerdo que volviera a proponer fórmulas de épocas anteriores debía ser rechazado en nombre de un cambio urgente y necesario, sobre todo ante la peligrosidad del fascismo y su carácter radicalmente violento. Aunque no todo el mundo había apoyado su apremiante posición intransigente, Gobetti se mostró lúcido al identificar una de las características peculiares de la experiencia fascista: el uso

---

[74] P. Gobetti, «La nostra cultura politica. 1», *La Rivoluzione Liberale* I/5 (8 de marzo de 1923), pp. 17-18.
[75] Cfr. al respecto P. Polito, *L'utopia della rivoluzione. La rivoluzione liberale di Piero Gobetti,* Fano, Aras edizioni, 2019, p. 72.

de la violencia política como elemento decisivo. La oposición al fascismo, pues, podía convertirse en un catalizador de esas «nuevas energías» para lograr un cambio real en el país a través de esa nueva clase dirigente a la que aspiraba. Para Gobetti, Mussolini no era nada nuevo: era la vuelta a la normalidad con respecto a la lucha política deseada por todos aquellos italianos que rechazaban la dialéctica democrática en favor de la cultura del compromiso. En su opinión, el fascismo era la autobiografía de la nación, la manifestación de todas aquellas enfermedades, como el transformismo político y la retórica excesiva, la subordinación y la inmadurez de la burguesía italiana, que habían condicionado y seguían condicionado la historia italiana hasta llegar a 1922, cuando el pueblo italiano había preferido el ascenso del Duce a un compromiso serio para cambiar la nación. La falta de sentido cívico, el no considerarse parte de una comunidad más amplia como el Estado con la que colaborar en la vida cotidiana, empezando por el pago de impuestos, eran elementos que le habían allanado el terreno al fascismo; en este sentido, la culpa era de quienes, como los socialistas reformistas, siempre habían trabajado por el parasitismo estatal[76]. En opinión de Gobetti, los italianos habían encontrado en Mussolini a un hombre finalmente capaz de interpretar sus aspiraciones con una grandeza que solo podían obtener a través de la retórica de los gestos. Con un agravante que suponía una peligrosa novedad: una carga de violencia y supresión de las principales garantías constitucionales que Mussolini (Gobetti ya había escrito el 9 de noviembre sobre una «tiranía *mussoliniana*»)[77] no habría

---

[76] P. Gobetti, «Fallimento o rivoluzione», *La Rivoluzione Liberale* I/23 (30 de julio de 1922), p. 83.
[77] P. Gobetti, «La tirannide», *La Rivoluzione Liberale* I/33 (9 de noviembre de 1922), p. 123.

dudado en emplear para plasmar el Estado en un sentido totalitario y a imagen del fascismo.

Pero ¿quién era Mussolini para Gobetti? Un hombre sin formación política, autor de un golpe de Estado inspirado por una oligarquía que había aceptado ponerse en manos de una farsa perdiendo todo rigor moral:

> Mussolini fue el héroe representativo de este cansancio y de esa aspiración al descanso. Su figura optimista y segura de sí misma, su astuta oratoria, su amor por el éxito y las solemnidades dominicales, la virtud de la mistificación y el énfasis consiguieron hacerse abiertamente populares entre los italianos[78].

Ante el nuevo jefe de Gobierno no era posible sentarse a esperar, ya que en opinión de Gobetti era imprescindible una crítica valiente y franca a los nuevos poderosos, acción que la revista podía llevar a cabo con sus publicaciones para intentar abrir los ojos a todos aquellos que no habían comprendido la gravedad de la situación que se vivía:

> Sentimos las dificultades casi insuperables que la nueva tiranía plantea a nuestro trabajo. Siempre hemos sabido que trabajábamos a largo plazo, casi solos, en medio de un pueblo de rezagados que aún no es una nación, hoy debemos continuar nuestra labor sin pensar en plazos, sin esperanza. No nos han desterrado. Pero seguimos siendo exiliados en nuestra patria[79].

---

[78] P. Gobetti, *La Rivoluzione Liberale. Saggio sulla lotta politica in Italia*, Turín, Einaudi, 2008, p. 173. Sobre este volumen, véanse las notas al pie 129 y 130 de este «Estudio introductorio».

[79] P. Gobetti, «La Tirranide», cit.

Para comprender el sentido extremo de esta posición, es fundamental un artículo como el publicado por Gobetti el 23 de noviembre de 1922, titulado significativamente «Elogio della ghigliottina» [«Elogio de la guillotina»][80], en el que aparecía por primera vez la interpretación del fascismo como «autobiografía de la nación», es decir, como manifestación de un mal atávico de la nación italiana, un país en el que la lucha política se había vivido como retórica y voluntad de compromiso y nunca como lucha por la libertad. A estas alturas ya se había cruzado la barrera entre la tiranía y la libertad, por lo que solo quedaba la oposición intransigente. De hecho, era mejor que el fascismo mostrara su cara más violenta y cruel, como Gobetti deseó en otro cáustico artículo en el que casi reconocía el honor de las armas al sector del fascismo más fanático, «Elogio di Farinacci» [«Elogio de Farinacci»][81], para despertar las conciencias de quienes no habían percibido el peligro[82].

La definición de fascismo que ofreció en ese artículo estaba destinada a arraigar con fuerza incluso en el plano historiográfico, aunque estuviera ligada a un juicio moral, político e intelectual y no recogiera ciertos aspectos del *mussolinismo,* empezando por el de la construcción del proyecto de un nuevo italiano a través de los instrumentos de la propaganda para obtener el consenso:

---

[80] P. Gobetti, «Elogio della ghigliottina», *La Rivoluzione Liberale* I/34 (23 de noviembre de 1922), p. 130.

[81] P. Gobetti, «Elogio di Farinacci», *La Rivoluzione Liberale* II/30 (9 de octubre de 1923), p. 122. Roberto Farinacci (1892-1945) fue siempre el líder del ala más intransigente y violenta del Partito Nazionale Fascista [Partido Nacional Fascista (PNF)], del cual ocupó el cargo de secretario general en 1925-1926. Fue capturado, procesado y condenado a muerte por los partisanos italianos en abril de 1945.

[82] P. Gobetti, «Elogio della ghigliottina», cit.

El fascismo en Italia es una catástrofe, es un indicio decisivo de infantilismo, porque marca el triunfo de la ligereza, de la confianza, del optimismo, del entusiasmo. [...] Una nación que cree en la colaboración de clases, que renuncia a la lucha política por pereza, es una nación que vale poco[83].

Para oponerse a este proyecto, Gobetti instaba a sus lectores a un compromiso sin concesiones, porque

nuestro antifascismo no es la adhesión a una ideología, sino algo más amplio, tan inherente a nosotros que podríamos decir que es fisiológicamente innato[84].

Como hemos visto, las acciones de Gobetti y sus colaboradores desagradaron especialmente a Mussolini. El 29 de mayo de 1923, el presidente del Consejo de Ministros lanzó un llamamiento, como ya había hecho el 6 de febrero, a hacerle la vida imposible al joven editor, exigiendo su arresto e insistiendo una y otra vez en el cierre de la revista[85].

A pesar de un segundo arresto precisamente como consecuencia de aquella apremiante petición del presidente del Consejo, Gobetti siguió poniendo de relieve el carácter desconcertante, pero al mismo tiempo seductor, de la propuesta política de Mussolini; véase a este respecto esta corrosiva definición aparecida en *La Rivoluzione Liberale* en febrero de 1924:

El fascismo se impuso precisamente confundiendo ideas y responsabilidades, impidiendo las distinciones precisas y

---

[83] *Ibid.*
[84] *Ibid.*
[85] C. Pianciola, *Piero Gobetti. Biografia per immagini,* cit., p. 82.

la lealtad de los hombres a su propia intransigencia, explotando el catolicismo y el idealismo actual, el futurismo y el tradicionalismo, los sindicatos y los terratenientes, la monarquía y el tendencialismo republicano para sacrificarlos a las artes superiores del domador[86].

Lo consideraba el renacimiento perfecto de la tendencia al transformismo de la clase política italiana, que podía enmarcarse en un discurso general de la crisis de los acontecimientos del Risorgimento y del camino posterior de la Italia unida, con una clase política que no daba la talla, empezando por aquel Giovanni Giolitti que, en su opinión, había sido el responsable de la muerte del sistema constitucional y parlamentario mucho antes que el propio Mussolini[87]. En este sentido, el fascismo representaba a sus ojos la conclusión de una historia nacional ignominiosa, pero también el momento posible de una verdadera renovación, si se le oponía resistencia y se rechazaba con coherencia[88]. Para ello, sin embargo, era necesario un antifascismo coherente y sin fisuras, desvinculado de cualquier hipótesis de colaboración. Se trataba de una batalla minoritaria (generada a su pesar también por las insuficiencias de los partidos antifascistas y la

---

[86] P. Gobetti, «Le elezioni», *La Rivoluzione Liberale* III/7 (12 de febrero de 1924), p. 25.

[87] Cfr. S. Colarizi, «La percezione del totalitarismo nell'antifascismo italiano», en E. Gentile (ed.), *Modernità totalitaria,* Roma-Bari, Laterza, 2008, p. 27.

[88] Cfr. B. Bongiovanni, «L'autobiografia della nazione», en V. Pazè (ed.), *Cent'anni. Piero Gobetti nella storia d'Italia,* Milán, Franco Angeli, 2004, pp. 182-183; sobre este punto, véase también P. Bagnoli, *Il metodo della libertà. Piero Gobetti tra eresia e rivoluzione,* Reggio Emilia, Diabasis, 2003.

incapacidad de contar con políticos de nivel)[89], de la que era perfectamente consciente, al haber comprendido ciertos rasgos esenciales del régimen, empezando por la centralidad del elemento de la violencia política, y que dirigió valientemente desde las páginas de sus revistas[90]. El hecho es que Gobetti veía en esta entrega de sus compatriotas a un líder con virtudes carismáticas, capaz de cargar con el «peso» de la nación, un viejo vicio que acababa por eximir de responsabilidades a los italianos[91]. Consciente de la centralidad del peso del *mussolinismo* en la consolidación del consenso del fascismo, al que se refirió expresamente en un artículo del 15 de abril de 1924 titulado «Dopo le elezioni» [«Después de las elecciones»], escribió que:

> Si el fascismo fuera simplemente una dictadura, no costaría mucho liquidarlo con barricadas: pero su fuerza está especialmente protegida por la existencia de un consenso[92].

Mientras tanto, se acercaban las elecciones, previstas para el 6 de abril de 1924, las primeras desde que Mussolini había tomado el poder en octubre de 1922. La introduc-

---

[89] Sobre las posiciones y los límites de los partidos italianos durante la crisis política derivada del asesinato de Matteotti, cfr. E. Gentile, *Fascismo e antifascismo. I partiti italiani fra le due guerre,* Florencia, Le Monnier, 2000, pp. 113-155.

[90] Cfr. M. Revelli, «Piero Gobetti e il fascismo. La teoria della "rivelazione"», en C. Pianciola y P. Polito (eds.), *Perché Gobetti,* Manduria-Bari, Lacaita, 1993, p. 120.

[91] Cfr. E. Gentile, *Fascismo. Storia e interpretazione,* Roma-Bari, Laterza, 2002, p. 115.

[92] P. Gobetti, «Dopo le elezioni», *La Rivoluzione Liberale* III/16 (15 de abril de 1924), p. 61.

ción de una nueva ley electoral aprobada por amplia mayoría y promulgada en noviembre de 1923, conocida como «Ley Acerbo», indicaba el deseo del fascismo de sofocar el último atisbo de democracia en el país[93]. Gobetti fue uno de los primeros en intuir, y lo expresó en las páginas de *La Rivoluzione Liberale,* que con esa ley las elecciones quedarían desprovistas de su carácter institucional y que, por tanto, dado que la cita electoral estaba alterada, lo mejor era no acudir a las urnas. Sin embargo, teniendo en cuenta que todas las demás fuerzas políticas se presentaban a esas elecciones, habría sido necesario un compromiso extraordinario de todas las fuerzas antifascistas, incluso en el caso de que se hubieran presentado por separado sin aliarse, solución que él prefería ya que habrían entrado en el Parlamento con su propio perfil y con su propia propuesta política, y no en un bloque electoral contra Mussolini, que solo habría favorecido aún más al presidente del Consejo de Ministros.

La intransigencia total de Gobetti hacia el fascismo, que, como tal, estaba destinada a no admitir compromiso alguno, alcanzaba mientras tanto su máxima expresión. Fueron semanas de febril actividad para el joven editor: sus despla-

---

[93] Cfr. G. Sabbatucci, *Il trasformismo come sistema,* Roma-Bari, Laterza, 2003, pp. 65-67. La «Ley Acerbo», aprobada con el voto de los diputados fascistas y de los diputados populares y liberales de derecha, era una ley electoral que asignaba el 65 por 100 de los escaños a la lista capaz de recoger el 25 por 100 de los votos. Se aplicó en las elecciones de abril de 1924, que vieron la victoria de la «Lista Nacional» formada por los fascistas y los liberales y populares conservadores, la cual cosechó el 60 por 100 de los votos y una abrumadora mayoría parlamentaria. La oposición antifascista denunció la violencia y el clima de intimidación que las escuadras fascistas impusieron sobre todo en el norte de Italia y que impidieron un desarrollo normal de la campaña electoral.

zamientos (de París a Palermo, donde colaboraba con el diario *L'Ora*) eran seguidos por la celosa policía fascista, que informaba diariamente a Mussolini. El 26 de abril de 1924, por ejemplo, el prefecto de Turín telegrafió al Ministerio para decir que «el infame» Gobetti, descrito como el «director y propietario del periódico subversivo *La rivoluzione sociale [¡sic!]*» había solicitado un pasaporte para él y su esposa válido para países como Francia, Alemania y Austria[94]. El 9 de junio de 1924 la policía registró su domicilio y se incautaron copias de su periódico y su correspondencia a pesar de que no existía ninguna orden judicial, mientras que el 5 de septiembre Gobetti mismo fue objeto de una agresión física por parte de un grupo fascista, cuya impunidad estaba creando en la población un clima de resignación que él describió con estas palabras: «una gran multitud se había reunido y observaba cautelosa e impasible cómo un hombre se defendía de una docena de atacantes»[95]. Por si fuera poco, a finales del verano de 1924 estalló el «caso Delcroix» a raíz de una frase de Gobetti contra el diputado fascista Carlo Delcroix que se leyó como un ultraje a quien se consideraba el gran mutilado de la Primera Guerra Mundial y que entonces desempeñaba el cargo de presidente de la Asociación Nacional de Inválidos y Mutilados de Guerra. La prensa fascista desató contra Gobetti una rabiosa campaña política de la que este pudo salvarse solamente gracias a la solidaridad que le manifestó en bloque la oposición.

---

[94] El telegrama del prefecto de Turín, del 26 de abril de 1924, se puede consultar en Archivio Centrale dello Stato, Casellario Politico Centrale, b. 2473, fascicolo «Piero Gobetti».

[95] P. Gobetti, «Un tentativo di sopraffazione», *La Rivoluzione Liberale* III/36 (30 de septiembre de 1924), pp. 147-148.

Con todo, el acontecimiento de esos meses de primave-
ra-verano de 1924 sobre el cual Gobetti intervino con más
contundencia fue el secuestro y asesinato del diputado socialista reformista Giacomo Matteotti por sicarios fascistas
el 10 de junio de 1924 (el homicidio fue la respuesta crimi-
nal a la enérgica denuncia de Matteotti, formulada en el
Parlamento el 30 de mayo, de las numerosas ilegalidades y
violencias realizadas por los fascistas durante la campaña
electoral). En Turín, como en el resto de Italia, la noticia del
secuestro y del probable asesinato del dirigente socialista
conmocionó a amplios sectores de la opinión pública, con-
duciendo –al menos a corto plazo– a la cohesión de las fuerzas de oposición al fascismo, más allá de las polémicas recí-
procas y de las perspectivas a menudo divergentes en las que
se movían. El 18 de junio de 1924, precisamente a instancias de Gobetti, los principales partidos antifascistas se reu-
nieron para intentar coordinar la protesta contra el Gobierno[96]. Era la línea de la revolución democrática, en la que
Gobetti y su revista *La Rivoluzione Liberale* se habían insta-
lado desde hacía tiempo y que, no por casualidad, había
atraído la rencorosa atención de Mussolini.

Gobetti vivió esos momentos con especial emoción[97] y
llegó a escribir un retrato particularmente incisivo de Matteotti, casi un libro instantáneo, en el que lo presentaba
como un opositor implacable de ese fascismo que no había
dudado en asesinarlo, revelando así su verdadero rostro totalitario y sanguinario:

---

[96] Cfr. A. Cabella, *Elogio della libertà. Biografia di Piero Gobetti,* Turín,
Editrice Il Punto, 1998, p. 106.
[97] Cfr. M. Gervasoni, *L'intellettuale come eroe. Piero Gobetti e le culture
del Novecento,* cit., pp. 148-155.

Si la oposición tiene una tarea, es desenmascarar el juego del *mussolinismo*. [...] Se trata de someter a juicio a todo un régimen[98].

Llevado por este incansable empeño, tras el discurso del Duce del 3 de enero de 1925, en el que Mussolini arrinconó a la oposición y sentó las bases para la construcción del Estado totalitario, Gobetti se convenció aún más –a pesar de que el 11 de enero de 1925 había recibido una advertencia de la prefectura de Turín para que no continuara con su actividad editorial– de la necesidad de seguir librando su batalla, sin comprender lo que había sucedido con el giro totalitario de los acontecimientos a principios de año. Intentó ampliar su postura a un horizonte que ya no era solo nacional, aunque no se hacía ilusiones sobre la hipótesis de una intervención extranjera para restablecer la legalidad en Italia[99]. De hecho, escribió a mediados de ese año anunciando que Mussolini había asumido plenamente el control de la situación:

Solo cuando se nos quite toda condición objetiva de actividad aceptaremos la hipótesis de repetir el destino de los exiliados del Risorgimento. Antes no sería exilio, sino deserción[100].

---

[98] Cfr. C. Pianciola, *Piero Gobetti. Biografia per immagini*, cit., p. 91.

[99] Cfr. M. Gervasoni, «La rivoluzione liberale di Piero Gobetti», en M. Isnenghi y G. Albanese (eds.), *Gli italiani in guerra. Conflitti, identità, memorie dal Risorgimento ai nostri giorni. Vol. 4/1. Il ventennio fascista: Dall'impresa di Fiume alla seconda guerra mondiale (1919-1940)*, Turín, Utet, 2008, p. 280.

[100] P. Gobetti, «Dell'esilio», *La Rivoluzione Liberale* IV/26 (28 de junio de 1925), p. 105.

Sin embargo, los lazos del poder fascista se estrechaban cada vez más; en pocos meses, como veremos, Gobetti comprendió que solo desde el extranjero podría continuar su batalla. Una lucha valiente pero desesperada, que lo conduciría a la muerte en 1926.

2.6. El *Risorgimento senza eroi* y los males de Italia

Antes de seguir con la cronología de la vida de Gobetti, conviene hacer un paréntesis y señalar que, de acuerdo con su convicción de que solo las elites, incluidas las que procedían del mundo obrero, habrían sido capaces de llevar a cabo la ansiada revolución democrática que siempre había faltado en Italia, su análisis asumió también el carácter de un replanteamiento general de la historia italiana, cuyo punto culminante había sido el proceso que había llevado a la Unificación de Italia en marzo de 1861. En este sentido, Gobetti rechazaba una concepción de la democracia surgida tras la Unificación y entendida como nivelación de las diferencias, moderación y atemperación del conflicto[101]. En las páginas de análisis que él dedicó al proceso de Unificación italiana en *Risorgimento senza eroi*[102] *[Risorgimento sin héroes],* todo un ensayo de interpretación histórica publicado de forma póstuma y que recogía escritos editados e inéditos, no se analizaban tanto las grandes figuras de la epopeya del Risorgimento (Cavour, Mazzini, Garibaldi), sino las de aquellos a los que identificaba como los precursores de dicho proce-

---

[101] D. Ward, *Piero Gobetti's New World: Antifascism, Liberalism, Writing,* Toronto, University of Toronto Press, 2010, p. 58.

[102] Cfr. P. Gobetti, *Risorgimento senza eroi e altri scritti storici,* introducción de Franco Venturi, Turín, Einaudi, 1976.

so, a saber, los intelectuales piamonteses del siglo XVIII, que «ansiaban una renovación ético-religiosa que se correspondiera en cierto modo a la reforma fallida en Italia, al haber sido erradicada por la Contrarreforma y reducida a pequeñas minorías evangélicas»[103]. En la visión de Gobetti, que debía mucho a las tesis de Alfredo Oriani y de Mario Missiroli[104], aunque iba mucho más allá e incluso las superaba, el proceso de la Unificación italiana había sido un fenómeno inacabado que había descendido desde arriba y que no había contado con la participación de las masas. Revisar la historia pasada significaba para Gobetti buscar un camino determinado que pudiera explicar los tiempos presentes, en

---

[103] C. Pianciola, *Piero Gobetti. Biografia per immagini,* cit., p. 165. La traducción al castellano de esta cita del libro de Pianciola es de Giaime Pala y Gianluca Scroccu.

[104] Alfredo Oriani (1852-1909) fue un novelista y autor de diversas obras políticas polémicas que transitó del republicanismo juvenil al nacionalismo italiano de sus últimos años de vida; en su libro de 1892 *La lotta politica in Italia [La lucha política en Italia],* interpretó el Risorgimento como una «conquista regia» de la dinastía de los Saboya que, por el hecho de ignorar a las clases populares, no fundó un Estado legitimado políticamente. Mario Missiroli (1886-1974) fue un conocido periodista que pasó del liberalismo antifascista de la primera posguerra mundial a los elogios de Mussolini de los años treinta; en su libro de 1913 *La monarchia socialista [La monarquía socialista],* afirmó que el Risorgimento fue un proceso político fracasado porque careció de una religiosidad moderna –identificada simbólicamente con la Reforma protestante– que conectara a Italia con la filosofía idealista alemana, la única que concebía el Estado como unidad suprema y forma más sofisticada de la vida humana. En definitiva, e igual que Oriani, Missiroli veía un Estado unificado que, en sus primeros cuarenta años de vida (1861-1901), no tenía una identidad política definida ni un consenso de masas. Para cambiar esta situación, la monarquía de Víctor Manuel III, a través de Giolitti, implicó al movimiento socialista en la vida política a través de reformas sociales y del sufragio universal masculino. De ahí el título que Missiroli puso a su libro.

una referencia a problemas, carencias y lagunas que no habían podido resolverse. Fue en la culminación de la Unificación y en la política postunitaria donde creyó ver el nacimiento de ese déficit democrático que se convertiría en su hipótesis interpretativa y en la clave de lectura para entender la historia de la Italia surgida tras la Primera Guerra Mundial y conquistada por el fascismo.

Los héroes del Risorgimento de Gobetti eran intelectuales como Vittorio Alfieri, Pietro Giannone, Alberto Radicati di Passerano y los precursores en el siglo XVIII de las revueltas del siglo XIX: todos ellos protagonizaban una historia intelectual de búsqueda de la libertad política, cultural y religiosa contra los abusos de poder de la época, tanto civiles como religiosos. Hombres surgidos del contexto piamontés para difundir su «herejía» libertaria y profética, desoída por quienes procedieron a la Unificación rechazando una profunda reforma intelectual y moral del pueblo italiano, que podría haber apuntalado la afirmación de las nuevas fuerzas sociales del mundo cultural y del mundo obrero.

3.1. Literatura y transformación de la cultura italiana en sentido europeo: la experiencia de *Il Baretti*

El año 1924, como hemos visto, fue muy complicado para Gobetti y sus colaboradores. A pesar de la difícil situación de una lucha política sin cuartel contra el fascismo, el joven intelectual turinés y sus amigos decidieron construir un canal de información sobre temas de cultura literaria, teatral, poética y artística, haciendo realidad el sueño de Gobetti desde los tiempos de *Energie Nove*. Treinta años más tarde, el célebre crítico literario y valioso colaborador

Natalino Sapegno explicó de forma breve y efectiva la génesis de la publicación periódica:

> La intención no se llevó a la práctica hasta diciembre de 1924, cuando la actividad de la revista política se volvió cada vez más difícil y llena de obstáculos y se hizo evidente la necesidad de apoyarla y eventualmente sustituirla por un órgano de ideas e información que operara en un terreno más claro[105].

Esa revista se llamaría *Il Baretti,* un experimento editorial –porque estaba ligado a las dificultades de las circunstancias políticas– que duró exactamente cuatro años, del 24 de diciembre de 1924 a diciembre de 1928, sobreviviendo dos años a la muerte de su inspirador. Fue un importante espacio ofrecido a muchos nombres jóvenes que en las décadas siguientes adquirirían fama nacional e internacional en el ámbito de las humanidades, por ejemplo en el campo de la crítica literaria y el estudio de la literatura italiana (desde la Edad Media hasta los siglos XVIII y XIX). La elección del nombre de la revista se inspiró en Giuseppe Baretti, intelectual piamontés del siglo XVIII que para Gobetti había servido de inspiración en tanto que fustigador, con su *Frusta Letteraria [Látigo literario],* del conformismo de la cultura dieciochesca[106]. La revista se convirtió así en un foro de reflexión más puramente cultural y acogió colaboraciones de autores que no se reconocían en el clima cultural del fascismo. Hablamos de nombres importantes: desde Benedetto

---

[105] N. Sapegno, «Gli anni del "Il Baretti". Cultura militante», *Il Contemporaneo* 7 (1956), p. 4.
[106] Al respecto, véase G. Ricuperati, «Piero Gobetti e l'Illuminismo», en V. Pazè (ed.), *Cent'anni. Piero Gobetti nella storia d'Italia,* cit., p. 207.

Croce, cuya manera de interpretar la autonomía del hombre de cultura fue un modelo para Gobetti[107], hasta Emilio Cecchi y Felice Casorati, un verdadero faro en las artes figurativas; desde Giacomo Debenedetti, Aldo Garosci, Mario Fubini y Massimo Mila hasta dos grandes poetas como Eugenio Montale[108] y Umberto Saba.

El objetivo primordial de la publicación era contribuir a erradicar el provincianismo de la cultura italiana, sacándola de la niebla cada vez más lúgubre del fascismo y dándole una dimensión europea. Era una tarea a largo plazo, ética y pedagógica, pero que respondía plenamente a una de las principales visiones de Gobetti, que no quería que la batalla antifascista fuera el único eje de su misión cultural y la de sus colaboradores, en parte porque el antifascismo también podía ejercerse hablando de literatura, y en parte porque una clase dirigente renovada debía construirse también a partir de una conciencia nueva y moderna de la cultura europea de la época.

El ambicioso proyecto de *Il Baretti* era revolucionar el pensamiento crítico-literario en sus diversas esferas; el alma de este proyecto se situaba en la originalidad, la infatigable tenacidad y el absoluto rigor moral de sus colaboradores. A pesar de la precariedad del momento en que se publicó, la revista supo representar, con artículos en su mayoría extensos –salvo las notas editoriales, como quería su director–, un valiente intento de reflexionar de forma libre y crítica

---

[107] *Il Baretti* publicó diferentes artículos de Croce y, aunque Gobetti se distanció con los años de algunos aspectos de su sistema filosófico, siempre le reconoció al filósofo napolitano un rol de maestrazgo intelectual.

[108] La colaboración de Montale, Premio Nobel de Literatura en 1975, con las revistas de Gobetti fue intensa pero no sin fricciones. Al respecto, véase E. Alessandrone Perona, «Il poeta e il suo bibliopola. La corrispondenza fra Eugenio Montale e Piero Gobetti», *Mezzosecolo. Materiali di ricerca storica* 11 (1994-1996), pp. 15-72.

sobre la literatura italiana y europea en aquella complicada coyuntura histórica. A este respecto, la referencia a la amada Ilustración en su variante piamontesa marcó un importante contraste frente a la retórica fascista y su provincianismo, que a menudo corría el riesgo de convertirse en nacionalismo dogmático. El primer número de la revista dejó claro desde el principio cuál era el mensaje que quería transmitir, con un artículo de fondo del director emblemáticamente titulado «Illuminismo» [«Iluminismo»]. En él, Gobetti esbozaba los rasgos esenciales de la nueva revista, empezando por una condena de toda aproximación poco ética en el incierto panorama político y una reivindicación del trabajo cultural cotidiano, serio, paciente y riguroso[109]. *Il Baretti* se situaba así en una posición decididamente alternativa con respecto a quienes habían desvinculado el desarrollo de la literatura de toda conciencia política, privilegiando una dimensión personal desprovista de compromiso, que para Gobetti encontraba sus precursores en los artificios de las experiencias más criticables del movimiento futurista y de revistas como *La Ronda,* caracterizadas por el servilismo hacia los nuevos poderosos del país. Como afirmó en un comunicado de prensa de diciembre de 1924, en el que daba a conocer su nueva revista:

> Es hora de dejar de lado los programas demasiado fáciles y definitivos y de trabajar para crear un interés, sin segundas intenciones, por la literatura, para propiciar un clima de mayor comprensión e intimidad moral. *Il Baretti* librará una verdadera batalla de ilustración y estilo europeo frente al provincianismo y la retórica más galopantes. Así pues, volver a las tradiciones y continuar con los valores

---

[109] P. Gobetti, «Illuminismo», *Il Baretti* I/1 (23 de diciembre de 1924), p. 1.

más intangibles de nuestra literatura y cultura significará también permitirnos comprender las manifestaciones más modernas de todas las literaturas y hacerlas nuestras con serenidad y objetividad, sin el asombro de lo provinciano[110].

Estas palabras demuestran claramente que la acción concreta en el terreno cultural representó, a lo largo de la experiencia de Gobetti, el punto de encuentro con la política: el deseo de cambio en la cultura iba siempre unido, en su perspectiva, a la renovación de las instituciones, que debía perseguirse a través de un profundo cambio en la mentalidad y en el espíritu público.

Volviendo a aspectos más directamente relacionados con el contenido de la revista, se puede ver en la crítica teatral hecha o dirigida por Gobetti un canal de expresión crítica redescubierto y más maduro que en el pasado. Gobetti conservaba, además, una antigua pasión por el teatro, pues fue crítico teatral en las páginas de *L'Ordine Nuovo,* respondiendo a la invitación que le había llegado de un Gramsci consciente de haber encontrado en él a un observador agudo y sensible, aunque no un verdadero experto en el universo dramatúrgico. Entre abril y diciembre de 1923, fue en cambio redactor literario de la revista teatral turinesa *Scene e retroscene*[111]. La recopilación de esos artículos se publicó en 1923 con el título *La Frusta teatrale [El látigo teatral],* publicado por la editorial Corbaccio. Partiendo de figuras tan

---

[110] Fragmento de un comunicado de prensa que Gobetti envió a un periodista del diario veneciano *Il Gazzettino* en diciembre de 1924 y que fue descubierto y publicado por Gian Paolo Marchi en su libro *Il viaggio di Lorenzo Montano e altri saggi novecenteschi,* Padua, Antenore, 1976, pp. 103-104.

[111] Cfr. E. Alessandrone Perona, «Introduzione», en P. Gobetti, *Carteggio 1923,* cit., pp. LXVI-LXVIII.

admiradas como Eleonora Duse, Andreina Rossi y Emma Grammatica, Gobetti pudo así volver a su concepción del actor como intérprete de obras escenificadas con un papel no puramente recitativo, sino de interpretación conceptual y crítica. El teatro que Gobetti alababa en *Il Baretti* era, en conclusión, aquel que lograba impulsar de verdad a autores y actores hacia una mayor eficacia en su labor de elevación moral e intelectual de la nación. En esa tesis se enmarca el interés por Pirandello y su corrosiva crítica de la burguesía en crisis expresada ya en la época de sus colaboraciones en *L'Ordine Nuovo*[112], admiración que luego fue decayendo con la progresiva adhesión del dramaturgo siciliano al régimen. En un ensayo publicado en enero de 1926 en *Il Baretti* bajo el seudónimo de Silvio Alfiere, titulado «Il teatro italiano non esiste» [«El teatro italiano no existe»], Gobetti criticaba duramente a Pirandello por haber perdido su carga de irreverente originalidad y haberse subordinado sustancialmente al sistema y a la política fascistas[113].

Uno de los aspectos de *Il Baretti* que parece destacar como característico y original es la mirada hacia la literatura europea y norteamericana y la presentación de ensayos y obras de autores fundamentales para la cultura continental de la época, junto a la publicación de números especiales que constituyeron una feliz excepción en el marco del clima nacionalista de otras muchas publicaciones periódicas del momento, influenciadas por el fascismo. Aunque Gobetti no

[112] G. Baretti (seudónimo de P. Gobetti), «Novità teatrali. "Sei personaggi in cerca d'autore"», *L'Ordine Nuovo* II/1 (1 de enero de 1922), p. 3, que se puede leer también en P. Gobetti, *Scritti di critica teatrale,* intro. de G. Guazzotti, Turín, Einaudi, 1974, pp. 424-426.
[113] S. Alfiere (seudónimo de P. Gobetti), «Il teatro italiano non esiste», *Il Baretti* III/1 (enero de 1926), p. 69.

tenía una formación actualizada en literatura alemana, francesa o estadounidense, supo rodearse de colaboradores expertos en estos ámbitos de estudio.

3.2. El editor ideal: una editorial de buenos libros contra la dictadura

> Catorce horas de trabajo al día entre tipografía, fábrica de papel, correspondencia, librería y biblioteca (porque el editor debe ser fundamentalmente un hombre de biblioteca y de tipografía, un artista y un comerciante) no son demasiadas ni siquiera para mi editor ideal. Lo importante es que no tenga la condena de nuestra pobreza, que no viva a salto de mata entre las persecuciones del prefecto, el chantaje de la política a través del comercio. Veo al editor como un creador. Un creador de la nada si ha sabido dominar el problema fundamental de toda industria: el volumen de negocios que garantiza la multiplicación infinita del capital circulante, por pequeño que sea. Mi editor ideal, con una imprenta y una asociación en una fábrica de papel, controla los precios; con cuatro librerías modelo conoce las fluctuaciones diarias[114].

Ya desde 1919, Gobetti acariciaba la idea de concretar el proyecto de una editorial. Estaba convencido de que la labor de cambio cultural en el contexto italiano debía llevarse a cabo tanto a través del trabajo diario o periódico

---

[114] P. Gobetti, *L'editore ideale. Frammenti autobiografici con iconografia,* libro electrónico del Progetto Manuzio al cuidado de Franco Antonicelli, 2011, pp. 36-37, disponible en [https://www.liberliber.it/online/autori/autori-g/piero-gobetti/leditore-ideale/].

garantizado por la actividad periodística como mediante la circulación de volúmenes que se inspiraran en la misma filosofía y contribuyeran de forma concreta al debate sobre la renovación nacional. Publicar buenos libros, tanto desde el punto de vista material como, sobre todo, desde el punto de vista del contenido, se convertiría así en uno de sus objetivos primordiales a medida que la batalla contra el fascismo se iba concretando. La fundación de la editorial, llamada Piero Gobetti Editore, se anunció en las columnas de *La Rivoluzione Liberale* en octubre de 1922; Gobetti afirmaba de manera explícita que el nuevo proyecto representaba la síntesis de un trabajo a largo plazo, coherente y original y que podía llevarse a cabo gracias a la colaboración con el impresor Pittavino. *La Rivoluzione Liberale* se convirtió en el principal instrumento a través del cual Gobetti daba a conocer a sus autores y sus obras, así como en el canal por el que intentaba aumentar las ventas y las reservas de los volúmenes.

Al fin y al cabo, Gobetti concebía la labor de editor como la de un creador que genera beneficios en un mercado tan difícil como el editorial, basándose en la fuerza de su proyecto de renovación cultural; un emprendedor/intelectual capaz de estructurar una sinergia tanto con los elementos prácticos del negocio editorial –desde el fabricante de papel hasta el impresor– como con los propietarios de librerías capaces de inspirar las elecciones de los lectores/compradores, que eran, además, los destinatarios de los artículos de sus revistas. Se trataba de un proyecto ambicioso y arriesgado desde el punto de vista financiero, dados los mínimos recursos que tenía a su disposición («no los de un Rockefeller»[115], en palabras del propio Gobetti), y que tenía su

---

[115] *Ibid.,* p. 37.

vitalidad en el inagotable deseo de combinar el pensamiento intelectual y el diseño editorial-financiero.

La sinergia del proyecto cultural exigía compromiso y capacidad de adaptación al funcionamiento simbiótico entre periódicos y revistas, cosa que Gobetti explicó a sus colaboradores. Entre ellos estaban los que habían creído inmediatamente en la aventura de *Energie Nove* –ya fueran amigos o profesores como Salvemini, Einaudi, Prezzolini, Sturzo, Debenedetti, en su mayoría del centro-norte– y los que se habían incorporado más tarde, como era el caso del «meridionalista» Guido Dorso.

Los volúmenes de Piero Gobetti Editore se beneficiaron del trabajo del prestigioso artista Felice Casorati, cuyos diseños gráficos iban acompañando el plan que tenía en la mente su editor: imprimir unos 10.000 ejemplares de las obras literarias, que se vendían mejor, para así ayudar a financiar las tiradas de 2.000 o 3.000 ejemplares de las obras histórico-políticas (la más vendida de esta colección fue el volumen del liberal progresista Francesco Saverio Nitti *La pace [La paz],* de la cual llegaron a distribuirse casi 10.000 ejemplares gracias a la fama de su autor, presidente del gobierno en 1919-1920)[116]. Entre los volúmenes más importantes figuran *Ossi di seppia [Huesos de sepia],* de Eugenio Montale, *La libertà in Italia [La libertad en Italia],* de Luigi

---

[116] Procedente de la región de Basilicata, Francesco Saverio Nitti (1868-1953) fue un político de orientación liberal progresista y un «meridionalista». Fue diputado desde 1904 y ministro de Agricultura, Industria y Comercio en el cuarto Gobierno de Giolitti de 1911-1914. Político de prestigio, ocupó el cargo de presidente del Gobierno en 1919-1920 y, a causa de su antifascismo, se exilió a Suiza en mayo de 1924. A principios de 1926 se instaló con su familia en París, donde pudo ver a Gobetti, que siempre le tuvo en gran estima y que publicó algunas de sus obras políticas.

Sturzo, y *La libertà [Sobre la libertad],* de John Stuart Mill, con prólogo de Luigi Einaudi, autor este último de quien se publicó la colección de artículos *Le lotte del lavoro [Las luchas del trabajo].* El año 1925 fue indudablemente el más feliz en cuanto a publicaciones, debido también a las dificultades laborales impuestas por la censura fascista a *La Rivoluzione Liberale,* en un clima cada vez más complicado para Gobetti, quien empezaba a manifestar una impaciencia incluso física que lo llevaría a la muerte un año más tarde.

3.3. La efímera victoria del fascismo: exilio y muerte en Francia

Gobetti llevaba tiempo pensando que lo mejor para él sería trasladarse a un país libre de ataduras como Francia, y no solo por las evidentes dificultades que había generado la persecución fascista:

> Me gustaría fundar una editorial en París. La razón principal es esta: que solo en París creo poder llevar a cabo una acción de cultura europea. Además, es posible que mi empresa se vea obstaculizada: con el apoyo de una empresa parisina, puedo contribuir a reforzarla y a hacer que se respete[117].

El 12 de septiembre de 1925, Gobetti ya pensaba en crear una editorial en París estrechamente relacionada con su actividad italiana. Una estructura editorial entroncada

---

[117] Carta del 3 de octubre de 1925 de Piero Gobetti a Giuseppe Prezzolini, citada por este último en su libro *Gobetti e «La Voce»,* Florencia, Sansoni, 1971, pp. 206-207.

con la experiencia del liberalismo europeo, capaz de respirar esos aires y dar vida a esa búsqueda de una nueva forma de hacer cultura que Gobetti se había propuesto. La propia Ada recordó que la idea de su marido era crear un espacio de construcción intelectual plenamente libre en el continente europeo, lejos de las restricciones impuestas por el régimen fascista[118]. Al final, esta intención se hizo realidad el 3 de febrero de 1926, cuando Gobetti dejó en Turín a Ada y a su hijo Paolo, nacido a finales de diciembre de 1925, y partió con destino a la capital francesa; una despedida conmovedora, de la que Ada dejó un testimonio especialmente emotivo[119].

En París, Gobetti frecuentó a los hermanos Nitti y a Giuseppe Prezzolini, y se dedicó a buscar un local para su editorial. Su salud, sin embargo, era muy precaria; problemas cardiacos y una grave bronconeumonía lo llevaron a visitar la Clinique de Paris, el mismo centro donde también estaba hospitalizado Giovanni Amendola, un importante dirigente liberal que intentaba recuperarse –al final, sin éxito– de las secuelas de una paliza fascista. Los días en la clínica no aportaron ninguna mejoría a su salud y Gobetti murió poco después, entre el 15 y el 16 de febrero de 1926[120].

Fue la familia Nitti la que organizó el funeral y comunicó la noticia a la familia de Piero. Francesco Saverio Nitti, además, escribió sobre la noticia en los periódicos franceses

---

[118] P. Gobetti y A. Gobetti, *Nella tua breve esistenza. Lettere 1918-1926,* cit., pp. 640-641.

[119] *Ibid.,* pp. 641-642.

[120] Una descripción de la agonía de Gobetti es la que ofreció Stefano Oberti, antifascista exiliado en París, en una carta de 1926 a Ada Prospero, consultable en B. Gariglio (ed.), *L'autunno delle libertà. Lettere ad Ada in morte di Piero Gobetti,* Turín, Bollati Boringhieri, 2009, pp. 174-180.

para que incluso al otro lado de los Alpes pudieran conocer, a partir de la vida de Gobetti, la situación de los opositores al régimen fascista en Italia. Paradójicamente, en Italia no faltaron periódicos fascistas o cercanos al fascismo que desvirtuaron aquella muerte y la atribuyeron a la ambición de un joven ciertamente inteligente que había desperdiciado su talento tomando decisiones equivocadas[121].

Gobetti fue enterrado en el cementerio de Père-Lachaise tras un funeral al que asistieron principalmente antifascistas italianos en el exilio. La tumba estaba situada en la parte más alta del cementerio, en el Plateau de Charonne, dentro de la división 94, no muy lejos de lo que primero sería la tumba y después el cenotafio de los hermanos antifascistas Carlo y Nello Rosselli, asesinados el 9 de junio de 1937 por militantes franceses de extrema derecha (probablemente con la colaboración de la policía política italiana)[122]. A diferencia de los cuerpos de los Rosselli, el de Gobetti ha permanecido siempre en París por voluntad de su mujer y su hijo, para cumplir el deseo de Gobetti de abandonar su país como exiliado.

3.4. La memoria de Gobetti y la Italia republicana

Como no podía ser menos, el nacimiento de la República italiana en 1946 trajo consigo la valorización de todas aquellas personalidades que más lucharon contra el fascis-

---

[121] Cfr. al respecto M. Gervasoni, *L'intellettuale come eroe. Piero Gobetti e le culture del Novecento,* cit., p. 413.

[122] Durante muchos años, del cuidado y de la manutención de su tumba se ocupó Aurelio Orioli, un republicano y antifascista exiliado en la capital francesa.

mo y que sirvieron a los partidos democráticos para construir su identidad política e inspirar a sus militantes en el
compromiso político diario. Gobetti formó ciertamente
parte del conjunto de personalidades antifascistas más destacadas. Su breve trayectoria vital y las relaciones diversas y
heterogéneas que supo construir con su actividad cultural le
convirtieron en un referente político transversal: desde los
liberales y los republicanos hasta las izquierdas comunista,
socialista y socioliberal, casi todas las tendencias políticas
democráticas italianas reivindicaron, de una manera u otra
–aunque no siempre con la misma intensidad a lo largo
del tiempo–, su legado. Por ejemplo, es interesante el caso del
PCdI que salió de la clandestinidad en 1944-1945, el cual
recuperó la figura de Gobetti, su colaboración con *L'Ordine
Nuovo* y su relación con Gramsci para demostrar cómo el
«partido nuevo» de Palmiro Togliatti –un partido de masas,
arraigado en la realidad nacional italiana y comprometido
con la construcción del socialismo dentro del marco de la
Constitución republicana– se basaba en una estrategia de
apertura también hacia los sectores de la burguesía más ilustrada y sensible a las necesidades del movimiento obrero[123].

Pero volviendo al contexto de la Italia republicana, si es
cierto que los años que van de 1945 a 1960 se caracteriza-
ron por destacar a Gobetti sobre todo como mártir antifascista, a partir de la década de los sesenta emergió la voluntad
de analizarlo a partir de un riguroso análisis filológico e histórico de sus textos. A este respecto, es importante la actividad del Centro Studi Piero Gobetti de Turín, creado en
1961 y que desde entonces ha trabajado de manera conti-

---

[123]   Un rol destacado en esta recuperación lo tuvo seguramente el historiador comunista Paolo Spriano, autor, en los años sesenta y setenta, de
la más famosa historia del PCdI y de varios ensayos sobre Gobetti.

nua para difundir su obra. En los años setenta, en cambio, Gobetti fue valorizado en especial por el Partito Repubblicano de Giovanni Spadolini, futuro presidente del gobierno, y por el Partito Liberale, mientras que —en la fase de la política del «compromiso histórico» y de los gobiernos de «solidaridad nacional» (1973-1979)— tanto el comunista Enrico Berlinguer como el democristiano Aldo Moro, pero también el socialista Bettino Craxi, no mostraron particular interés hacia él.

La reflexión pública sobre el papel de Gobetti en la historia de Italia tuvo un nuevo desarrollo a partir del periodo 1989-1992. El nombre del fundador de *La Rivoluzione Liberale* volvió a ser una guía política por su intransigencia moral y su crítica a las distorsiones del sistema de los partidos italianos para los que aplaudían la acción de los jueces de «Manos Limpias» contra la corrupción que dominaba la vida política nacional; por el contrario, y justo cuando se hundía el socialismo real del este de Europa, su liberalismo fue criticado por algunos historiadores y politólogos por su falta de sistematicidad y por ser demasiado condescendiente hacia los comunistas[124]. Esta última crítica fue recogida también por el mundo intelectual cercano a Silvio Berlusconi, que en 1994 ganó las elecciones generales y fue nombrado presidente del gobierno. En paralelo, y en evidente contraste con el *berlusconismo,* a mediados de los años noventa Gobetti fue reivindicado por el intelectual socioliberal Norberto Bobbio y en general por la coalición política de centro-izquierda liderada por Romano Prodi. El Partito Democratico della Sinistra (Partido Democrático de la Izquierda),

---

[124] Como ejemplo de estas críticas, véase E. Galli Della Loggia, «La democrazia immaginaria. L'azionismo e l'"ideologia italiana"», *Il Mulino* 2 (1993), pp. 255-270.

sucesor del Partido Comunista Italiano, llegó incluso a visualizar a Gobetti como uno de sus grandes referentes ideológicos.

En otro plan político, la figura de Gobetti ha sido presentada a los italianos como ejemplo de la «pedagogía civil» y democrática fomentada por presidentes de la República como Luigi Einaudi, Giuseppe Saragat, Carlo Azeglio Ciampi y Sergio Mattarella[125]. Por último, pero no por ello menos importante, se puede fácilmente notar cómo hoy en día las referencias a Gobetti son numerosas en internet y en las redes sociales, donde se pueden encontrar no pocas páginas web y cuentas a él dedicadas que contienen fotos, comentarios y bibliografía sobre su vida y su producción intelectual.

Sobre la presente edición

La presente antología se propone dar a conocer entre el público de lengua castellana la figura de Piero Gobetti, sumándose a las antologías en inglés y en francés publicadas por Yale University Press y por la editorial Rue d'Ulm[126]. Creemos que Gobetti es un personaje que interesará a los estudiosos de las ideas políticas contemporáneas, a los historiadores de los años de entreguerras y a los lectores que deseen saber más acerca de la relación entre fascismo y antifascismo. El criterio desde el que hemos hecho la selección de

---

[125] Acerca de este tema, véase G. Orsina y M. Ridolfi (eds.), *La Repubblica del presidente. Istituzioni, pedagogia civile e cittadini nelle trasformazioni delle democrazie,* Roma, Viella, 2022.

[126] P. Gobetti, *On Liberal Revolution,* edición e introducción de Nadia Urbinati y traducción de William McCuaig, New Haven/Londres, Yale University Press, 2000; P. Gobetti, *Libéralisme et révolution antifasciste,* ed., intro. y trad. de È. Vial, París, Rue d'Ulm, 2010.

los textos ha sido principalmente el de destacar su visión del liberalismo y su manera de concebir el antifascismo político y cultural; en efecto, y como ha querido reflejar nuestro estudio introductorio, el liberalismo abierto a la colaboración con las organizaciones del movimiento obrero y el antifascismo militante fueron los ejes que más vertebraron la trayectoria vital del intelectual turinés, sobre todo en el periodo de *La Rivoluzione Liberale.* Es por ello por lo que la gran mayoría de los escritos seleccionados proceden de esta revista. Con todo, hemos incluido en la antología también dos textos de Gobetti publicados en *Energie Nove* –en concreto, el artículo programático «Nuestra fe», que abrió la segunda fase de la revista, y un texto sobre Giolitti–, su artículo de presentación de la revista literaria *Il Baretti,* sus reflexiones sobre el oficio de editor que se divulgaron *post mortem* con el título «L'editore ideale» [«El editor ideal»] y el breve texto personal «Commiato» [«Despedida»], que Gobetti redactó en una libreta que se llevó a París en febrero de 1926. Estos textos son presentados siguiendo el orden cronológico de publicación y muchos de ellos son acompañados por notas al pie en las que hemos aclarado la identidad de los personajes y los hechos y coyunturas históricas citados por Gobetti[127].

La traducción al castellano de los artículos de *Energie Nove, La Rivoluzione Liberale* e *Il Baretti* se ha basado casi siempre en los textos originales que la Biblioteca del Centro Studi Piero Gobetti digitalizó y puso a disposición de la ciudadanía en la primera década del 2000[128]. Solo en el caso de

---

[127] Los textos de la antología incluyen también algunas notas al pie del traductor, Francisco Amella Vela, señaladas como *[N. del T.].*
[128] En el apartado «Riviste digitalizzate di Piero Gobetti» de la web [https://www.centrogobetti.it/biblioteca.html], hay disponible una base de datos en la cual están disponibles todos los artículos de las tres revistas.

los artículos «La lucha de clases y la burguesía», «Mussolini» y «El sistema proporcional» hemos preferido utilizar las versiones que Gobetti publicó en *La Rivoluzione Liberale. Saggio sulla lotta politica in Italia,* es decir, un volumen de 1924 en el que el turinés volvió a editar –con ligeros cambios o ampliaciones– una serie de artículos de *La Rivoluzione Liberale*[129]. Más exactamente, se ha utilizado aquí la reedición de esta obra llevada a cabo por la editorial Einaudi en 2008[130]. Aun así, y de acuerdo con la disposición cronológica de los textos de la antología, hemos colocado estos tres artículos siguiendo la fecha de publicación de las versiones originales, porque los cambios que introdujo Gobetti en el libro de 1924 no fueron relevantes y porque son artículos que respondían a problemáticas históricas concretas. En cuanto a los textos «El editor ideal» y «Despedida», la traducción se ha basado en las versiones originales contenidas en *L'editore ideale. Frammenti autobiografici con iconografia*[131].

Giaime Pala y Gianluca Scroccu

---

[129] P. Gobetti, *La Rivoluzione Liberale. Saggio sulla lotta politica in Italia,* Bolonia, Cappelli, 1924.

[130] La editorial Einaudi volvió a publicar el volumen de 1924 a partir de 1964, con un ensayo introductorio de Gaspare de Caro, y en 1995 y 2008, esta vez con una edición al cuidado de Ersilia Alessandrone Perona y con un ensayo introductorio de Paolo Flores d'Arcais.

[131] El volumen fue publicado por el Progetto Manuzio con licencia CC BY-SA 4.0, disponible en [https://www.liberliber.it/online/autori/autori-g/piero-gobetti/leditore-ideale/].

Bibliografía

Obras y epistolarios de Piero Gobetti

GOBETTI, P., *La Rivoluzione Liberale. Saggio sulla lotta politica in Italia,* Bolonia, Cappelli, 1924.
—, *Scritti di critica teatrale,* intro. de Giorgio Guazzotti, Turín, Einaudi, 1974.
—, *Risorgimento senza eroi e altri scritti storici,* intro. de Franco Venturi, Turín, Einaudi, 1976.
—, *On Liberal Revolution,* ed. e intro. de Nadia Urbinati y trad. de William McCuaig, New Haven/Londres, Yale University Press, 2000.
—, *La Rivoluzione Liberale. Saggio sulla lotta politica in Italia,* ed. de Ersilia Alessandrone Perona e intro. de Paolo Flores d'Arcais, Turín, Einaudi, 2008.
—, *Libéralisme et révolution antifasciste,* ed., intro. y trad. de Èric Vial, París, Rue d'Ulm, 2010.
—, *L'editore ideale. Frammenti autobiografici con iconografía,* libro electrónico del Progetto Manuzio al cuidado de Franco Antonicelli, 2011, disponible en [https://www.liberliber.it/online/autori/autori-g/piero-gobetti/leditore-ideale/] (última consulta: 20 de mayo de 2023).
—, *La filosofia politica di Vittorio Alfieri,* Roma, Storia e Letteratura, 2012.
—, *Paradosso dello spirito russo,* Roma, Storia e Letteratura, 2016.
—, *Carteggio 1923,* Turín, Einaudi, 2017.
GOBETTI, P. y GOBETTI, A., *Nella tua breve esistenza. Lettere 1918-1926,* Turín, Einaudi, 1991.
—, *La forza del nostro amore,* ed. de Pietro Polito y Pina Impagliazzo, Florencia, Passigli, 2016.

Obras sobre Piero Gobetti y la política italiana de su tiempo

ALESSANDRONE PERONA, E., «Il poeta e il suo bibliopola. La corrispondenza fra Eugenio Montale e Piero Gobetti», *Mezzosecolo. Materiali di ricerca storica* 11 (1994-1996), pp. 15-72.

BAGNOLI, P., *Il metodo della libertà. Piero Gobetti tra eresia e rivoluzione,* Reggio Emilia, Diabasis, 2003.

CABELLA, A., *Elogio della libertà. Biografia di Piero Gobetti,* Turín, Il Punto, 1998.

CARDOZA, A. L. y SYMCOX, G. W., *Storia di Torino,* Turín, Einaudi, 2006.

COLARIZI, S., «La percezione del totalitarismo nell'antifascismo italiano», en E. Gentile (ed.), *Modernità totalitaria,* Roma-Bari, Laterza, 2008, pp. 23-55.

CULLEN, N., *Gobetti's Turin. Modernity, Mith and Memory,* Oxford, Peter Lang, 2011.

DE FELICE, R., *Mussolini il fascista. 1. La conquista del potere, 1921-1925,* Turín, Einaudi, 1966.

—, *Intellettuali di fronte al fascismo,* Roma, Bonacci, 1985.

DE ROSA, G., *Storia del movimento cattolico in Italia. Vol. II. Il Partito popolare italiano,* Roma-Bari, Laterza, 1979.

D'ORSI, A., *La cultura a Torino fra le due guerre,* Turín, Einaudi, 2000.

—, «Un primo della classe. La formazione torinese di Palmiro Togliatti», en R. Gualtieri; C. Spagnolo y E. Taviani (eds.), *Togliatti nel suo tempo,* Roma, Carocci, 2007, pp. 22-52.

FILIPPI, A., «Gobetti y Mariátegui: la búsqueda de una teoría política nuestroamericana entre liberalismo y socialismo», *Utopía y praxis latinoamericana: revista internacional de filosofía iberoamericana y teoría social* 77 (2017), pp. 13-28.

FLORES, M. y GOZZINI, G., *Il vento della rivoluzione. La nascita del Partito comunista italiano,* Roma-Bari, Laterza, 2021.

GALLI DELLA LOGGIA, E., «La democrazia immaginaria. L'azionismo e l'"ideologia italiana"», *Il Mulino* 2 (1993), pp. 255-270.

GARIGLIO, B., *Progettare il postfascismo. Gobetti e i cattolici (1919-1926),* Milán, Franco Angeli, 2003.

— (ed.), *Con animo di liberale. Piero Gobetti e i popolari. Carteggi 1918-1926,* Milán, Franco Angeli, 1997.

— (ed.), *L'autunno delle libertà. Lettere ad Ada in morte di Piero Gobetti,* Turín, Bollati Boringhieri, 2009.

GENTILE, E., *Le origini dell'ideologia fascista,* Bolonia, Il Mulino, 1996.

—, *Fascismo e antifascismo. I partiti italiani fra le due guerre,* Florencia, Le Monnier, 2000.

—, *Fascismo. Storia e interpretazione,* Roma-Bari, Laterza, 2002.

—, *Le origini dell'Italia contemporanea. L'età giolittiana,* Roma-Bari, Laterza, 2003.

—, *La Grande Italia. Il mito della nazione nel* XX *secolo,* Roma-Bari, Laterza, 2007.

—, *L'Apocalisse della modernità. La Grande Guerra per l'uomo nuovo,* Milán, Mondadori, 2008.

— «Le giovani generazioni nella storia dell'Europa del Novecento», en M. de Nicolò (ed.), *Dalla trincea alla piazza. L'irruzione dei giovani nel Novecento,* Roma, Viella, 2011, pp. 15-23.

GERVASONI, M., *L'intellettuale come eroe. Piero Gobetti e le culture del Novecento,* Florencia, La Nuova Italia, 2000.

—, «La rivoluzione liberale di Piero Gobetti», en M. Isnenghi y G. Albanese (eds.), *Gli italiani in guerra. Conflitti, identità, memorie dal Risorgimento ai nostri giorni.*

Vol. 4/1. Il ventennio fascista: Dall'impresa di Fiume alla seconda guerra mondiale (1919-1940), Turín, Utet, 2008, pp. 275-281.

GORGOLINI, L., *Gioventù rivoluzionaria. Bordiga, Gramsci, Mussolini e i giovani socialisti nell'Italia liberale,* Roma, Salerno, 2019.

GORGOLINI, L. y DOGLIANI, P., *Un partito di giovani. La gioventù internazionalista e la nascita del Partito comunista d'Italia (1915-1926),* Florencia, Le Monnier, 2021.

GRAMSCI, A., *Antología,* selección, traducción y notas de Manuel Sacristán, Madrid, Akal, 2013.

—, *Cuadernos de la cárcel II. Cuadernos 6-11,* trad. de Antonio José Antón Fernández y ed. de Anxo Garrido, Madrid, Akal, 2023.

GRANESE, A., «Gobetti e gli intellettuali meridionali (Fortunato, Salvemini, Dorso e Fiore)», en A. Fabrizi (ed.), *Piero e Ada Gobetti: due protagonisti della storia e della cultura del Novecento,* Roma, Domograf, 2006, pp. 183-200.

LEVRA, U. (ed.), *Storia di Torino. Da capitale politica a capitale industriale (1864-1915),* vol. 4, Turín, Einaudi, 2001.

MARCHI, G. P., *Il viaggio di Lorenzo Montano e altri saggi novecenteschi,* Padua, Antenore, 1976.

MARIÁTEGUI, J. C., *Antología,* selecc., intro. y notas de Martín Bergel, Buenos Aires, Siglo XXI, 2021.

MATTERA, P., *Storia del PSI. 1892-1994,* Roma, Carocci, 2010.

ORSINA, G. y RIDOLFI, M. (eds.), *La Repubblica del presidente. Istituzioni, pedagogia civile e cittadini nelle trasformazioni delle democrazie,* Roma, Viella, 2022.

PAZÈ, V. (ed.), *Cent'anni. Piero Gobetti nella storia d'Italia,* Milán, Franco Angeli, 2004.

PIANCIOLA, C., *Piero Gobetti. Biografia per immagini,* Cavallermaggiore, Gribaudi, 2001.

Polito, P. (ed.), *Piero Gobetti e gli intellettuali del Sud,* Nápoles, Bibliopolis, 1995.

—, *L'utopia della rivoluzione. La rivoluzione liberale di Piero Gobetti,* Fano, Aras, 2019.

Prezzolini, G., *Gobetti e «La Voce»,* Florencia, Sansoni, 1971.

—, *Io credo,* Roma, Storia e Letteratura, 2011.

Revelli, M., «Piero Gobetti e il fascismo. La teoria della "rivelazione"», en C. Pianciola y P. Polito (eds.), *Perché Gobetti,* Manduria-Bari, Lacaita, 1993, pp. 103-120.

Sapegno, N., «Gli anni del "Il Baretti". Cultura militante», *Il Contemporaneo* 7 (1956), p. 4.

Spriano, P., *«L'Ordine Nuovo» e i consigli di fabbrica,* Turín, Einaudi, 1971.

—, *Gramsci e Gobetti. Introduzione alla vita e alle opere,* Turín, Einaudi, 1977.

Sabbatucci, G., «La crisi dello Stato liberale», en G. Sabbatucci y V. Vidotto (eds.), *Storia d'Italia. Vol. IV: Guerre e Fascismo. 1914-1943,* Roma-Bari, Laterza, 1997, pp. 101-161.

—, *Il trasformismo come sistema,* Roma-Bari, Laterza, 2003.

Vittoria, A., «COSMO, Umberto», en *Dizionario Biografico degli Italiani* vol. 34 (1988), disponible en [https://www.treccani.it/enciclopedia/umberto-cosmo_%28Dizionario-Biografico%29/] (última consulta: 28 de junio de 2023).

Ward, D., *Piero Gobetti's New World: Antifascism, Liberalism, Writing,* Toronto, University of Toronto Press, 2010.

Sobre liberalismo y antifascismo

1. Nuestra fe[1]

I

Las desventuras de la vida pública italiana, la falta de sinceridad y de claridad (su máxima concretización y exponente: el *giolittismo*[2]), son fruto de una trágica contradicción y una desastrosa heterogeneidad de métodos y hombres, de principios y consecuencias. Para resolver tal contradicción habrá que liquidar los sistemas que ya no responden a la realidad, de modo que los dos términos que ahora se oponen se armonicen en un desarrollo cuya lógica sea completa y coherente.

Los esquemas en que se desarrolla nuestra vida política (los partidos) no les consienten a los hombres la suficiente vitalidad. Los hombres buscan en la vida práctica realidades ideales concretas que incluyan, aun sin quedar retenidas en ellas, sus necesidades y sus exigencias. En el presente, los partidos se han limitado a fórmulas vastas e imprecisas de las que nada puede deducirse de manera lógica y clara. Es

---

[1] «La nostra fede», en *Energie Nove* II/1 (5 de mayo de 1919), pp. 1-8.
[2] Sobre el *giolittismo*, véase el segundo artículo de la presente antología *[N. del T.]*.

que representan, se dice, los intereses individuales; pero cuidado, que si avanza resueltamente, este representar los intereses individuales lleva no solo al egoísmo (que de suyo no sería un mal tan terrible), sino nada menos que fuera de la política, que es organización. Se reduce, y se va anulando, la posibilidad de una acción común, que solo puede nacer de que existan, junto a los intereses, razones ideales, teóricas; y estas luego concretadas, es decir, convertidas en cuestiones políticas. En cambio, en la vida actual de los partidos lo concreto solo es un círculo vicioso por el cual los hombres echan a perder los partidos y los partidos no favorecen el progreso de los hombres. Porque los partidos representan un pasado, son historia que se busca revisar, y no concreta actualidad. La idea central del socialismo (un intento valeroso, pese a todo, aunque aislado y desafortunado, de absorber el núcleo central de la moral idealista) se ha quedado en realismo frío, ilusorio, alejado de las mentes y de las conquistas de la ciencia económica; las doctrinas democráticas –que deberían ser la vitalidad misma, íntima, que anima la historia y resuelve las contingencias– no se han movido de las ideologías del siglo XVIII, una Ilustración que llega tarde y lleva más de un siglo agonizando; el nacionalismo de los Treitschke y de los Naumann, que la guerra ha hecho fracasar, ya no debería representar nada, en cuanto dogmatismo ridículo –ideología surgida de la tosquedad de un positivismo cicatero– y reducido a imperialismo puro, y, por ello, vacío, vicioso, sin propósito.

En suma, las ideas en las que se encuadran las fuerzas, los partidos, llevan un siglo de retraso. Y los hombres se encuentran a disgusto. La historia avanza, y los hombres con ella. Los partidos no pueden seguir siendo los mismos. Si no se liquidan, si subsisten, en la realidad práctica quedan sujetos a la deformación a la que los individuos los someten, y favorecen la desorganización y la confusión, ellos, que habían surgido para organizar y poner orden. Perduran solo de nombre, y he aquí que la disconformidad se acrecienta. Disconformidad de desarrollos, disconformidad entre premisas y desarrollo. Es natural que en la propia realidad cotidiana semejante disconformidad no pueda subsistir, pero por otra parte es del todo imposible llegar de una manera estable a la unificación. Y se procede, de manera particular, día a día, a un arreglo momentáneo, que de una vez a otra no puede ser sino triunfo de intereses personales con una pérdida completa de los ideales y con sometimiento de las actividades a un nominalismo huero. Y, en todos los casos, en los hombres mejores, escepticismo, e intrusión de las actividades maléficas. Contemplad la vida política desde una perspectiva de honradez ilimitada: os provoca desagrado; y el desagrado degenera en abstencionismo, mofa, indiferencia por los intereses supremos. El régimen representativo ya no goza del favor popular. Pero ¿por qué otra cosa queréis sustituirlo? ¿Por la teocracia?

Cada cual se cuida de sus propios asuntos y tira adelante. La única resultante es el desastre. Porque la vida del Estado es vida solo en cuanto concretización de la actividad de todos los ciudadanos con conciencia y laboriosos. Fuera, se pierde la dirección del progreso y no hay más que desvío. Y por el desvío se encuentran senderos por todas partes. El anarquista, que niega la organización; el burgués de la vieja escuela, que ve el Estado en el funcionario de Hacienda; el socialista, que habiendo negado la nación por una realidad más amplia, lo único que considera concreto es su realidad individual: a todos esos los veis concentrados y absortos en la personalidad minúscula. En preocupaciones que no son políticas.

El remedio nos vendrá de una sana revisión de ideas, de un proceso ansioso y esmerado de clarificación de principios, de una conciencia perfecta de las relaciones que hay entre las necesidades de la vida y los principios ideales que las trascienden.

II

¿Cuál puede ser, en términos lógicos y prácticos, el valor de un partido? Ningún otro, sino el que se deriva de su contenido, ya sea actual o tradicional. Y puesto que hoy en día contenido se identifica con programa, el valor de un partido está en sus fórmulas. Entiendo fórmulas en sentido amplio, considerando, esto es, tanto el valor que pueden tener en términos lógicos, como el que puede verse en ellas en términos prácticos.

Me parece claro, en cualquier caso, que en el concepto mismo de fórmula hay un elemento que fija y limita su alcance real. «Fórmula» es conclusión, punto de llegada, elaboración que presupone todo un proceso espiritual, toda una serie de esfuerzos en los que reside también su justificación y su importancia. [Las fórmulas] son una abstracción, un símbolo de resultados conquistados, no el hecho concreto de la propia conquista. El valor del símbolo residirá enteramente en la eficacia que muestre para expresar todo el proceso presupuesto. Pero resulta evidente que para que este valor se capte no basta con una pura aceptación: a todo individuo le es necesario recrear tal resultado rehaciendo el proceso. Es decir, que el partido debe contener, junto con la fórmula, otro elemento, debe asumir otra misión: guiar a la comprensión de la historia de la fórmula. Lejos de ser una resolución, un quietismo de ilusos, el partido se presenta como un devenir sin tregua, una lucha íntima continuada, un proceso de autoconciencia progresivo. Y en cada cual las fórmulas tendrán eficacia solo si se recorren de forma gradual, si las produce el espíritu propio.

Esto es, justamente, lo que yo niego que nuestros partidos políticos hayan intentado ser. Han ofrecido estancamiento y consuelo a unos pobres atrasados; y dado que las fórmulas eran decrépitas, ya el hecho de aceptarlas tenía que ser, de por sí, un repliegue sobre sí mismo, un retroceso. Se han quedado en tradición a la que apenas unos pocos aislados han tratado de prestar oídos y seguir, y que los más, en cambio, han adaptado a sus intereses materiales.

Y ni sombra de educación política. Como siempre que se deja de lado la historia por las abstracciones, lo dinámico por lo estático.

De modo que los partidos se han reducido a esquemas mentales, a medios para clasificaciones y, cuando determinaron acciones, para acciones sin plena conciencia. Ha faltado la llama que animara las fórmulas, el método, ha faltado el hermanamiento de espíritu que vivificara sus consecuencias. Se ha enunciado las fórmulas y luego se ha buscado a los hombres capaces de difundirlas. Pero las fórmulas y los hombres que las defienden deben nacer a la vez.

El problema de la acción se ha vuelto arduo. Para seguir avanzando, de lo que se trata es de destruir por entero una ilusión. Se trata de desvalorizar las fórmulas conclusivas para devolverles toda la importancia a los métodos, a los procesos de llegada. Ciertamente, trabajar por este resultado no es trabajar a corto plazo: los resultados serán lentos, pero es que se trata de una completa transformación moral. Precisamente por eso nosotros no vamos con las grandes fórmulas por delante. Traemos con nosotros un método nuevo, una pasión nueva. Que nace de una reacción consciente y necesaria al simplismo de los llamados reformadores, [nace] de una visión clara de la complejidad de los problemas, de la magnitud de las pequeñas cuestiones que no es posible resolver mediante una hipóstasis de generalidades. Pero con tal reacción se hace más clara y más explícita una afirmación, que es la fe nuestra, nuestra vida. Se verá. Por ahora, examinemos en su totalidad el alcance de nuestra negación.

Suelen decirnos nuestros adversarios que entramos en política sin una clara conciencia de los problemas mayores, sin tener preparada para ellos una solución. Pero estos grandes problemas ¿existen de verdad? ¿No son, más bien, una forma más o menos cómoda y simple de reagrupar, por necesidades de método y de hábitos mentales, un cierto número de otros problemas, pequeños y difíciles, que hay que resolver de uno en uno?

Consideremos por un momento uno de estos grandes problemas y factores políticos, que va hoy en boca de todos: la lucha de clases. Para la mayoría, bajo esta frase hay un cierto significado bastante claro, sedimentado por tradición, que implica conciencia de privilegios sociales, de odio recíproco determinado por estos, de una necesidad de acuerdo en la que los odios, y los privilegios que los causan, desaparezcan de hecho. Pero este sentido es tan elástico que hace que en muchos nazca la convicción de que un golpe de Estado o una revolución puedan resolver y hacer desaparecer cualquier cosa. Revolución: un método, este, muy expeditivo; e igual de fácil, el otro: conservadurismo, reaccionarismo.

Nosotros, en cambio, viendo el problema, abrigamos la presunción de estudiar sus elementos para ver su solución; y entonces bajo el concepto de privilegio descubrimos intereses legítimos que a todos se les deben reconocer y que deben ser tutelados: desde una conciencia más clara de la necesidad de las relaciones sociales y de la interdependencia.

Nos parece que del concepto de igualdad de oportunidades y de diferencia de logros (concepto necesario e indestructible) debe surgir necesariamente el de una distinción social, se llame a tales distinciones clases o como se quiera. Y entonces el problema de la tutela de los derechos de cada cual se nos presenta, pongamos, en la forma de la organización sindical, y se concreta en una serie de problemas técnicos con los cuales enlazan, sin ninguna dificultad, problemas complejos de asistencia y de seguros sociales, de créditos populares, etc. De este modo, sin negar las distinciones, pero empleándonos para que sean justas y legítimas, resolvemos cada día el problema que se nos presenta cada día con formas nuevas.

No es verdad, en definitiva, que carezcamos de una concepción del Estado: estamos firmemente convencidos de poder imponerla, y de superponer esta concepción general al estado presente de las cosas, al que tal vez termine por darle la vuelta y transformar de manera radical, aunque solo merced a un trabajo largo y paciente que sacuda y transforme también un poco a los hombres. En nuestra acción no es posible prescindir de milenios de historia y de trabajo humano, no es posible negar una tradición que está, toda ella, en nosotros, que nos concede su valor y su importancia. Solo es posible continuarla. Y continuarla significa poner en relación el pensamiento actual, libre, de los hombres con la herencia de trabajo que estos han recibido. Ambos elementos se condicionan mutuamente para dar vida al progreso. Y a decir verdad desconozco en cualquier caso cómo pueda llamarse concepción general del Estado a una ideología que, aun partiendo de ciertos presupuestos reales, por obra de la fantasía y del humanitarismo encuentra la manera de llegar a una negación espantosa y a una pretensión de potencia que es incluso grotesca.

III

También es una convicción general nuestra no creer en la posibilidad de hacer política deductiva. También aquí volvemos a caer en este vicio nuestro de ausencia de visiones generales que unifiquen de forma perfecta las realidades políticas, en este defecto nuestro de recelar de las ideas curalotodo, vagas, generales, con las que todo puede casar y justificarse magníficamente.

Pueden hacerse deducciones cuando se parte de una unidad, poco importa si es individual o universal mientras se tenga de ella un sentimiento profundo; pero en la realidad práctica lo que hay es una complejidad de actividades iguales en naturaleza y posibilidad, aunque profundamente diferentes en intensidad espiritual, razón por la cual los efectos casi siempre superan a las causas, que a su vez se nos escapan y no pueden analizarse por entero. Hay, sí, unificación del espíritu, que las abraza todas [las causas] y en todas infunde su capacidad de vida; pero tal capacidad no se fija *a priori* por un acto de conocimiento: el conocimiento se desarrolla de manera progresiva junto con el surgir de las acciones, y no se las puede prever racionalmente.

Como se ve, nuestro escepticismo ante las ideas generales (genéricas) en nada estorba para que en toda acción reconozcamos nosotros una racionalidad, y en las relaciones entre las acciones, una logicidad que deriva de la unidad del espíritu. A condición de no confundir política con filosofía. Porque en filosofía se da la coincidencia perfecta de pensamiento y acción, no siendo la acción otra cosa que el desarrollo del pensamiento de todo individuo; en política, en cambio, la intervención de nuevos elementos, de nuevas actividades, acarrea la consecuencia de que la acción va más allá del grado de posibilidad de cada uno, y dos son las formas de conocimiento: la idea de realidad materializada o materializándose y la previsión. Es en el campo de la previsión donde se hace necesario recordar que no hablamos de filosofía…

De igual modo, nosotros distinguimos la política de la moral. Actividad práctica en un caso y en el otro, bien está. Pero en la moral es el individuo el que comprende y crea su actividad práctica, quien regula sus acciones en relación con los demás, volviéndose por tanto centro del mundo. En la política, en cambio, la actividad práctica en juego es la de muchos hombres cuyas miras están puestas en resultados diferentes, y la dirección general que queda así determinada está en función de esas diversas concepciones de los hombres, de los cuales algunos pueden haber considerado el interés universal, otros, el propio y otros, uno ficticio. Así pues, si política y moral pueden unificarse en una visión retrospectiva, se diversifican en lo concreto de la actividad espiritual que las produce en la medida en que no son dialécticamente contradictorias. Una política buena es, siempre, también moral, por cuanto debe alcanzar el bienestar general; pero en el mundo de lo contingente hay hombres que buscan el bienestar universal, y otros no (el hado no es más que estas fuerzas encontrándose y elidiéndose sin tener conciencia de ello): la política reside toda ella en esto, en el pensar en estas relaciones, en las maneras como se presenta la actividad práctica.

IV

Reanudamos ahora el examen de los partidos y las fórmulas, donde encontraremos un nuevo defecto orgánico (de ausencia de una íntima logicidad) que agrava, sumándose a él, el otro error de método (la falta de desarrollo). Aquí ampliamos un tanto la idea con un examen rápido: se alude a objeciones, se bosquejan críticas, se da pie a aclarar las ideas.

Del socialismo ya hemos analizado, y resuelto, el concepto de clase en sus diferentes elementos. Una exageración dogmática y absoluta de un dato factual verdadero: la libre diferenciación de los hombres. Todos pertenecemos a una clase, pero a la clase que queremos, y precisamente en esto, en ver tal límite y saberlo puesto por nosotros, reside la superación de la clase y el triunfo de una realidad más amplia, que la incluye: la nación. ¿Y por qué no la humanidad? —objetan los socialistas—. Pero es que la nación misma es humanidad, humanidad que no se nos escapa, clara en cuanto concretización histórica, en cuanto formada por una tradición milenaria. Y la nación podrá asimismo quedar comprendida en la realidad de «humanidad», no por una yuxtaposición de conceptos, sino por lo concreto de un trabajo histórico al que todos contribuyen con su acción.

Este carácter concreto el socialismo lo ha pasado por alto. Lo ha pasado por alto en cuanto ideología erigida sobre el ambiente histórico de la Revolución francesa y para satisfacer las exigencias del periodo que llevó a 1848. Desaparecidas dichas condiciones históricas, todo el comunismo crítico se ha disgregado como organismo, y a los socialistas de hoy les ha quedado el estado de ánimo de un comunismo del todo primitivo, hecho de humanitarismo, de amor y de igualdad. Elijan los socialistas, en cualquier caso: o el revestimiento científico que Marx intentó darles a las viejas teorías, y entonces respondan a la economía clásica y a la historia con las que Marx se encuentra luchando a brazo partido; o la fraseología de la igualdad y la fraternidad (que, como vamos a ver, altera una visión del todo diferente de las cosas: la democracia); o una exégesis precisa que diga cuánto aceptan de Marx y cuánto del humanitarismo y de la Ilustración.

Eso sí, el resultado híbrido que obtengan no se les olvide someterlo al juicio de la historia o incluso del propio Karl Marx, maestro que se rebelaría el primero, con todo su *concretismo,* contra el moralismo y el *mazzinianismo* de muchos de sus seguidores. El dilema acaba por plantearse de modo explícito: o con Marx o contra Marx.

Pero nuestros socialistas, así como nunca se han ocupado de las relaciones entre el Estado futuro –en que se instaurará el reino de la justicia fúlgida– y la iniquidad humana que hoy nos aflige, así tampoco se han planteado resueltamente el problema de la exégesis de Marx y de la consiguiente determinación del socialismo actual. Ahora bien, una teoría que carece de continuadores sin duda puede considerarse muerta.

Así y todo, en muchos el socialismo perdura al menos como estado de ánimo de simpatía, porque se hace paladín y Don Quijote de toda oposición al gobierno y a su bestialidad cotidiana. Pero esta postura crítica nada tiene que ver con el socialismo. Tanto es así que también es la nuestra, adversarios decididos del comunismo. Solo deploramos que dicha oposición, convirtiéndose en ellos en un hábito de perpetuo descontento, se anule de por sí y aleje cualquier posible resultado concreto.

Queda el problema de la difusión del socialismo, de la fuerza actual del partido. Y estaríamos ante la necesidad de ver qué autoconciencia hay en sus adeptos. Lejos de nosotros toda sospecha de querer desvalorizar una idea respetable como el socialismo con dudas sobre la honradez o la buena fe. Pero en el socialismo de hoy nosotros no vemos más que un problema de organización del trabajo. Si este problema lo ha planteado Marx, veremos, ¡vive Dios!, si hay quien lo resuelva. No nos ocultamos, desde luego, su importancia fundamental. Pero seguimos estando por la solución nacional, con la cual muy fácilmente se podrá conciliar la forma sindical. Y tal conciliación va asomando: en Inglaterra, quizá, ¿quién sabe?, en Alemania…

Solución nacional que nada tiene que ver con el nacionalismo. Con el cual se vuelve a caer en un dogmatismo de la peor especie. Hoy, la forma oficial del nacionalismo carece de realidad, y fuera del imperialismo carece de contenido. También en este caso les pediría a los adeptos que fueran coherentes con su propia conciencia. En el nacionalismo está vigente el mismo sistema de proselitismo que en el socialismo. ¿Admites el progreso? ¿Eres humano? Entonces eres socialista. Y allá: ¿aceptas la patria, la nación? Entonces eres nacionalista. Pero, aceptada la nación, está el problema de la organización nacional. Los nacionalistas no se detienen en él. No hay más problema que la expansión, y la consiguiente organización del ejército. Es decir, el único problema es un círculo vicioso.

Yo no pretendo negar el concepto de lucha, en el cual culmina la actividad, que crea el progreso. Y tal lucha, en el presente estado de cosas, podrá también ser lucha de ejércitos, pero no puede ser solo esto, porque ni siquiera hoy en día podría tener la guerra su función benéfica.

Hay otras formas de actividad, y de consiguiente lucha, más vivas, más provechosas, y hacia estas hay que ir, hacia estas se va, quitando poco a poco de en medio formas de lucha que ya no corresponden a la exigencia de trabajo y progreso. Y entre dichas formas incluimos nosotros la guerra por la guerra que los nacionalistas exaltan, y quizá mañana incluyamos cualquier forma de guerra en cuanto confluencia de actividades que se manifiesta en forma bruta.

Porque para nosotros todo el valor de la vida está en el trabajo, en la intensidad del trabajo, y el problema de la organización es un problema de ordenación de fuerzas autónomas y disciplinadas. Pero nuestros nacionalistas son más simplistas que nosotros o quizá más superhombres. Porque la industria la dirigen ellos adonde quieren y hacen con ella lo que quieren (inclusive la arruinan, con el proteccionismo); de los problemas de la administración no se ocupan, porque ya está el Estado, que puede y debe hacer lo que a ellos les place. Pero ¡qué autonomía local! ¡La verdad está en el centralismo! ¡Oh, sublime poesía de un solo hombre, o de unos pocos hombres que guían a toda la nación, en el interior y en el exterior! ¿Que luego hay de verdad un problema interno de administración? Pero ¿no basta con el ejército? En todo caso, organicemos toda la burocracia a la soldadesca. Así, o poco más o menos, razonan nuestros amigos los nacionalistas. Conque nos sentimos con el derecho de pasar a otros razonadores más agudos.

Una realidad política, por lo menos en la concepción del pueblo, la constituye sin duda la organización católica. Que de por sí tiene una tradición en favor de la cual trata de aprovechar los estados de ánimo predominantes: conservadurismo rígido e ideal del amor. Todo el esfuerzo de la Iglesia católica se ha dirigido a adueñarse de la realidad universal cristiana para hacerse con su monopolio y con los derechos de su propiedad. Es el acostumbrado sistema, que ya hemos visto en los socialistas y los nacionalistas, de asegurarse una realidad ideal más amplia para hacer pasar su credo a través de ella con desenvoltura. Y aquí el credo sería la teocracia. Dada la verdad revelada de la que la Iglesia es depositaria exclusiva, no puede haber otra consecuencia lógica que no sea el absolutismo.

Como bien dice Balbino Giuliano:

> Toda religión, por su propia naturaleza y por la naturaleza misma de su misión, tiende con todo su empeño a

dominar la vida civil, a imponerle sus preceptos: toda religión se convierte, necesariamente, en Iglesia, y su ideal, por más oculto y modificado que quede en las contingencias históricas, es necesariamente la teocracia. Incluso en la concepción de Dante, el gobierno civil es una especie de cuidado subalterno de las almas[3].

Pero el hecho mismo de que no por pensar se es católico, que verdades reveladas las han dado y las dan todos los hombres, constituye una demostración definitiva de lo aberrante de semejante pensamiento. Si es que se acepta el acto de pensar no como una abstracción, sino que se lo reconoce de manera concreta en cada cual, lo mismo que se reconoce en cada cual el derecho a la vida. El catolicismo es un momento del espíritu, no todo el espíritu, por la sencilla razón de que ninguna fórmula abstracta puede abarcar todo el espíritu, ningún precepto puede determinarlo.

Por lo menos para nosotros, que no somos escolásticos; aunque en nuestra fe también incluimos y justificamos la escolástica.

Y aquí hay sitio y justificación para otra realidad política: la democracia. Cuyo punto de partida reside precisamente en afirmar la legitimidad de toda forma de pensamiento y negar cualesquiera verdades reveladas, porque verdad es aquello que todo individuo concretiza y crea, y es, a la vez, progreso y universalidad que trasciende la posibilidad individual.

Y en esta fe –que es, sencillamente, una forma de enunciar la paridad de derechos y deberes, la igualdad de oportu-

---

[3] Sobre Balbino Giuliano (1879-1958), filósofo neoidealista y colaborador de las revistas contrarias a Giolitti en los años diez, véase también el epígrafe 1.1. del «Estudio introductorio».

nidades– reside la parte sana de la democracia, que se identifica con el idealismo. Pero en esta parte sana ha habido
una profunda y corruptora inyección de sectarismo diecio-
chesco. La democracia que niega toda fe, toda revelación,
porque a todas las trasciende y las incluye, se ha convertido
en anticlericalismo, se ha limitado a ser lucha contra una
secta, rebajándose así hasta adquirir carácter de secta. Y en
el humanitarismo a la manera de Rousseau ha confundido
igualdad de oportunidades con igualdad de lo que es en
acto: a la libre diferenciación le ha opuesto un amor universal estéril y pacífico, ha hecho que la sana tolerancia, que era
su fe concreta, degenere en indiferencia ideal que en la práctica permite la intransigencia más atrabiliaria y las componendas más viles.

De su afirmación ideal ha hecho una doctrina, cuando
no era más que un punto de partida desde el cual desplegar
su actividad. La palabrería radical y masónica ha invadido y
ocupado todos los ideales democráticos. Hasta la propia palabra se ha visto desacreditada por ello. «Democracia» se ha
convertido en sinónimo de demagogia; también para muchos se confunde con el socialismo, una especie de socialismo tranquilo, no revolucionario, lleno de justicia y buena
voluntad. Una verdad revelada, o poco menos.

V

Así y todo, nosotros no nos apartamos de esta base, la
única que hemos reconocido como sana y fecunda. Hacemos de ella el punto de partida también para nuestra actividad, la forma con la que desarrollar esta pasión nueva: solo
una afirmación intensa de espiritualidad, de idealismo que
no sabe de obstáculos, puede ser compatible con nuestra

premisa de fe democrática. Pero nuestro idealismo no puede limitarse a un esfuerzo teórico, debe penetrar en nosotros y en el todo con un solo soplo de vida íntima, intensa.

Ser nosotros mismos en todo momento, realizar a cada instante toda nuestra posibilidad de acción, por nosotros y por los demás, sentir el pálpito exultante y embriagador de la vida, siempre, y no como medio para esta o aquella pálida idealidad evanescente, sino [la vida] en sí misma y por sí misma como medio y fin de la propia idealidad, a la que da curso libre desde lo más íntimo. Alcanzar, desde tal fe, la capacidad y la fuerza para renovarse a cada instante, ver la vida como humanidad que se desarrolla y se supera, debilidad que se vence sin nunca detenerse, concreción en la cual cualquier humilde acto adquiere su santidad, su consagración, porque es un acto nuestro: ¡tal es la dicha y el significado del ser, la divinidad del tiempo que es progreso en el que perece el obstáculo! Esta potencia vivificadora del espíritu se ve sofocada en los hombres de costumbres degeneradas, cristalizaciones en las que se pierde todo el ardor, pereza bestial por la cual se podrá esquivar la fatiga, la lucha, pero para obtener una paz, un sosiego, extenuante, donde ya solo resuena el ritmo enervante y monótono de las ocupaciones de todos los días.

Es necesario que creemos cada día una conquista nueva y, puesto que conquistar no es sino ampliar los propios límites, es necesario que alcancemos una comprensión cada vez mayor de la inmanencia del espíritu, que lleguemos a ver en cada hecho, en cada consecuencia, una parte de nuestra propia alma.

Esta pasión profunda –que no se muda en costumbre, ni tan siquiera en acción impulsiva, sino que queda como normalidad intensa, conquista progresiva y no intermitente o fragmentaria– no se aviene con la frialdad y la indiferencia que invade y anquilosa la vida de hoy. Enfermedad que consume y mata, bajeza por cuya causa los nervios se quiebran tan pronto ejercen su función. Toda la vida moderna sufre de extenuación por esta espantosa anemia. Y aun así no nos rebelamos. Recuperemos, en este punto, la distinción entre moralidad e inmoralidad. No puede ser moral quien es indiferente. La honradez consiste en tener ideas, y creer en ellas y convertirlas en el centro y la mira de uno mismo. La apatía es negación de la humanidad, rebajamiento de uno mismo, ausencia de idealidad. En muchos puede ser afectación de superioridad y pretensión de originalidad, pero a toda la masa de ausentes son preferibles los intolerantes, los feroces hombres de parte, dominados por un odio que no cesa. Estos toman partido, no rehúyen la lucha.

Y es más humana la maldad que la ruindad.

En la inmensidad del mundo del espíritu no podemos predicar el abstenerse respecto de ninguna forma. Todos los modos de actividad son legítimos si son humanos. Es honrado reconocer una deficiencia en el propio pensamiento, pero aquello que nos falta no es posible despreciarlo. Tal es el rígido sentido de la responsabilidad que nos da nuestra fe.

Y estamos ahora con la acción inmediata en la que deberemos concretar no ya una fórmula, sino todo nuestro espíritu. Fijar la línea de esta concretización ya no debería ser difícil. Hay que difundir y hacer sentir nuestra concepción de la vida y de la vitalidad. Hay que poner de relieve la diferencia que media entre el esquematismo muerto de los partidos y la potencia del espíritu. Es un trabajo a largo plazo cuyo objetivo es crear hombres mejores, más sinceros, más fuertes. Para alcanzar esta humanidad mejor debemos desvalorizar y destruir los hábitos, los esquemas, las indiferencias.

Pero mientras destruimos un mundo de prejuicios y deficiencias, construimos con ardor y paciencia el mundo de la concreción. Sustituimos los últimos restos de la verdad revelada por la verdad que se conquista día a día con el trabajo de cada cual, las abstracciones genéricas por el examen esmerado, sin ideas preconcebidas sobre el problema que surge, pequeño o grande. Únicamente con este encontrar y organizar las soluciones se hace política.

2. Giolitti, *giolittismo, antigiolittismo*[1]

A Luigi Ambrosini[2].

Quizá sea un poco superficial y simplista querer explicar el *antigiolittismo* con la retórica de toda una nación, pero no se puede negar que la paradoja hace su efecto: Italia es aún un país demasiado lleno de retórica como para no ser *antigiolittiano* por definición. Partiendo de la retórica, el artículo de Ambrosini me sugiere, sin embargo, otra derivación: la de que nuestro retórico país jamás conseguirá verse libre de los literatos que hacen política a base de figuraciones estéticas y vuelos líricos. A la fantasía de Luigi Ambrosini, Giovanni Giolitti debe de habérsele aparecido de inmediato en la figura de Farinata degli Uberti[3]: grande, enorme, terrible, solitario, en medio de la bes-

---

[1] «Giolitti, giolittismo, antigiolittismo», en *Energie Nove* II/5 (5 de julio de 1919), pp. 93-95.

[2] Luigi Ambrosini (1883-1929) fue un periodista y escritor que colaboró con los más importantes periódicos y revistas de la Italia de los primeros treinta años del siglo xx. Experto en crítica literaria y en historia del Risorgimento, el 25 de junio de 1919 publicó en el diario *La Stampa* el artículo «Posizione di libertà» [«Posición de libertad»], en el que elogiaba a Giovanni Giolitti y que provocó esta respuesta de Gobetti. Sobre la figura política de Giolitti, véase el epígrafe 1.3. del «Estudio introductorio».

[3] Farinata degli Uberti (1212-1264) fue un político perteneciente a una antigua y famosa familia de Florencia. En la *Divina comedia,* Dante

tialidad triunfante de todo un pueblo. Desde esta figuración literaria le parece asequible la deducción: «Giolitti es nuestro gobernante más ilustre». ¿Por qué? ¡Por lo libre de su posición! Pero, entonces, igual de lógica resultaría la deducción, qué sé yo: «Giolitti es nuestro más alto poeta» —o «pintor», o *«libreversista»*—. Así pues, adolece ese escrito de un íntimo defecto de logicidad, por mucho que Ambrosini se duela de la ineptitud general para distinguir y definir. Así y todo, no nos desembaracemos de él tan pronto. Sigamos sus afirmaciones paso a paso. Distingamos y definamos. Tres afirmaciones sustanciales:

1. Los italianos son obtusos en política. No han dado aún ni cincuenta páginas reveladoras sobre Cavour. Sabíamoslo. ¿Acaso nos las quiere dar Ambrosini? Lo que no sabíamos son las razones de tal carencia. Y aquí entra en juego la cultura política de Ambrosini. La razón es sencilla: ¡tan sencilla que yo en verdad espero que Ambrosini no disponga de quince días de tiempo para escribir esas cincuenta páginas reveladoras! No se le pueden tomar las medidas a un estadista, o al gobernante que sea, cuando con anterioridad dichas medidas no se han tomado, no existen. Pero ¿qué es este tono profesoral? ¿De qué habla? Si habla del sastre o, ya me perdonarán, del zapatero del mencionado estadista, estoy de acuerdo. Pero ¿desde cuándo hacen falta en la ciencia política medidas predispuestas y acabadas con anterioridad para poder meter en ellas a los estadistas? ¡Esto es positivismo con siglos de retraso, esto es analfabetismo burgués! La ciencia política y la crítica política nacen a la vez, con contactos e influencias recíprocos. El dogma separado de la vida, la ver-

---

Alighieri lo colocó en el canto VI del Infierno como hereje epicúreo, sin por ello ocultar admiración por la figura imponente y casi heroica de este personaje.

dad sin dialéctica que la anime son abstracciones sin realidad íntima, son prejuicios por crasa ignorancia. Ambrosini está en la época de los géneros literarios y la impotencia empírica.

2. De esta idiocia de los italianos (común, según se ha visto, también a Ambrosini) nace la incomprensión de Giolitti. «Nadie ha conseguido atraparlo ni mantenerlo sujeto cinco minutos en las redes de un juicio, el que sea». ¿Genialidad o falta de firmeza y de coherencia? Ambrosini no ha considerado las dos consecuencias posibles. Él no necesita más para definir el antigiolittismo como bestialidad triunfante.

3. ¿El *giolittismo*? Pero si no existe. Giolitti está más solo que nunca, solo e incomprendido. Y, en estos cuatro años, él solo «ha rehecho, ha reconstruido su libertad interior».

Bien está. Hemos llegado a la ecuación Giolitti = Farinata, que, no obstante, incluso una vez resuelta, no da Giolitti = político. Si Ambrosini hubiera sido menos literato, habría reparado en que los hechos son diferentes de como a él le parecen. Habría visto que los datos son muy otros. Ante todo, que hay por lo menos tres clases de antigiolittismo. Uno es el de los estudiantes, el de los oradores mitineros, el del pueblo menos estable y más dado a entusiasmos: ninguno de esos es políticamente superior a Giolitti en absoluto, incluso si lo son individualmente. Ven la política como lucha entre personas, tienen necesidad del espantajo al que golpear, del símbolo al que combatir.

El segundo es el antigiolittismo de los enemigos personales de Giolitti, que querrían estar ellos en el gobierno para hacer su conveniencia y sus ajustes de cuentas. Digan lo que digan, esos son más *giolittianos* que el hombre de Dronero[4]. Contra ellos sí que vale la lógica de Ambrosini. Pero hay un

---

[4] Dronero, municipio del Piamonte, es la ciudad natal de Giolitti.

tercer antigiolittismo, que es el de los hombres que se sienten moral y políticamente superiores a él.

Combaten estos al político de los años 1892-1914. Si luego el ciudadano Giovanni Giolitti ha rehecho su libertad interior, eso ya es cosa de su espíritu. No ha rehecho su virginidad, no ha anulado los errores o la pequeñez de sus métodos. El Giolitti nefasto para Italia es el ministro que solo piensa en las elecciones y se preocupa por la promoción de tal burócrata de su confianza o la eliminación de tal otro que cumple con su deber sin cuidarse de él. Desde este punto de vista, el *giolittismo* nos parece un fenómeno de degeneración de la honradez, nos parece el desgobierno vacilante, en la cuerda floja, sustentado en los compromisos de una minoría de ineptos que vive a expensas del Estado, es decir, del pueblo italiano. Más aún que por la corrupción que en sí misma presenta, combatimos esta forma de parasitismo por su estrechez de miras –impuesta por un vivir furtivo e inseguro–, por la desidia que de forma fatal y necesaria ha de mostrar hacia los intereses supremos, ocupada como está [dicha forma de parasitismo] en resolver, día a día, un terrible problema de existencia. El objetivo del gobierno de Giolitti ha sido mantener el gobierno a toda costa: las mejores energías se han ido consumiendo en este problema. Ahora bien, al pueblo italiano lo que menos le importa es el nombre de quien lo gobierna; al pueblo italiano le importaba –y le sigue importando ahora– la solución del terrible problema meridional, donde lo que está en juego es, en verdad, el porvenir de la nación; o la satisfacción de esas otras exigencias que, al margen de las camarillas, los partidos, las transacciones y las corruptelas, presenta la vida de un país. Giolitti no nos ha dado nada de todo esto. Y quiero ser justo hasta el final. Creo sin dudarlo que este desgobierno que ha durado varios lustros no ha sido solo un acto de su voluntad, sino un fenómeno de degeneración nacional, por ende padecido, tolerado y casi querido por la mayoría. Con su obscena mayoría, Giolitti representaba a la parte más fuerte de la nación, la que tenía más voz y más fuerza. Las recriminaciones son inútiles: es historia. Pero no puede negarse que él era el representante más perfecto de dicha degeneración. De ahí que pueda entenderse y justificarse el odio por la persona junto con el odio por sus métodos. Pero nuestro antigiolittismo se daría también aun cuando el jefe del gobierno, sin llamarse Giolitti, diera continuidad a sus métodos. Recorred la carrera de Giolitti y no hallaréis en ella un solo momento de grandeza. Los actos más importantes, los más clamorosos, los más asombrosos, son su conquista del poder y el haber depuesto gobiernos por cuestiones de procedimiento, y los ataques a mano armada contra candidatos rivales. Y tales métodos, hoy, no son dignos del país.

De nada de todo esto lo redime el artículo de Luigi Ambrosini. Cuatro años de silencio no borran el pasado ni los métodos de un político. La política es terreno de hechos, de resultados, no del abstenerse. En lo personal, el Giolitti de estos cuatro últimos años es más grande que el de la criminalidad electoral. En lo político, sigue siendo este último. No lo absolvamos. No olvidemos. Absolución y olvido podría darlos un buen párroco en el ejercicio de su ministerio. ¿Es que Ambrosini se ha entregado a tal oficio? Giovanni Giolitti no ha podido, ni nunca podrá, ser un gran estadista precisamente por su falta de independencia y libertad. Es solo la cabeza visible de una mayoría parlamentaria. El propio Ambrosini, que ha conservado algo del ingenio de hace diez años, así lo ha entendido. E insiste en esa independencia, nacida de la soledad. Pero ¡ay!, llega la independencia un poco tarde, si la ha alcanzado solo en estos cuatro años. ¿En un viejo de 78 años tendríamos que encontrar a un hombre nuevo? El que tenemos siempre ante nosotros es el hombre vulgarmente astuto, de sonrisa doble, que da órdenes a cualquier Falcioni o Peano que tenga a su lado, no vemos más que al hombre del pasado. Será defecto nuestro. Pero no logramos liberarnos de la experiencia histórica.

En *La Stampa* del 6 de julio he leído otras cuatro columnas de Ambrosini sobre el «Bolscevico dell'Annunziata»[5]. Nada más que eso. Más figuraciones estéticas y ejercicios estilísticos. Ambrosini se pone a demostrar la grandeza de Giolitti, pero puesto a hinchar la estima, más cómodo darla como postulado. Y no se explica el año 1892, ni los trucos electorales y parlamentarios. Hagamos por hablar claro. Salvemini, Colajanni y De Felice lanzaron acusaciones concretas y específicas en el *Ministro della malavita*[6] (Florencia, 1910).

Si Luigi Ambrosini es un hombre sincero, tiene el deber de refutar esos hechos.

---

[5] En un discurso pronunciado el 19 de octubre de 1919, Giolitti –que en 1914-1915 se había declarado neutral ante la eventual entrada de Italia en la contienda–, denunció la Gran Guerra como fruto de las ambiciones políticas y económicas de las clases dirigentes y de las grandes corporaciones empresariales europeas, y defendió la necesidad de poner fin a la diplomacia secreta y otorgar un mayor protagonismo al Parlamento italiano en el diseño de la política exterior del país. Tras este discurso, sectores de la derecha italiana empezaron a llamarle «El bolchevique de la Anunciación» (en referencia sarcástica a la Suprema Orden de la Santísima Anunciación, la máxima condecoración y orden honorífica de los Saboya, concedida a Giolitti en 1904).

[6] *Il ministro della malavita [El ministro de la criminalidad]* fue un *bestseller* político que Gaetano Salvemini publicó en la editorial de la revista florentina *La Voce* en 1910. En él, Salvemini relataba los abusos y las violencias del sistema de poder giolittiano en el sur de Italia. En el libro se reproducían también las denuncias parlamentarias presentadas en 1909 por el socialista Giuseppe de Felice Giuffrida y el republicano Napoleone Colajanni contra la corrupción política de los hombres de Giolitti en Sicilia. Sobre Gaetano Salvemini, véase la n. 25 del «Estudio introductorio».

3. Manifiesto[1]

«*La Rivoluzione Liberale* sitúa como base histórica de juicio una visión integral y vigorosa de nuestro Risorgimento; contra el abstraccionismo de los demagogos y los falsos realistas, examina los problemas actuales en su génesis y en sus relaciones con los elementos tradicionales de la vida italiana; sustanciando las fórmulas empírico-individualistas del liberalismo clásico a la inglesa, defiende una conciencia moderna del Estado».

* * *

Estas fórmulas programáticas, puesto que exigen de nosotros una responsabilidad específica ante los lectores, deben ser desarrolladas y concretadas de manera franca. Y como su razón y su significado descansan inicialmente sobre nuestra experiencia particular, probemos a esclarecer y fijar tal premisa.

* * *

---

[1] «Manifesto», en *La Rivoluzione Liberale* I/1 (12 de febrero de 1922), pp. 1-2.

Se publicaba en 1918 el primer número de un modesto periódico quincenal que reunía, en torno a un programa genérico *(Energie nove),* a algunos oscuros jóvenes, solos en medio del no poco vivaz afirmarse de sectas políticas de una laboriosidad infatigable y turbia.

No se daba en ellos la destreza de los astutos y los hombres modernos; aunque tampoco los empujaba su virginidad a impulsivas declaraciones de palingenésica pureza. Buscaban en el realismo la más sana expresión de un idealismo riguroso.

La fórmula no excluía la ingenuidad. Aun así, vista ahora, aquella necesidad de actuar, que aún hoy reconocemos como nuestra, nos liberaba de cualquier herencia de los estetas y nos representaba la *práctica* como realización y casi natural prolongación de nuestra personalidad. La historia suscitaba en nuestra vida de individuos actitudes y exigencias que iban más allá de lo individual.

Donde algunos apreciaban ingenuidad, lo que había era, quizá, una participación creativa (no preparada culturalmente) en la historia. Y de la falta del *sentido de la oportunidad* nacía nuestra fuerza.

Afrontamos la crisis posbélica libres de los prejuicios que aquejaban a *combatientes y derrotistas.* Más aún: enseguida nos pareció que, cuando las consecuencias de la guerra se iban desarrollando según una áspera lógica práctica y generaban situaciones concretas completamente nuevas, estancarse en una cuestión sentimental de gratitud o de remordimiento significaba renunciar a una experiencia política efectiva (tanto tiempo esperada) y transformar un episodio de fatiga psicológica individual en una crisis general de inercia que podía incluso convertirse en nuestra liquidación histórica.

En el problema de la guerra (estudiado *a posteriori*) había un problema moral, no porque por todas partes viniera agitándose un confuso deseo de paz y de justicia, sino porque la guerra podía convertirse en el primer momento de un proceso capaz de llevar por fin hasta la vida política a fuerzas nacionales ocultas, que a lo largo de cuatro años de disciplina habían conquistado una conciencia elemental de sus deberes sociales en el sacrificio creativo de su personalidad.

En vano empleaba con nosotros sus lisonjas la ilusión demagógica. Nuestra espontaneidad quería fuerzas espontáneas con las que avenirse; pensábamos, por encima de las fórmulas, en la vitalidad de los hombres. Deseosos de sumarnos al proceso de *espontaneidad* de la Historia, teníamos frente a nosotros, irresoluto, el problema central de nuestra vida de pueblo moderno: la *unidad.* El resultado incierto de los esfuerzos por la autonomía popular de obreros y campesinos nos orientó, pues, a buscarle una razón más amplia y profunda en condiciones trágicamente coercitivas de debilidad orgánica y de inmadurez histórica.

La incapacidad de Italia para constituirse en organismo unitario es, esencialmente, incapacidad en los ciudadanos para formarse una conciencia del Estado y aportar a la realidad viviente de la organización social su adhesión práctica. La exploración histórica que resumiremos aquí debe explicar:

1) la falta de una clase dirigente en cuanto clase política;
2) la falta de una vida económica moderna, es decir, de una clase técnica avanzada (trabajo cualificado, empresarios, ahorradores);
3) la falta de conciencia y de ejercicio directo de libertad.

Privados de libertad, se nos privó de una lucha política abierta. Faltó el primer principio de la educación política, es decir, el de la elección de las clases dirigentes, cuando la vitalidad del Estado, presuponiendo la adhesión –bajo cualquier forma– de los ciudadanos, se forma precisamente sobre la capacidad de cada cual de actuar de forma libre y de realizar, justo por esta vía, la necesaria labor de participación, de control y de oposición.

* * *

Es de nuestras comunas[2] de donde han nacido, a través de una revolución más formidable que la francesa, los elementos de la vida económica moderna. Pero la espontaneidad elemental de su acción había de ser, necesariamente, intolerancia de toda disciplina. Ha faltado, junto a la autonomía, la garantía de la autonomía.

Lejos de instaurar la armonía de Roma, las comunas se oponen a la Iglesia en el terreno práctico y participan de un mismo pecado de exclusivismo. A la idea de humanidad le es opuesto el individuo. Pero desde la actividad individual no es posible remontarse hasta el sistema: lo que tenemos es una explosión de pasiones, no iniciativas que se organizan.

---

[2] Gobetti nombra aquí, con el término *Comuni* a las entidades políticas características de la cultura urbana medieval italiana, término que en los textos historiográficos suele traducirse por «comunas». Por otra parte, el término italiano *comune* (plural *comuni*), designa en la actualidad otras entidades políticas y administrativas, cuyo empleo se corresponde en ciertos contextos con el de «ayuntamiento» y, en otros, con el de «municipio», sin que resulte siempre del todo claro a cuál de estas dos últimas entidades se esté aludiendo. En español, un municipio puede corresponder a un solo ayuntamiento o a una agrupación de ayuntamientos o municipalidades menores; en Italia, la jerarquía entre el *comune* y el *municipio* es más bien la contraria (siendo el *comune* la entidad superior), pero como sucede en español a propósito de ayuntamiento y municipio, se da entre las dos entidades una cierta superposición, llegando ambos términos a ser considerados sinónimos *[N. del T.].*

Por eso, lo que los esfuerzos de las comunas preparan no es una cultura moral y nacional, como la Reforma, sino una cultura de estetismo. Es decir, que del dogmatismo católico solo nos hemos liberado precipitándonos en una disgregación fatigosa, y no se ha construido un organismo que se le oponga.

Nuestra Reforma fue Maquiavelo, un solitario, un teórico de la política. Sus conceptos no hallaron un terreno social donde asentarse, ni hombres que los vivieran. Maquiavelo es un hombre moderno porque funda una concepción del Estado rebelde a la trascendencia, y concibe un *arte de la política* como organización de la práctica, y profesa una religiosidad de la práctica como espontaneidad de iniciativa y de economía. Dichos conceptos, en esa situación prematura, se malinterpretan siguiendo esquemas empíricos y mezquindades particularistas. Dos siglos más tarde, Vico, la conclusión ideal de Maquiavelo, no halla eco alguno en el mundo práctico.

* * *

Al pueblo, ajeno a ella, la revolución le fue impuesta desde afuera. Tan solo el Piamonte, duramente exigido en torno a una experiencia desordenada de fuerzas y trabajo, fue capaz de llevar a cabo su misión.

A finales del siglo XVIII, en el Piamonte la vida social se caracterizaba, más claramente que en otros lugares, por complejas exigencias de modernidad. Alejada de toda tradición retórica (el Piamonte se ha mantenido ajeno a la literatura), la atención está toda puesta en la vida económica, que se organiza según principios de liberalismo económico. Bulle la revolución de los campesinos, que están adquiriendo su conciencia de *productores*. La clase feudal se ha especializado (por así decir) en el desempeño de las funciones militares, y en política, vista la inadecuación de los viejos métodos, favorece abiertamente los programas reformistas. Da comienzo, ruidosamente, la crítica de la Iglesia católica (Alberto Radicati)[3].

Dentro de este movimiento regional, la obra esencialmente negativa de Vittorio Alfieri[4] cumple una función unitaria. Su polémica contra el dogmatismo; su pragmatismo, pronto a consagrar la validez de todo esfuerzo hacia la autonomía; su negación de la Revolución francesa (que, pese al entusiasmo de nuestros ilustrados, devenía en *tiranía* recién trasplantada en Italia); el haber elaborado, en parte conscientemente, en parte de modo indirecto, los conceptos de pueblo, nación, libertad: todo ello superaba los límites del movimiento piamontés, lo entroncaba en una tradición y fijaba el núcleo sustancial del mito revolucionario que guio nuestro Risorgimento.

Al alterar e interrumpir un proceso recién iniciado, la invasión francesa impidió que se organizara una aristocracia que, partiendo del programa *alfieriano* (y aquí no importa examinar hasta qué punto el propio Alfieri hubiera expresado de modo consciente dicho programa), lograra una acción política positiva.

En este punto, la incertidumbre de la situación genera la debilidad de dos corrientes indefinidas de pensamiento y de acción.

---

[3]   Alberto Radicati (1698-1737) fue un escritor y político turinés. Fue consejero de Víctor Amadeo II, duque de Saboya, sobre cuestiones eclesiásticas hasta que se mostró contrario a las posiciones demasiado filoclericales de la corte de Turín. En 1726, a causa de su conversión al calvinismo, se tuvo que exiliar en Londres, donde murió en condiciones de pobreza.

[4]   Sobre Vittorio Alfieri, véase la n. 5 del «Estudio introductorio».

Quienes se suman al movimiento revolucionario buscan a tientas su propia consistencia ideal al margen del catolicismo, y van agitando entre el pueblo la necesidad de cultura y trabajo libres. Con la confianza puesta en la reacción y firmes en la verdad revelada del absolutismo, los gobiernos ven en los nuevos movimientos anarquía y falta de organicidad y les oponen el orden del pasado.

En definitiva, ambos movimientos aparecen distintos de como son, la discrepancia no se reconduce a su lógica ideal (liberalismo contra catolicismo, Estado contra Iglesia, Modernidad contra Medioevo) y, de ahí, confusiones teóricas y luchas irresolubles y equívocos irreales y antagonismos políticos ilusorios.

* * *

Tras la Revolución francesa, el primer intento de fundar una clase dirigente y un Estado data de 1821[5], y surge en el Piamonte, donde, como hemos mostrado, el viejo Gobierno, sólido y activo a la manera prusiana (pese al adormecimiento y al simplismo que el reaccionarismo venía difundiendo), era el primer modelo y el primer educador en experiencia política (por una *antinomia,* no por un *designio*).

Más allá de estos elementos tradicionales, a la Revolución el nuevo contenido ideal le vino del Romanticismo.

---

[5] En marzo de 1821, siguiendo el ejemplo de la revuelta de Rafael del Riego en España del año anterior, los activistas liberales piamonteses lograron la sublevación de algunas guarniciones militares y la abdicación de Víctor Manuel I de Saboya, que se negó a promulgar en el Reino de Cerdeña la Constitución española de 1812 (considerada como modelo de Carta Magna liberal). La revuelta fue finalmente aplastada por los soldados leales al nuevo rey Carlos Félix, hermano de Víctor Manuel I, con la ayuda de tropas austriacas.

Un Romanticismo idealista, que reaccionaba ante los sistemas sensualistas e intelectualistas, que defendía los valores históricos y fundamentaba en ellos los conceptos de tradición nacional, de realismo político, de progreso y de desarrollo gradual: este núcleo romántico de pensamiento fue formándose en el Piamonte durante el dominio napoleónico, aunque sin una conciencia refleja y sin liberarse de sus contradicciones implícitas.

La francofobia aprendida de Alfieri se concreta en la defensa del concepto de independencia y, al margen de las limitaciones del pensamiento alfieriano, determina una violenta polémica antisensualista (identificado con el sensualismo el carácter del mundo francés). La escuela del libertario Alfieri había de llevar, asimismo, a reconsiderar el concepto de libertad (purificado de residuos materialistas). El defecto del espiritualismo romántico estaba en los límites trazados por la tradición católica y en la exigencia de ortodoxia, implícita en todo sistema fundado en los principios de la teocracia y la trascendencia. Por eso nuestro Romanticismo nunca logró la expresión completa de su íntimo vigor y careció de la vitalidad política y filosófica del Romanticismo alemán.

El esfuerzo más intenso por romper las cadenas de una tradición milenaria lo llevó a cabo Luigi Ornato[6], el filósofo de las revueltas de 1821, el representante más osado de la polémica antidogmática. Un oscuro sentido de las contradicciones entre las que se debatía la Italia que nacía como nación llevó a Ornato a elaborar un espiritualismo que, en

---

[6] Luigi Ornato (1787-1842) fue un filósofo ligado al Romanticismo alemán y opositor al orden europeo del Congreso de Viena. Participó en la revuelta piamontesa de 1821, el fracaso de la cual lo obligó a exiliarse en París, donde mantuvo una estrecha relación con el *filósofo del eclecticismo,* Victor Cousin (1792-1867).

el marco de un cristianismo platonizante, prescindiera de las afirmaciones de catolicismo y satisficiera las necesidades religiosas y el fervor que anhelaba una vida más íntima. Su misticismo, que culminaba en el concepto supremo de libertad, santificaba todo ardor espiritual y planteaba la exigencia de una vida religiosa que se esclareciera y se resolviera, toda ella, como vida moral y filosófica.

Pero ya en el propio Santarosa[7] la clara conciencia de Ornato se diluía en un espiritualismo dogmático y dualista, y la expresión de la exigencia religiosa se entremezclaba con el obsequio a la Iglesia.

Y no cabe maravillarse, porque el cristianismo, inicial ardor de sentimiento, momento ideal por naturaleza anárquico, herético, acto que supera todos los hechos, afirmación violenta de espiritualidad contra todos los datos, no puede tener vida ni cumplimiento real si no realiza su ardor en organismo, si no sustituye la pureza abstracta de la aspiración por el orden sólido de la practicidad.

Carentes de la fuerza para crear una reforma religiosa a través de su primer impulso cristiano, las corrientes religiosas románticas fueron absorbidas por el catolicismo. El culto romántico de la historia dio un contenido tradicional a estos reflujos católicos. La fecundidad revolucionaria del pensamiento de Ornato era reprimida por la moderación de los conservadores. El hombre nuevo fue Balbo[8], la nueva

---

[7]   Santorre di Santarosa (1783-1825) fue uno de los grandes protagonistas de la revuelta liberal piamontesa de 1821, por la cual tuvo que abandonar Turín y refugiarse en París. Murió en 1825 luchando por la independencia de Grecia.

[8]   Político y escritor turinés, Cesare Balbo (1789-1853) fue uno de los teóricos del *neogüelfismo,* es decir, aquella política tendencialmente patriótica que aspiraba a sintetizar el liberalismo y la modernidad industrial con la tradición y la autoridad del catolicismo romano.

religiosidad fue *neogüelfa,* el liberalismo se hizo elemento inseparable del catolicismo. Con las armas mismas de los liberales, con su espiritualismo y con su fe, la teocracia conseguía cercenar todo movimiento de verdadera renovación.

Destruida la joven aristocracia de 1821, la nueva aristocracia es, una vez más, instrumento de un gobierno trascendente, expresión de un dominio externo. La sublevación de 1848 ya no tiene más que las apariencias de una revolución; el liberalismo, confundido con el *neogüelfismo,* ha perdido la conciencia de su significado histórico. Equívoco que se mantiene con el catolicismo liberal. El obsequio a la Iglesia trunca la voluntad ética de la que debería nacer el nuevo Estado. Al desarrollar los presupuestos de Santarosa y no los de Ornato, el pensamiento oficial del liberalismo ve en el Estado y en la Iglesia un dualismo de cuerpo y espíritu, despoja de cualquier significado ideal a la función del Estado, al que reduce a mera administración, y deja el cuidado de las almas a la Iglesia. Lo cierto es que la psicología libertaria dominante en aquellos años podía aceptar una fuerza tradicional como la Iglesia por pura inercia, pero no comunicar su vitalidad al nuevo Estado; y como en su dialéctica europea la Historia se imponía a las contingentes voluntades de la mayoría de los ciudadanos italianos, del Estado liberal se aceptó el armazón externo, el mecanismo, pero sin vivificarlo desde dentro.

De esta degeneración y de esta inmadurez pocos teóricos tuvieron conciencia, Giovanni Maria Bertini más que ningún otro, y junto a él Spaventa y los hegelianos de Nápoles[9].

---

[9] Giovanni Maria Bertini (1818-1876), pensador piamontés, ocupó la cátedra de Historia de la filosofía de la Universidad de Turín de 1847 a 1861. Después de las revueltas italianas de 1848-1849 abandonó el ideario *neogüelfo* para centrarse en los problemas de la escuela desde una óptica laicista y liberal. Bertrando Spaventa (1817-1883) fue un político

Después de haber vivido los elementos cristianizantes de la Revolución de 1848, y tras una vigorosa defensa de las más sólidas tradiciones del pensamiento italiano frente al sensualismo y el escepticismo ultramontanos, Bertini alcanzó a ver, merced a una lógica inexorable, la función del nuevo Estado en contrariar toda actividad del Vaticano y de la trascendencia religiosa. Pero le faltó el ánimo para crear con sus conceptos una organización política; tampoco el momento era propicio, llegado al cabo de demasiadas transacciones. Los hegelianos, pocos y aislados, olvidaron los formidables combates de Spaventa contra los jesuitas y los liberales *cavourianos,* y se mimetizaron con los conservadores. Se formó de este modo una derecha[10] dotada de pensamiento teórico y de ninguna capacidad para materializarlo. Por esos años cae en el olvido Gioberti[11], quien vislumbrara

---

y filósofo que, junto a sus discípulos de la Universidad de Nápoles, intentó modernizar la cultura italiana a través del estudio y de la difusión del pensamiento de Hegel y del Idealismo alemán.

[10] Cuando Gobetti habla aquí de «Derecha» e «Izquierda» se refiere a las llamadas «Derecha histórica» e «Izquierda histórica», que no eran partidos al uso, sino áreas de opinión formadas por parlamentarios liberales que se agrupaban por regiones o en torno a figuras carismáticas, y que luego se coordinaban en el Parlamento. La «Derecha», formada sobre la base de los liberales moderados que se inspiraban en el legado de Cavour, gobernó Italia de 1861 a 1876 y propugnaba un liberalismo conservador contrario al sufragio universal; la «Izquierda», que defendía un liberalismo más abierto a las demandas de democratización del Estado, gobernó de manera casi continua desde 1876 hasta 1914, aunque su obra reformista fue insuficiente y contradictoria hasta la llegada al poder de Giolitti a principios del siglo xx.

[11] El sacerdote turinés Vincenzo Gioberti (1801-1852) fue el pensador más importante del *neogüelfismo*. Después de las revueltas de 1848-1849 y ante la voluntad del Vaticano de obstaculizar la unidad italiana, abandonó dicha teoría. En sus últimos años se mostró crítico también con el carácter reaccionario de los jesuitas.

el proceso teorizado por Bertini y Spaventa. Mazzini, creador de los primeros impulsos hacia una liberación autónoma, permanece solo e incomprendido.

Una conciencia práctica de esta inmadurez puede apreciarse en las infinitas polémicas surgidas durante el Risorgimento a propósito del problema de la escuela (y no se han apagado aún sus ecos ni sus consecuencias; he ahí un problema actual sobre el que haremos luz viendo sus necesarios antecedentes históricos). Como valor de conciencia, la práctica superaba a la limitación teorética. La educación popular parecía la sola vía por la cual pudiera nacer en el pueblo una voluntad. El nuevo Estado debía adecuarse a su función, pero para ejercer dicha función antes debía crear aquellos elementos capaces de operar y de adquirir el significado de condición. De ahí el conflicto implícito en nuestro liberalismo, que no puede sentirse satisfecho dando expresión al resultado de la dialéctica de las fuerzas políticas y aun así debe renunciar a la inmanencia para imponer uno de los elementos del proceso a los demás. Heredero del catolicismo, el gobierno retiene una abstracta función ética de igualitarismo democrático: el Risorgimento, olvidando las leyes del liberalismo, se hacía democrático –para continuar las tradiciones patriarcales de la teocracia–. Pero en el mito democrático penetraba triunfalmente el elemento destinado a disolverlo, porque representaba lo ineluctable del progreso moderno. Los católicos hubieron de decirse liberales; el gobierno condescendía con el catolicismo solo por condescender con el pueblo. Al imponerle al Estado la tarea de vencer el analfabetismo, la ley Casati[12]

---

[12] «Ley Casati»: ley educativa de 1859 del Reino de Cerdeña heredada, dos años después, por el Reino de Italia. Reformaba todo el ordenamiento escolar italiano y ordenaba que el Estado tomara a su cargo los primeros años de escolarización, que pasaban a ser obligatorios.

constituía la violenta imposición de un principio trascendente a la autonomía y la iniciativa que surgen desde abajo, pero con todo y sus errores técnicos sentaba las premisas para que en el mundo de la conciencia moderna entrara ese mismo pueblo que se había quedado fuera de él por una intrínseca enfermedad feudal. Pero estando aún el proceso en sus comienzos, surge una nueva contradicción interna que lo niega. De producirse dentro de los viejos órganos (los comunes y las regiones), la autonomía de la acción conduciría a un federalismo ya superado. Al federalismo se lo doma sofocando iniciativas en el mito indeterminado de la Unidad. Estas son las causas y las razones de otro formidable problema moderno, la descentralización. Este es el camino que seguiremos para estudiar su esencia y sus soluciones.

Por todos estos precedentes, el gobierno piamontés (junto con el gobierno italiano que le sigue) debe ser un *socialismo de Estado*.

Tal como Lasalle lleva a Marx, sobre bases realistas de pensamiento, así Berti –o, pasando por este, Cavour– lleva a Mazzini. Mazzini y Marx (prescindiendo de las expresiones particulares que adquieren sus respectivos mitos) sientan las bases revolucionarias de la nueva sociedad y, mediante dos conceptos tan diferentes como los de misión nacional y lucha de clases, sostienen un principio idealista o, si se prefiere, voluntarista, que hace que la función del Estado resida en las libres actividades populares, las cuales se consolidan mediante un proceso de diferenciación individual. En este sentido, Marx y Mazzini son los liberales más grandes del mundo moderno. Pero, de 1850 a 1914, la herencia católica y las condiciones de disgregación social de Italia (el problema meridional) obligan al nuevo organismo estatal a definirse conforme a una abstracta función de moralidad que corrompe el principio activista (de liberalismo económico), dentro de una concepción democrática de estática cicatería utilitaria. Tal es la validez, tal la tarea del reformismo italiano, que nuestros socialistas creen haber inventado y que surgió, en cambio, con las primeras polémicas contra los jesuitas a propósito de la *Scuola popolare* [Escuela Popular].

Una vez se introdujo en la vida italiana un elemento de reorganización económica (sobre la nueva base industrial), la evolución social desde 1850 en adelante sustituye la legislación escolar del socialismo de Estado por el reformismo económico.

En cuanto revolución moral, la reconstrucción de la escuela había logrado crear un embrión de clase dirigente, pero se había demostrado inadecuada para dar una expresión política que fecundara todas las fuerzas individuales. En verdad, el primer momento de la organización de las conciencias populares tenía que ser, por excelencia, económico, afirmación elemental de la autonomía y de la libertad.

La obra de la izquierda (en cuanto reformismo económico) era la culminación lógica de nuestra impotencia revolucionaria. Era el resultado dialéctico de dos fuerzas inciertas e incapaces de producir efectos; la teocracia se prolongaba en la democracia y en el reformismo, y el liberalismo se reducía a función administrativa oportunista. En sustancia, un intento de conciliación que transformaba el equívoco inicial entre Iglesia y Estado en equívoco entre pueblo y gobierno.

El ideal al que mira el gobierno es, sustancialmente, el socialismo de Estado de Lassalle (el ideal del giolittismo, según Missiroli[13], es *la monarquía socialista*). Pero por la herencia de la fallida revolución, el movimiento reformista italiano (más tarde socialista) no puede desarrollarse dentro de los cuadros de un Estado en el que el pueblo no cree

---

[13] Sobre Mario Missiroli y su libro *La monarchia socialista [La monarquía socialista]*, véase la n. 104 del «Estudio introductorio».

porque no lo ha creado con su sangre. El socialismo alemán coincide, en su valor ético, con el significado del Estado, representa la realización de la idea de Estado en la conciencia de los ciudadanos. Se ha reducido la lucha práctica a términos económicos, porque a los espíritus ya les es consustancial un principio común que extrae su desarrollo del progreso económico.

En Italia, una tradición que, si no es liberal, es por lo menos individualista, se opone irremediablemente a la vitalidad de todo sistema que no tome en consideración la libre iniciativa y haga del Estado una actividad distinta de la actividad de los ciudadanos.

Así pues, tal como lo hemos seguido en sus orígenes y su desarrollo, el socialismo de Estado es un momento efímero que representa una transacción y que debe superarse. Llegados al terreno de la legislación social, la política se convierte en perpetuo chantaje en el que a eternas concesiones responden demandas externas, sin que en la lucha política se introduzca un principio de responsabilidad y educación.

Al Estado lo corroe un conflicto intrínseco entre gobierno y pueblo: un gobierno sin validez y sin autonomía porque se abstrae de las condiciones reales y está basado en avenencias; un pueblo educado en el materialismo, sin conciencia ni voluntad, en perenne actitud anárquica frente a la organización social. Esta contradicción, que estalló cuando el fracaso africano[14], es la crítica más concluyente al programa nacionalis-

---

[14] Desde la década de 1880 hasta 1913, los gobiernos liberales italianos intentaron llevar a cabo un proyecto de expansión colonial en Eritrea, Somalia, Etiopía y Libia. Los resultados fueron generalmente insatisfactorios –se conquistaron Eritrea, Somalia y Libia, sin por ello tener un control estable de dichos territorios–, o directamente desastrosos como en el caso de Etiopía, donde en 1896 el ejército italiano fue severamente derrotado.

ta. El imperialismo es una ingenuidad cuando están aún por resolver los problemas más formidables de la existencia. Después de la izquierda, la práctica de nuestra actividad necesariamente tiene que culminar en el giolittismo.

* * *

La Gran Guerra, si de una parte nos sorprende en plena crisis de unidad, de la otra altera todos los planes y todos los juicios, y allí donde el problema era irresoluble crea soluciones dialécticas. Tras siglos de avenencias y reformismo, tras cincuenta años de paz social, nos arroja a una crisis desordenada que es, a la postre, trabajoso ejercicio de libertad. La actual guerra civil, al poner a prueba a todos los partidos y a todas las fuerzas, es la máxima expresión de nuevas necesidades y de nueva actividad.

En esta crisis, nuestra obra debe poseer una función esclarecedora y debe elaborar un pensamiento que comprenda la exigencia de la unidad. La historia nos repite los motivos que habíamos advertido en el mundo presente. Pero nuestra teoría deviene en práctica en la medida en que se suma a todas las experiencias de autonomía con el propósito de esclarecer, apoyar y renovar el movimiento de redención del pueblo según la lógica del desarrollo empírico.

Quien haya comprendido esta posición no puede acusarnos de abstraccionismo. *Abstraccionista* sería aquel propósito de acción empírica que, forzado a sumarse a los esquemas ilusorios de la lucha política, tal como la ven los hombres extraviados en los prejuicios de hoy día, condujera a agravar la confusión. Nuestro pensamiento central postula justamente la verdad de un concretismo nuevo que, poseyendo la más profunda conciencia de la nueva historia, sea capaz de generarla. Conviértese pues en nuestro cometido específico el elaborar las ideas de la nueva clase dirigente y el organizar todo esfuerzo práctico que conduzca a tal cometido.

Fracasados los mitos sentimentales que tienen de la sociedad una visión patriarcal, en el Estado la disciplina social debe manifestarse como organismo: no la indeterminación meramente potencial de la nación, ni la pequeñez egoísta de la patria, sino una vida nueva por mediación de la cual el individuo rehace la suya propia. En el Estado afirmo la humanidad no ya como *afecto,* sino como *racionalidad,* anulo mi egoísmo para afirmarme como hombre social, órgano de un organismo. El alma de este organismo es *(mazzinianamente)* el pueblo en cuanto expresión de un valor, de una actividad, ejercicio de una misión.

Pero los instrumentos de esta actividad, las formas empíricas y momentáneas de esta misión (los partidos), nacidos en el pasado, no son claros en la situación presente: el conflicto en el que se debaten nos obliga a distinguir entre su labor de interpretación de lo real y su *praxis.* En cuanto órganos de interpretación de lo real han sido destruidos por las nuevas realidades no previstas. La lucha política ya no da la medida de la lucha social.

El liberalismo ha muerto porque no ha resuelto el problema de la unidad. Quien quiera recoger la herencia del liberalismo deberá reconsiderar este problema, que plantea exigencias tales que determinan toda una nueva economía. En los últimos años, el esfuerzo más noble para darle al liberalismo su conciencia fue el semanario de Salvemini[15], que en plena crisis constituyó un claro suplicio, precursor de tiempos nuevos –cuandoquiera que el esfuerzo individual esté ideal e históricamente maduro–.

---

[15] Sobre la revista *L'Unità* de Gaetano Salvemini, véase la n. 25 del «Estudio introductorio».

El catolicismo ha acabado con la idea liberal, pero esta, a su vez, lo ha dejado íntimamente debilitado. El partido popular surgido de todo ello persigue, al margen de toda seriedad ideal y a través de una *praxis* demagógica, un resultado conservador. Que el representante del dogmatismo y de la deseducación en el mundo moderno arme a las turbas de los campesinos para que sofoquen la civilización responde a una lógica teocrática.

Por falta de preparación, el socialismo se ha desmoronado cuando debía realizarse. En Turati[16] ha manifestado toda su impotencia. En lugar de mantenerse coherente con una lógica autonomista, ha aceptado la herencia de la democracia. La coherencia con una visión marxista o, mejor, de un marxismo a la italiana, la han mantenido algunos comunistas (no el Partido Comunista) que, agitando el mito de Lenin, ven en la revolución la prueba de la capacidad política de las clases trabajadoras, de su aptitud para crear el Estado.

Pero por ahora, rota la unidad del movimiento popular, tales ideas ya no pueden insuflar en las *masas* una disciplina. La gran revolución se ha realizado solo a medias. En estos años, el movimiento obrero ha sido el primer movimiento laico de Italia, el único capaz de llevar hasta su lógica última el valor revolucionario moderno del Estado y de expresar su idealidad religiosa anticatólica, negadora de toda Iglesia.

---

[16] Filippo Turati (1857-1932) fue uno de los grandes dirigentes del PSI y de la Segunda Internacional desde finales del siglo XIX. Defendió la colaboración de los socialistas con las fuerzas progresistas moderadas y con el mismo Giolitti en aras de un desarrollo de la clase obrera del norte mediante reformas sociales graduales. Fue siempre duramente criticado por el ala revolucionaria del partido y por los *meridionalistas,* quienes le acusaban de carecer de una estrategia para las masas campesinas del sur.

El impulso no halló encaje porque la parte sana de nuestra clase dirigente no supo reconocer *el valor nacional del movimiento obrero*. Por otra parte, los dirigentes del movimiento socialista faltaron a su función por el miedo, y también por la vanidad, de gobernar. La política unitaria de Serrati[17] es un giolittismo deseducador (sin el ingenio de Giolitti) y evidencia la más estéril falta de preparación para llevar cada situación a su esclarecimiento. En verdad, solo la lucha puede conducir a la unidad. A falta de una coincidencia ética entre pueblo y Estado, únicamente el gobierno puede hablar de función unitaria, y abstenerse se convierte en su verdadera moralidad. En el pensamiento de Serrati las aspiraciones opuestas de campesinos y obreros se ven confundidas antes de ser reconocidas. Para que cada cual alcance lo que le corresponde se necesita, en cambio, que el afirmarse desde abajo autónomamente, casi conforme a una ley de *separatismo*. Los partidos deben guiar la lucha: le corresponde al gobierno la tarea suprema de la conciliación, para que la lucha no altere, en su normal desarrollo, las necesarias exigencias de equilibrio. Sostener *a priori* este resultado significa anular los esfuerzos libres justo mientras nacen.

Estaba implícita en el movimiento socialista, al margen de los abstractos programas de socialización, la posibilidad de una economía nueva que resolviera, por fin, la irresoluble antinomia entre proteccionismo y liberalismo económico. En el examen de este problema convendrá no olvidar, tampoco ahora, las fecundas discusiones sobre el Consejo

---

[17] Director del diario socialista *Avanti!* desde 1914, Giacinto Menotti Serrati (1872-1926) fue el líder del ala maximalista del PSI. Se mostró favorable a la adhesión del Partido a la Tercera Internacional tras la reunificación (finalmente fracasada) con el PCdI, partido en el que ingresó en 1924.

Obrero. Es necesario vencer las fórmulas abstractas del liberalismo económico y hacer que la nueva economía salga de las entrañas del movimiento obrero y agrícola. El liberalismo económico surge en el Piamonte y la Toscana como organización económica de la floreciente agricultura (de los pequeños propietarios). Pero la industria que, al lado de la agricultura, también ha de vivir en Italia es ajena al movimiento liberal: sirvan para ilustrarlo las tendencias proteccionistas de los propios obreros y las nuevas vías abiertas por el taylorismo. Se viene fraguando una economía fabril que se desarrolle a la manera del liberalismo económico desde el punto de vista del intercambio, pero con una rígida disciplina interna de las relaciones entre industriales y obreros.

Estamos firmemente convencidos de que el ardor y la iniciativa que llevaron a los obreros al episodio de la ocupación de las fábricas ni se han apagado para siempre ni pueden en modo alguno apaciguarse con las lisonjas de la legislación social.

La base de la nueva vida italiana hay que buscarla en la constitución de dos partidos intransigentes, opuestos a los programas reformistas, y revolucionarios en su coherencia: el partido obrero y el partido de los campesinos. Aunque no se expresen aún en términos de parlamentarismo, operan ya en la realidad de la nación los núcleos iniciales de estas dos tendencias, a saber: el Partido Comunista (pese a la demagogia ridícula de los Bombacci y los Misiano)[18] y las prime-

---

[18] Nicola Bombacci (1879-1945) y Francesco Misiano (1884-1936) fueron representantes del ala revolucionaria del PSI. En 1921, participaron en la fundación del PCdI. Bombacci, después de ser expulsado del PCdI en 1927 por mala conducta, se acercó al fascismo más fanático y fue capturado y fusilado por los partisanos italianos junto a Benito Mussolini en 1945. Misiano, en cambio, huyó a la Unión Soviética en 1921 para escapar de las persecuciones fascistas y se involucró en proyectos cinematográficos soviéticos hasta su muerte, acaecida en 1936.

ras organizaciones agrícolas del sur, respaldadas por el Partito Sardo d'Azione[19], que se está extendiendo a otras regiones, maduras ya para acogerlo. Solo a estas dos fuerzas se las percibe hoy con capacidad para aceptar la herencia de la pequeña burguesía, ahora ya burocratizada en todas sus manifestaciones.

El reconocer abiertamente esta realidad no debe llevarnos a adherirnos a una de dichas fórmulas, precisamente porque creemos en la validez de ambas, y en nuestra revolución liberal están comprendidas las respectivas visiones de los dos elementos en pugna. El nuestro es un liberalismo potencial que no debe sugerirnos una labor de conciliación (negaríamos entonces los principios autonomistas), sino hacer que nos sumemos a esta doble iniciativa.

Nos aguarda una tarea técnica concreta: la preparación de espíritus libres capaces de sumarse, desprovistos de prejuicios, a la iniciativa popular en el momento decisivo: debemos iluminar a los elementos necesarios de la vida futura (industriales, ahorradores, empresarios) y educarlos en esta libertad de visión.

Que en la acción y en la lucha nos hermane políticamente una consigna: que el mito de la revolución contra la burguesía se precise, en su dialéctica histórica, como revolución antiburocrática.

---

[19] El Partito Sardo d'Azione [Partido Sardo de Acción] nació en 1921 para defender los intereses de los excombatientes y los trabajadores de Cerdeña. Pedía la autonomía política de Cerdeña e inversiones públicas para que la isla saliera de su histórico atraso socioeconómico. En 1923-1924 se dividió internamente: el ala izquierda se declaró antifascista y adoptó un discurso político cercano al socialismo; por el contrario, el ala derecha confluyó en el PNF.

4. La lucha de clases y la burguesía[1]

La lucha de clases ha sido el *experimentum crucis* de la práctica liberal; solo a través de ella puede el liberalismo demostrar su riqueza. La lucha de clases representa en política la parte que en economía le correspondió al fenómeno del intercambio y del comercio. Es el instrumento infalible para la formación de nuevas elites, la verdadera leva, siempre activa, de la renovación popular. Únicamente la lucha, al tiempo que condiciona que surjan iniciativas, garantiza las libertades de los individuos.

Las clases aparecen cerradas y actúan como unidades distintas y particularizadas en los momentos más graves del conflicto: pero se equivocaría quien las considerase esquemas o abstracciones, cuando corresponden a un desarrollo y

---

[1] El texto que aquí se traduce es una reelaboración parcial de un artículo publicado en *La Rivoluzione Liberale* I/4 (5 de marzo de 1922), p. 13, que era, a su vez, una reelaboración de un escrito publicado en *Volontà* 9-12 (30 de septiembre de 1921), pp. 89-90. Esta versión es la que Gobetti publicó en el volumen de 1924 *La Rivoluzione Liberale. Saggio sulla lotta politica in Italia,* sobre el cual remitimos al lector al estudio introductorio. Se trata, en líneas generales, de una reseña del libro *Che cos'è la borghesia [Qué es la burguesía],* Città di Castello, 1921, de Giuseppe Maggiore (1882-1954), a partir de la cual Gobetti examina el concepto de burguesía a la luz de la noción de lucha de clases.

representan un movimiento. El sueño nacionalista de la destrucción o la domesticación de las clases es de la misma naturaleza que el sueño pacifista, y olvida la función educativa que tiene el conflicto en la vida humana.

Hay buenas razones para sospechar que la sociología ha negado el concepto de clases solo por la dificultad experimentada al definirlas. Lo característico de la lucha de clases reside en que mientras separa a las clases, las une: los matices y los elementos diferenciales resultan, así, cambiantes y dialécticos.

Un investigador seguidor del idealismo, queriendo comprender de manera rigurosa la burguesía como un hecho del espíritu, se constriñó a estudiarla no en los burgueses, que a su juicio tenían una conciencia ideal de sí mismos demasiado escasa, sino entre el proletariado, que conoce la burguesía por el hecho mismo de combatirla. Con semejante procedimiento metodológico la ciencia venía a fundarse en los mitos, y la crítica resultaba idéntica a la polémica.

En efecto, es por sugestiones de este estilo por lo que en la figura del burgués se ha seguido viendo al hombre que *se ha dado una posición,* al hombre de la clase dirigente satisfecho de sí mismo. No existiría, entonces, una burguesía, sino tan solo el espíritu, que se aburguesa; no habría una clase, sino una circulación de clases: un peligro eterno de estasis, de negación del progreso, de aquiescencia al pasado. La burguesía sería el momento de la inercia, de la renuncia, en el que caen todas las elites cuando se acerca su ocaso. Pero ¿es que se puede hablar en nuestro siglo de la necesidad del ocaso de la burguesía? La civilización capitalista, preparada por las comunas, surgida triunfalmente en Inglaterra y difundida en las últimas décadas, salvo con algunas atenuaciones, por todo el mundo civilizado, es la civilización del ahorro, fundada en iniciativas que, para vivir, tienen necesidad de un capital móvil. Los países más atrasados de la civilización capitalista, los países en que la burguesía se mostraba menos sólida, eran justamente en los últimos años aquellos en que la pobreza de las condiciones sociales y lo dificultoso de las iniciativas industriales y comerciales obstaculizaba la formación de capital móvil: Rusia, ceñida todavía a una economía latifundista; el Imperio austrohúngaro, dominado por los grandes propietarios agrícolas húngaros; Italia, condenada a una política agraria prehistórica por el arancel sobre el trigo. Adriano Tilgher[2] ha buscado la lógica de esta civilización en el activismo absoluto que reconoce en sí mismo el principio y el fin del desarrollo. En efecto, a la vida moderna el impulso vital le viene de sus propias razones internas: de un lado, por la superpoblación; del otro, por la creciente capacidad productiva, por las inagotables invenciones técnicas, por las necesidades, siempre nuevas. En esta vida moderna, la economía se funda sobre el liberalismo económico, la política promueve las experiencias de autonomía mediante la práctica liberal, la filosofía quiere ser crítica e inmanentista, la moral se funda en el realismo y en el valor fundamental de la actividad, la lógica es dialéctica. Pero cuando las condiciones objetivas no están maduras para un desarrollo riguroso, encontramos procesos patológicos que a partir de los mismos principios conducen a consecuencias opuestas; el liberalismo económico se convierte en socialismo de Estado, el liberalismo, en democracia demagógica o nacionalismo diletante, igual que en el ámbito

---

[2] Adriano Tilgher (1887-1941) fue un filósofo y ensayista liberal-progresista. En 1925 firmó el «Manifiesto de los intelectuales antifascistas» de Benedetto Croce y criticó severamente a Giovanni Gentile y a su neoidealismo puesto al servicio del régimen de Mussolini a partir de 1922.

de la cultura el criticismo se desangra en el sensualismo y la dialéctica cede ante la erística y la retórica. A estos dos momentos del desarrollo de un mismo mundo se los puede llamar, con idéntica legitimidad, burgueses, si es que la orientación vital que dio comienzo con la Revolución francesa es burguesa: solo un examen histórico más analítico podrá introducir nuevos criterios de distinción para explicar los varios estadios de desarrollo en que se encuentra la civilización burguesa en los diferentes pueblos.

En su acción presente, la lucha de clases preserva la civilización capitalista, que está por encima de las clases y requiere de la obra de todos los grupos sociales que participan en ella y la crean de común acuerdo mientras luchan entre sí, inexorables en el querer dominarse unos a otros. La crisis económica que ofreció los elementos para la revisión socialista no fue la señal de un agotamiento definitivo, y las propias palingenesias socialistas valieron como mitos de acción, no como anuncios del ocaso: el capitalismo moderno opone a sus adversarios exigencias económicas y prácticas insuperables y los obliga a contribuir a su éxito.

Se explica fácilmente el motivo por el cual en el mundo moderno burgués la definición de la burguesía le ha correspondido a la clase dirigente: no porque se oponga a los movimientos populares, sino porque es su expresión directa y representa sus propensiones y sus deficiencias. Aun así, es razonable que los partidos de la oposición, en su voluntad de crear la nueva elite de gobierno, encaren la lucha siguiendo hasta el simplismo la lógica de mitos intransigentes y mesiánicos. Si la elaboración del concepto de burguesía se deja a los escritores del proletariado, es natural que el concepto haya sido en esencia negativo, y que en la burguesía se haya encontrado, y hayan sido teorizados, como específicamente suyos, los errores y las debilidades que el mundo moderno

lleva consigo y que son, asimismo, propios del proletariado
–el cual, es más, sueña con una sociedad nueva, precisamente porque tiene la conciencia instintiva de que el presente no está maduro–.

La lucha de clases afina el sentido de esta economía burguesa y de la propiedad privada, promueve en el ciudadano
la conciencia de productor como capitalista, como técnico
y como obrero. Los obreros mismos sustentan una psicología burguesa, por más que sueñen con transformaciones y
catástrofes: el concepto marxista de propiedad de los medios de producción distingue únicamente los grupos que
más deprisa han podido conquistar su conciencia de productores. El significado revolucionario del movimiento obrero, como ha demostrado la ocupación de las fábricas, reside
en la aptitud de este para resultar más vigorosamente burgués, frente a demasiados industriales que no saben desempeñar su función de ahorradores y empresarios. El sistema
burgués, en lugar de encaminarse al ocaso, será reavivado
precisamente por los declamadores y los enterradores de la
burguesía.

Así pues, las clases valen como mitos: fuerzas siempre
renovadas que se disputan el poder. El proletariado, que
puede afirmarse solo a condición de querer crear un orden
nuevo, ha negado, en teoría, con la más formidable de las
paradojas, su función en la sociedad presente: con un esfuerzo tanto más gigantesco cuanto, en apariencia, impo-
tente, en las humildes condiciones espirituales de los proletarios, ha consentido en identificar la civilización presente
con la clase rival y se ha atrevido a afrontar la responsabilidad de crear una civilización nueva.

Qué tendrá de nuevo esta civilización soñada, nos lo di-
rán los sucesos de la historia: las ilusiones del socialismo se
tornarán realizadoras en la medida en que se pongan a prue-

ba en torno al problema específico de dar continuidad a la herencia del mundo presente. En su temeridad, el mito marxista habrá sabido hacer a los proletarios dignos de este cometido. En la lucha mesiánica de dos principios ideales, vivo el uno como sueño y el otro como realidad económica y política, la historia no admite soluciones de continuidad y se sirve de los mitos, los credos y las ilusiones para renovar su eternidad. Con esta confianza contempla el liberal la lucha abierta de las clases y los partidos: es digno de libertad quien sabe luchar.

5. Historia de los comunistas de Turín escrita por un liberal[1]

Turín, Agnelli y el movimiento obrero

En los años 1918-1920, el movimiento comunista de Turín se presenta con un pensamiento tan orgánico y unas intenciones tan serias, que despierta maravilla e interés hasta en un adversario. Hay en él una rigidez que, por su intransigencia, casi se ha convertido en un mito en la mente de quien la ha contemplado desde la distancia. En realidad, es de la experiencia política turinesa de donde ha nacido el Partido Comunista, hecho que se puede rastrear en documentos anteriores por lo menos en tres años a su constitución oficial. Complejas razones históricas han impreso en el movimiento obrero turinés rasgos originalísimos, con consecuencias históricas de importancia excepcional.

Gracias a los intensos esfuerzos de un núcleo inteligente de grandes industriales (los únicos con derecho a llamarse burgueses en el sentido económico de la palabra), al estallar la Gran Guerra había en Turín, por lo menos inicialmente, una verdadera industria moderna. La guerra intensificó el

---

[1] «Storia dei comunisti torinesi scritta da un liberale», en *La Rivoluzione Liberale* I/7 (2 de abril de 1922), pp. 25-27.

trabajo; por obra de Giovanni Agnelli[2], un solitario héroe del capitalismo moderno, se había venido creando una de las más sólidas fuerzas industriales de nuestro país: los talleres Fiat-Centro, que dieron a la actividad de la ciudad una nueva fisonomía.

> Se trata –por decirlo en palabras de un escritor comunista– de un gigantesco aparato industrial que corresponde a un pequeño estado capitalista, que es un pequeño estado capitalista e imperialista, porque dicta su ley a la industria mecánica turinesa, porque con su productividad excepcional tiende a postrar y absorber a todos sus competidores: un pequeño estado absoluto con un autócrata propio.

La importancia de los talleres Fiat-Centro superaba en importancia meramente técnica y económica a la de las instalaciones de las empresas Ansaldo o Ilva, por poner un ejemplo, de cara a producir y mantener una situación específicamente política. La industria moderna por excelencia, la industria modelo, se desarrollaba en una ciudad y creaba una nueva psicología de ciudadano. Durante los años de la guerra, Turín se convirtió en la ciudad de la industria por excelencia: de una industria aristocrática concentrada, mediante una formidable selección de espíritus y capacidades, en las manos de unos pocos hombres geniales; de una industria especializada hasta convertirse en función indispensable y primera célula de un organismo económico que, de ampliarse a toda la nación, había de darle a esta su personalidad de Estado moderno. (El contraste con Milán no podía

---

[2] Hijo de una familia acaudalada de Turín, Giovanni Agnelli (1866-1945) fundó en 1899 la Fabbrica Italiana Automobili Torino (FIAT), que con los años se convertiría en la mayor empresa italiana.

ser más neto: una Milán comercial frente a una Turín industrial, una Milán fragmentaria en su economía liberal frente a una Turín organismo germinal). La concentración industrial creó la concentración obrera. La selección de los espíritus dirigentes favoreció y determinó la selección de las inteligencias obreras, la especialización de la mano de obra.

Esta cooperación técnica no había de alimentar ilusiones en cuanto al juicio de sus consecuencias políticas.

Al organizarse según su lógica ideal extrema –con un proceso que por fin podía darle aparentemente la razón a Marx–, el capitalismo obligaba al movimiento obrero a reagruparse en torno a sus condiciones ideales, a organizarse en torno a su centro práctico, y lo ayudaba directamente a expresar su propia lógica.

Frente a la experiencia moderna, cayeron los viejos mitos de la socialdemocracia italiana y extranjera, las fórmulas deducidas por vía intelectual de *El capital* o de los demás textos socialistas –conclusiones frágiles, abstractamente revolucionarias o reformistas, dependiendo de los temperamentos de quienes las revivían–. La visión política de quienes los aceptaban quedó enfrentada al dilema entre la confusa agitación demagógica (Bombacci) y el temeroso repliegue retrógrado del reformismo (Treves, Modigliani)[3].

En cambio, quien presintiendo las nuevas exigencias se acercó a las clases populares para estudiarlas, halló su estructura esencialmente cambiada. Aquí y allí se consolidaban ya vigorosas minorías obreras que, tras haber conquistado una conciencia de clase, deducían de esta, con lógica segura, su posición práctica en la lucha. El ideal de una clase obrera

---

[3] Claudio Treves (1869-1933) y Giuseppe Emanuele Modigliani (1872-1947) fueron dos importantes dirigentes del ala moderada y reformista del PSI.

aristocrática, consciente de su propia fuerza, capaz de renovarse a sí misma y al mundo (tal como lo vislumbraran Marx
y Sorel en su lúcida visión histórica que, pese a sus equívocas
construcciones seudoeconómicas, constituía su pensamiento
más profundo), encontraba el punto concreto donde inser-
tarse fecundamente de cara al desarrollo de la vida italiana.

La especialización del trabajo, casi taylorista, le propor-
cionaba al obrero la conciencia de cuán necesario era. Al
elevar el número de los elegidos a participar en el misterio y
la dificultad del trabajo creativo, complejas exigencias de
producción generaban en el asalariado, frente al chato ideal
seudoamericano de un trabajo reducido a mecánica, una
confusa conciencia de aristocratismo e idealismo que se traducía en necesidad de poder.

Se encontraban así, en el culmen más acabado de su tor-
mentosa ascensión, los dos momentos de la civilización moderna. La masa se reunía en torno a estas heroicas figuras de
dominadores (obreros, industriales, empresarios), dando
alimento y universalidad al choque fecundo. Convertida en
el centro de las aspiraciones y de la vida que la circundan, la
ciudad obliga a los inmigrantes (trabajadores manuales, comerciantes pequeñoburgueses) a aceptar su puesto de combate entre las exigencias opuestas que se enfrentan y cuya
dirección y conocimiento corresponden solo a los mejores.

Frente a una Italia indiferente a este proceso turbulento
y demasiado veloz, se diría que haya de recaer de nuevo sobre Turín la misión de reconquistar la península.

Un grupo de oscuros jóvenes, de los cuales la Italia oficial
no ha tenido ni tiene noticia, intentó la teoría de esta nueva
realidad económica e ideal. A partir de la experiencia política
a la que asistían, elaboraron la idea de un organismo que organizara todos los esfuerzos productivos legítimos, que parti-
cipara plásticamente en la realidad de las fuerzas históricas,

ordenándolas en libertad en una jerarquía de funciones, valores y necesidades. El Consejo Obrero, en el que las exigencias del ahorro, de la iniciativa y de la labor ejecutora se organizan según las actividades que cada una de ellas consigue despertar, fue su idea nueva y fecunda, en torno a la cual trataron de reunir el movimiento obrero y darle una personalidad.

A la vez que su distintiva experiencia turinesa, y contra esta, se definía entretanto una nueva situación internacional que despertaba otros ideales y otras antinomias, obligándolos a resolver nuevos problemas de táctica, de teoría, de psicología popular. Se revelaba en suma paralela a la situación revolucionaria turinesa (pero en absoluto coincidente con ella) una situación revolucionaria internacional, hecha de aspiraciones mesiánicas insatisfechas, de miseria y de impotencia. Fueron justamente tales abstracciones y tales ilusiones las que prevalecieron en la mayoría de los proletarios italianos. El mito de los teóricos del Consejo Obrero turinés se truncó porque no supieron resolver el problema político de las relaciones entre su movimiento revolucionario concreto y la confusa incertidumbre de los impulsos ocultos que dominaban a las otras masas populares de la nación.

Gramsci e Il Grido del Popolo

Si se quiere penetrar en las características íntimas de la cultura y la psicología de la minoría dirigente de los comunistas de Turín, hay que remontarse algunos años en la historia del periodismo socialista.

Al estallar la Gran Guerra, el socialismo turinés aparecía plano y burdo, como en tantas otras ciudades de provincias. En lugar de una política idealista, capaz de ejercer alguna influencia educadora sobre las masas; en lugar de organizar sus ideas, mal que bien, en torno a la bandera del internacionalismo, abstracta pero aun así generosa, la mayoría profesaba un neutralismo cicatero, árido, sin motivaciones espirituales, utilitarista, tomado en préstamo de los giolittianos y más o menos justificable dentro de una mentalidad de gobierno, pero repugnante en un partido de masas. La falta de ideales era correlativa a la falta de un núcleo de dirigentes cultos y laboriosos.

En medio de esta inercia intelectual se echó de ver un joven solitario, Antonio Gramsci, que ya mientras realizaba sus estudios de literatura en la universidad se inscribió en el Partido Socialista, quizá por razones humanitarias, gestadas en su soledad pesimista de emigrante sardo, más que por una concepción revolucionaria neta. Sin embargo, no tardó Gramsci en hacerse una cultura política, y quiso Serrati, con notable perspicacia, que pese a su resistencia y su timidez fuera colaborador y corresponsal político del *Avanti!* en Turín.

Más tarde, en la página del periódico dedicada a la vida turinesa, Gramsci se consolidó como formidable polemista de asuntos sociales y literarios; tenía un estilo propio, feroz, apremiante, serenamente destructor, de una rudeza dialéctica a la que el periódico socialista no estaba acostumbrado. Muchos de sus articulillos en la columna «Sotto la Mole»[4] y algunas reseñas teatrales del mismo periodo merecerían que se los recogiera, y saldría un libro original que, en la literatura italiana moderna, tan pobre de obras polémicas con estilo, definiría una nueva personalidad de escritor. Pero Gramsci ha olvidado ya estos antiguos escritos y sonreiría si los oyera recordar.

---

[4] La «Mole» a la que alude el título de la columna firmada por Gramsci, «Sotto la Mole» [«Bajo la Mole» o «Al pie de la Mole»], es la Mole Antonelliana, quizá el edificio monumental más emblemático de Turín *[N. del T.]*.

Su nueva actividad de teórico de la revolución empieza con su labor en *Il Grido del Popolo [El grito del pueblo].* El modesto periodiquillo de propaganda de partido se convirtió, por él, en una revista de cultura y pensamiento. Allí publicó las primeras traducciones de los escritos revolucionarios rusos. Se propuso la exégesis política de la acción de los bolcheviques. Al frente de esta labor, por más que el director fuera en apariencia otro, se percibe el cerebro de Gramsci. La figura de Lenin se le aparecía cual voluntad heroica de liberación: los elementos ideales que formaban el mito bolchevique, que ocultamente bullían en la psicología popular, habían de constituir no tanto el modelo de una revolución italiana como la incitación a una libre iniciativa que operara desde la base.

Gramsci era consciente de las exigencias antiburocráticas de la revolución italiana ya desde 1917, momento en que su pensamiento autonomista se concretó en un número único de *La Città futura [La ciudad futura],* publicado como modelo y anuncio de un futuro periódico de cultura política obrera.

L'Ordine Nuovo

En 1919, *La Città futura* se convirtió en *L'Ordine Nuovo [El orden nuevo],* el único documento de periodismo revolucionario y marxista aparecido en Italia (dotado de algún ideal de seriedad). Desde los primeros números de *L'Ordine Nuovo* se dejó sentir el trágico conflicto de toda acción política en Italia, inexorablemente indecisa entre tendencia autonomista y tradición reformista (Mazzini y Cavour). Gramsci ya no estaba solo. De los tres codirectores, Tasca, Togliatti y Terracini[5], los dos últimos no tenían aún un pensamiento revolu-

---

[5] Junto a Antonio Gramsci (1891-1937), Angelo Tasca (1892-1960), Palmiro Togliatti (1893-1964) y Umberto Terracini (1895-1983) for-

cionario definido, y se decidieron después. (El temperamento de Terracini es más de político que de teórico. La elaboración de la teoría le interesa como le interesa a Lenin: como instrumento para la acción. Se decidió llegado el momento, con serenidad, y [y el hecho de] que se alineara con Gramsci y se enfrentara a Serrati demuestra hasta qué punto contemplaba con lucidez de pragmático la cuestión del socialismo italiano. Es antidemagógico por sistema, aristocrático, contrario a la oratoria incendiaria, razonador dialéctico, sutil, implacable, hecho para la polémica y para la acción, pues una vez hallado el mito en la realidad, no se preocupa tanto por esclarecerlo como por adecuarlo a sus intenciones. No querríamos, desde luego, que se nos ocultaran los riesgos de semejante maquiavelismo: Togliatti no ha tenido todavía responsabilidades directivas en la acción, lo empuja a la política una preparación sólida, pero hay en él una inquietud, a veces incluso una agitación, que parece cinismo y es indecisión, de la que cabe quizá esperar muchas sorpresas y que, de todos modos, debe inducir a una suspensión parcial del juicio).

---

maron parte del núcleo pensante de la revista *L'Ordine Nuovo* y fueron uno de los grupos fundadores del PCdI en 1921. Tasca lideró el ala más moderada de este partido, del cual fue expulsado en 1929 por su antiestalinismo; a partir de entonces, adoptó posiciones socialdemócratas y anticomunistas, y fue autor de diferentes ensayos sobre el fascismo y el comunismo soviético. Palmiro Togliatti fue, a partir de 1926, el principal dirigente de los comunistas italianos: coordinó el PCdI desde el exilio, ocupó diferentes cargos en la Internacional Comunista, participó en la Guerra Civil española y, a partir de su regreso a Italia en 1944, refundó y dirigió el partido hasta que murió en 1964. Umberto Terracini fue el director de la edición milanesa del diario *L'Unità;* detenido en 1926, fue condenado por el Tribunal Especial fascista a 23 años de prisión. Después de la Segunda Guerra Mundial, fue presidente de la Asamblea Constituyente de la República Italiana y portavoz del grupo parlamentario comunista de 1958 a 1973.

Entre Gramsci y Tasca estalló el conflicto, que situó a Gramsci en una posición dominante, revelándolo como el único hombre preparado para los nuevos problemas. Angelo Tasca –que ahora es secretario de la Alleanza Cooperativa de Turín, puesto de confianza que solo él puede conservar, pues es el único comunista libre del odio intransigente de los socialistas– llegaba al movimiento político desde una formación predominantemente literaria y con una mentalidad de propagandista cultural o de apóstol democrático. Amigo de Gramsci, no había seguido la evolución específica de su pensamiento. Colaborador por simpatía y por ardor de propagandista, concebía *L'Ordine Nuovo* como una revista de ideas que, recuperando a Antonio Labriola[6], volviera a plantear el problema histórico de la revisión del marxismo y la historia del movimiento intelectual italiano. Empezó con una serie de estudios sobre Louis Blanc, y con actitud sentimental casi pequeñoburguesa volcó su interés en el problema del minifundio: perduraba en su pensamiento algo de turatiano, de patriarcal. Socialismo de literato, de un mesiánico que concebía la redención de las masas como palingenesia ilustrada y que proyectaba sobre la civilización moderna un sueño suyo estrecho de miras hecho de virtud obrera pequeñoburguesa, nacida y nutrida de costumbres patriarcales, de tranquilo recogimiento en la casa con jardín. Es notable que haya logrado liberarse más tarde de estas ideologías y que en su fervor y en su literatura haya recobrado una potente capa-

---

[6] Antonio Labriola (1843-1904) fue profesor de Filosofía en la Universidad de Roma y el primer gran filósofo marxista italiano. Estudió a Marx y a Engels, e inició una obra de difusión de su pensamiento dotada de características originales, pues se oponía a las interpretaciones positivistas y deterministas del legado teórico de los fundadores del materialismo histórico. Sus obras influyeron en diferentes intelectuales italianos, empezando por el joven Benedetto Croce y Antonio Gramsci.

cidad técnica de acción práctica y administrativa: si criticamos su temperamento político, es de justicia reconocérselo. Pasados los primeros meses, en que *L'Ordine Nuovo* llevó una vida exterior y estéril (lo único vivo eran algunas crónicas culturales firmadas por Togliatti), Gramsci impuso su originalidad de teórico llamando la atención de sus compañeros sobre el problema de los Consejos Obreros.

Los cuales, según su idea, habrían de ser los cuadros del nuevo Estado obrero, y los del ejército revolucionario en el periodo de lucha violenta: se trataba de sustituir las propagandas abstractas por una acción concreta –los obreros debían acostumbrarse a una disciplina real y a un ejercicio consciente de autoridad; tenían que conquistar, en contacto con sus organismos de trabajo, una mentalidad de productores y de clase dirigente–. Si es en la fábrica donde se desarrolla la vida obrera, es en la fábrica donde deben organizarse los obreros para resistir frente a los industriales. El nuevo Estado, que no se alza ya en nombre de los derechos y deberes abstractos de los ciudadanos, sino conforme a la laboriosidad de los trabajadores, debe participar plásticamente en los organismos en que se desenvuelve la actividad de estos, y desde aquí alcanzar el conocimiento de sus necesidades y el examen de sus problemas.

Comoquiera que deba juzgarse la validez práctica de tales fórmulas, esta era, por fin, una concepción revolucionaria, ante la cual todo el bagaje de abstracción y reformismo debía caer. El sindicalismo de Tasca, quien aceptaba los Consejos Obreros para atribuirles el mismo valor que a los sindicatos, se revelaba inadecuado a la nueva conciencia obrera que era necesario instaurar. Por un instante, y por una equivocación, Tasca triunfó en la Cámara del Trabajo, pero se vio obligado a dejar *L'Ordine Nuovo* y a permanecer alejado de los nuevos ensayos de la lucha de clases.

La revista se convirtió en centro de confluencia de los núcleos proletarios con mayor conciencia, que aguardaron sus consignas en los conflictos más graves, en los momentos de mayor incertidumbre. La ocupación de las fábricas y la campaña electoral para hacerse con la corporación municipal fueron los episodios culminantes, pero contra la acción de la nueva aristocracia actuaba el peso muerto de la herencia socialista, la incapacidad de los dirigentes confederales, los ideales utilitaristas de las masas, el espíritu reaccionario (reformista) de los campesinos llegados al partido, la vileza de los arribistas: y en esta discordia, digna de ser estudiada con mayor profundidad, el movimiento se extravió hasta perder su capacidad resolutiva.

El Consejo Obrero

A lo largo de todo el año 1920, el Consejo Obrero fue el centro de la actividad revolucionaria, el problema en torno al cual se diferenciaron los distintos matices del movimiento obrero, el órgano de la lucha contra las organizaciones industriales. Mientras que estas, al dictado de exigencias locales, se mostraban fuertemente combativas y se sentían moral e intelectualmente a la cabeza del movimiento industrial de la nación, quienes escribían en *L'Ordine Nuovo* entendían que la resistencia no era posible con los viejos principios de discusiones sindicales ordinarias, que no podían participar en la táctica meramente económica de la Confederación General del Trabajo cuando el movimiento comprometía la personalidad de los interesados de manera integral: la lucha general debía producirse en un único frente de acción. Cómo se elaboró este pensamiento, cómo se desarrollaron las discusiones preliminares entre partidarios y detractores de los Consejos Obreros, el lector puede verlo en un libro de Mario Luigi Guarnieri (*I Consigli di Fabbrica,* Il Solco, Città di Castello,

1921; Guarnieri muestra tendencias reformistas, y para mantener una actitud imparcial se conforma con un eclecticismo
algo confuso. Quien no haya seguido el movimiento de Turín
a través de la prensa local, no hallará en el libro un criterio
que arroje luz sobre los matices de la lucha ni sobre sus momentos culminantes. Con todo, la recopilación es interesante
porque recoge algunos documentos notables).

Esta discordia teórica y práctica tiene, como ya advertíamos, rasgos genuinamente turineses, y corresponde a las
condiciones de un progreso técnico más refinado y a una
comprensión más aguda de las relaciones políticas de las
clases en el terreno de la producción. En agosto de 1919,
después de que Gramsci planteara claramente su tesis en el
semanario *L'Ordine Nuovo,* algunos grupos de obreros de la
Fiat-Centro, con quienes el movimiento intelectual comunista mantenía una íntima relación de discusiones y colaboración, decidieron crear los nuevos organismos proletarios
de lucha y organización partiendo de una institución ya
existente, las Comisiones Internas. Dichas comisiones, surgidas hacía años en Turín sin una oposición destacable por
parte de los industriales, estaban destinadas, según el pacífico Colombino, a constituir una nueva escuela de artes y
oficios y, como pensaba en secreto Buozzi, podrían incluso
aportar un incremento en la producción[7].

De lo que se trataba ahora era de renunciar a los límites
de la organización económica, de reafirmar las Comisio-

---

[7] Giuseppe Emilio Colombino (1884-1933) y Bruno Buozzi (1881-
1944) fueron dos obreros del PSI que, en 1907, contribuyeron a fundar
la Federación del Metal del sindicato Confederazione Generale del Lavoro (CGL). Pertenecientes al ala reformista del PSI, disentían de la visión revolucionaria que el grupo de *L'Ordine Nuovo* tenía de los Consejos Obreros.

nes Internas como organismos políticos, de hacer que se les reconociera un poder junto al poder patronal y contra este, de expandirlas hasta convertirlas en auténticos Consejos Obreros que impusieran su disciplina a los trabajadores y los organizaran conforme a la jerarquía natural de producción. La experiencia demostró muy pronto que las Comisiones Internas podían ser un buen punto de partida para las psicologías individuales, pero también que las funciones de estos nuevos Consejos debían mantenerse diferenciadas de las que habían tenido las Comisiones, y se instituyó, para cada sección, a los nuevos comisarios, con funciones directivas dentro del movimiento obrero.

Con la ayuda de la redacción turinesa de *Avanti!* (dirigida por Pastore[8], que aceptaba las tesis de Gramsci), *L'Ordine Nuovo* asumió valientemente la dirección y la preparación de la tarea política y económica, demostrando la originalidad del movimiento de los Consejos y la necesidad de distinguirlos de la acción sindical. El sindicato es un órgano de resistencia, no de iniciativa; tiende a darle al obrero conciencia de asalariado, no de productor: lo acepta en su condición de esclavo y trabaja para elevarlo sin renovarlo en un terreno de utilitarismo puramente reformista. En el Consejo Obrero, el trabajador se siente digno e indispensable elemento de la vida moderna; entra en comunicación con los técnicos, con los intelectuales, con los empresarios; en el centro de sus aspiraciones ya no sitúa la preocupación por su provecho, sino un ideal de progreso técnico que le permita desarrollar cada vez más sus capacidades, así como la exigencia de una organización práctica que le dé el poder.

---

[8] Ottavio Pastore (1887-1965) dirigió la edición turinesa de *Avanti!* y, tras haberse adherido al PCdI, fue el primer director del diario de este partido, *L'Unità*.

La línea de acción ya no era burdamente democrática: la nueva sociedad que debía instaurarse no sería ya la sociedad indistinta del proletariado como masa. Se trataba de preparar la nueva jerarquía conforme al valor de cada cual: y el gobierno debía ser una aristocracia surgida desde abajo, capaz de reivindicar su conciencia política y de recibir la herencia de una clase dirigente exhausta.

Además de ser órgano de colaboración, el Consejo se presentaba, por un lado, como la célula de la futura organización económica y política; por el otro, como el ejército del frente de lucha único durante el periodo preparatorio. Junto a *L'Ordine Nuovo* surgió un núcleo de obreros que se revelaron capaces de comprender la nueva situación (en especial, los comisarios de la Fiat). Y como las masas no podían entender las nuevas ideas y tomar parte en ellas de forma voluntaria, asumieron la tarea de guiarlas, y cuando aquellas no alcanzaban a ver, la de ponerlas frente a acontecimientos que las determinaran, con o sin conciencia de ello, a emprender una acción precisa. Y fue así como lograron organizar e imponer en Turín, durante diez días, en abril de 1920, una huelga general que no perseguía las acostumbradas reivindicaciones salariales, sino un propósito claramente ideal: que se mantuvieran los Consejos. La huelga fracasó porque el movimiento quedó circunscrito a Turín (así lo quiso el Consejo Nacional del Partido Socialista) y porque los industriales, conducidos de manera inteligente por Olivetti[9] (que había estudiado con atención las ideas de los nuevos revolucionarios y había captado su espíritu), se opusieron a ella con todas sus fuerzas.

---

[9] Gino Olivetti (1880-1942) fue el fundador y secretario, hasta 1934, de Confindustria, es decir, de la principal asociación empresarial italiana. De religión judía, tuvo que abandonar Italia en 1939 a causa de las leyes raciales del Gobierno de Mussolini.

Pero la derrota deparó algunas enseñanzas. No quebrantó la disciplina obrera y demostró una capacidad real de sacrificio. Demostró la ineptitud del Partido Socialista para toda acción directa; planteó la exigencia de darle al movimiento una nueva organización política nacional, capaz de lanzarles a todos los obreros la consigna necesaria para defender a los grupos más avanzados, en la vanguardia del movimiento revolucionario. La discrepancia entre *L'Ordine Nuovo* y Serrati era esta, en sustancia: para los primeros, el frente único de acción proletaria debía situarse en las trincheras más avanzadas; para el segundo, en la retaguardia. Serrati pensaba la conquista del poder como la coronación de la elevación general de las masas (¿para cuándo?); Gramsci pensaba la elevación de las masas a través de la toma del poder. Serrati era demócrata; Gramsci, marxista. Precisamente de abril de 1920 data el abandono decisivo del Partido Socialista por parte de los turineses y la constitución virtual de un Partido Comunista.

El bautismo del nuevo partido fue la ocupación de las fábricas en septiembre: la revancha por el mes de abril, la prueba de fuego de la madurez de los obreros de Turín. Pero la victoria marcó a la vez la conclusión y la decadencia, porque demostró la imposibilidad de extender el movimiento a toda Italia, sea por los obstáculos económicos, sea por la inexistencia de una clase obrera dirigente madura fuera de Turín.

Ante el grandioso movimiento de los Consejos, un liberal no puede adoptar la postura meramente negadora de Einaudi o Giretti[10]. El liberal tiene ante sí uno de los fe-

---

[10] Sobre Luigi Einaudi, véase la n. 26 del «Estudio introductorio». Edoardo Giretti (1864-1940), político y economista, estuvo implicado en la batalla por la instauración del librecambismo económico en Italia.

nómenos genuinamente autonomistas más representativos que hayan surgido en la Italia moderna. Quien, al margen de todo prejuicio partidista, preocupado por la crisis actual –que es crisis de voluntad, de coherencia, de libertad–, tiene la esperanza puesta en que el movimiento revolucionario del Risorgimento se renueve y penetre por fin en el espíritu de las masas populares y las haga participar creativamente en un Estado, ha tenido por un momento todo el derecho a creer que la nueva fuerza política que Italia necesita surgiría de tales aspiraciones y tales sentimientos. Los comunistas turineses habían superado la fraseología libertaria y demagógica y se planteaban problemas concretos. Contra la burocracia sindical, reivindicaban la libre iniciativa local. Partiendo de la fábrica, hacían suya la herencia específica de la tradición burguesa con el propósito no ya de crear de la nada una nueva economía, sino de continuar los avances de la técnica productiva alcanzada por los industriales. Frente a las abstracciones de los programas de socialización, ellos sabían qué importancia hay que darle al problema del ahorro en la industria, qué papel les corresponde a los empresarios en la producción. El Consejo Obrero tenía que satisfacer, además, las exigencias de los administrativos, no en cuanto pequeñoburgueses, sino en cuanto administrativos, o sea, elementos de la producción. En suma, las experiencias concretas de la acción política habían liberado casi por completo a los jóvenes comunistas de Turín del bagaje de los lugares comunes del socialismo y del internacionalismo. Sentían el movimiento obrero en su valor nacional y de participación en el liberalismo económico. Su heroico experimento fallido es uno de los esfuerzos más nobles que se hayan hecho por darle un fundamento ideal a la vida de la nación.

El Partido Comunista

De los caudillos de la lucha es ahora la tarea de resistir y de organizar a los vencidos. En el truncado sueño de Gramsci reconocieron las masas su heroico ideal de acción y quisieron que el inspirador de la derrota dirigiera *L'Ordine Nuovo,* convertido en periódico diario, a través de las ruinas de un organismo.

Las experiencias de Turín y el fracaso que coronó la primera victoria fueron los elementos concretos que prepararon la fundación del nuevo Partido Comunista. Los auténticos revolucionarios italianos no podían seguir teniendo fe en el Partido Socialista, convertido en un partido de mayoría, incapaz de toda acción por la elefantiasis burocrática de su organización, por el prejuicio de la unidad, por sus incipientes responsabilidades de gobierno: era evidente que, poco a poco, el partido se iría adaptando empíricamente al viejo Estado, se iría volviendo conservador, sin introducir en la vida social idea ni fuerza nueva alguna, dando continuidad al reformismo de Giolitti. De haber sido Serrati un político de altura, la batalla por la unidad habría podido revestir un carácter más educativo, y más fecundo habría sido el esfuerzo por darle al movimiento único una dirección laboriosa e independiente, que en lugar de esperar a las fuerzas populares las estimulara, y que le impusiera al partido el ideario de la minoría más activa, más coherente, más revolucionaria. En cambio, como hemos señalado, la unidad de Serrati se concebía en términos democráticos. En el partido de Serrati, debido a la genérica propaganda mesiánica, habían ido entrando elementos de la pequeña burguesía y del campesinado deseosos de mejoras tan solo en lo individual, carentes de preparación política, que se limitaban a una genérica negación anárquica del Estado por razones de utilitarismo, obstáculo insuperable de cara a una diferenciación política neta.

Sistemas democráticos destinados a llevar hasta la dirección del movimiento precisamente a estas masas sin preparación, las cuales, incapaces de control e iniciativa, seguirían más tarde a caudillos demagogos. A la par de Serrati, pero menos responsables y menos culpables que él, también los comunistas carecían de la gigantesca capacidad de diplomáticos y dictadores[11] (¡hombres como Lenin y Trotsky por desgracia aparecen solo una vez cada cien años!), y pareció más adecuada a sus espíritus una modesta moción de sinceridad: y de este modo la separación se hizo inevitable.

El asunto de la obediencia a Moscú fue el mero pretexto para el conflicto entre ambos sistemas, y los reformistas lo aceptaron de buen grado, pues para colaborar en el Gobierno debían hacerse perdonar numerosos pecados de internacionalismo.

Junto al grupo de Turín, y a las minorías que seguían sus directrices en otros lugares, en el Partido Comunista había algunos mesías de la revolución como Bombacci y Misiano (los ornamentales de la extrema izquierda, los Luigi Luzzatti[12] del comunismo), algunos teóricos del comunismo como Antonio Graziadei y la vieja fracción abstencionista de Bordiga[13].

---

[11] En este punto, Gobetti insertó la siguiente nota a pie de página: «Pareció que la habían conquistado en Turín cuando, en las elecciones administrativas, lograron excluir a Casalini y a los reformistas y obtuvieron, pese a todo, la adhesión general de las clases obreras» *[N. del T.]*.

[12] Sobre Nicola Bombacci y Francesco Misiano, véase la n. 18 del artículo «Manifiesto» de esta antología. Aquí se los compara a Luigi Luzzatti (1841-1927), político liberal-conservador que Gobetti reputaba de mediocre y que llegó a ser presidente del Gobierno en 1910-1911.

[13] Amadeo Bordiga (1889-1970) fue el principal fundador y primer secretario general del PCdI. Estaba a favor de una política de clase intransigente y contraria al parlamentarismo. En 1924, fue sustituido por Antonio Gramsci como secretario general del partido.

Entre Bordiga y Gramsci (los dos líderes verdaderos del partido, las almas de su Consejo Directivo, por más que Gramsci no acostumbre a manifestar públicamente su pensamiento y prefiera inspirar a Terracini, a Togliatti o a otros), hay sin duda notables diferencias de pensamiento, que en el momento de la organización material habrían determinado dos corrientes de pensamiento diferentes; pero les une una visión común de la presente situación italiana.

Para ambos, se trata de plantear el problema de la conquista del poder y de preparar a las masas para ello: el Partido Socialista ha fracasado porque a la hora de actuar carecía de organismos que participaran en los estratos productivos y pudieran constituir el andamiaje del nuevo Estado; y para tener por lo menos una apariencia de popularidad ha debido procurarse un número sobreabundante de simpatizantes espiritualmente faltos de preparación. El nuevo Partido Comunista debe organizar la vanguardia del movimiento con una rígida disciplina interna: debe ser una minoría dirigente que ordene a su alrededor a la amorfa masa popular, la cual sienta su superioridad y acepte su influencia. Solo esta concepción unitaria y aristocrática puede darles a los obreros un alma y un carácter ideal.

El primer año de vida del Partido se ha consumido entero en este problema de táctica que por mucho tiempo aún será su preocupación central, pues el desempleo ha desbaratado las filas del ejército proletario: han desaparecido los consensos prácticos e ideales que animaban a los combatientes durante la crisis de la inmediata posguerra, todas las ideas se pierden en la fragmentariedad y el individualismo. En estas condiciones, conservar una organización es verdaderamente un problema crucial, y el haberlo entendido demuestra la madurez de los hombres que estudiamos; por otra parte, precisamente el intento de satisfacer esta exigencia sitúa a los actores en un ambiente artificial y crea aquella soledad y aquella anemia debidas al esquematismo que en otros tiempos fue fatal para los seguidores de Mazzini.

A diario durante todo un año, *L'Ordine Nuovo* ha logrado, frente al fascismo, darles una consigna de valerosa resistencia y contraofensiva a las clases trabajadoras, las cuales, partiendo de su título mismo como de un símbolo, empezaban a hacer suyas su disciplina y su autoridad. Ante estas luchas fratricidas, el criterio de nuestro juicio no puede ser ni el de la lucha de clases ni el de la paz social: nos hallamos en una crisis inevitable a través de la cual nuestro pueblo templa su voluntad y se educa en un ejercicio de libertad. Por encima de sentimentalismos y daños contingentes, la violencia revela fermentos vitales, energías decididas, ideas maduras.

La unidad de los comunistas se ha alcanzado por medio de la táctica de oposición y conquista del poder; el programa efectivo latente era el de los Consejos, a decir verdad poco caro a Bordiga, quien de buen grado se detiene en la fase mítica de la revolución. La elaboración de las ideas prácticas se ha mantenido no poco nebulosa y contradictoria, en esencia porque un partido de oposición debe tener dos programas prácticos: uno mítico, que ofrezca la palingenesia a los cansados combatientes de hoy, que incluso tras el ocaso del cristianismo suspiran mesiánicamente por el reino de la paz (aun negándola con la acción); y otro político, que se manifestará solo en el momento de la victoria. Esta curiosa ironía está latente en el movimiento revolucionario: la hora de la resolución determina la negación de los programas que han llevado hasta ella, los revolucionarios deben luchar los primeros contra sí mismos. Por lo demás, los jefes han comprendido perfectamente este proceso de realismo histórico, si bien ninguno de ellos pueda pretender examinar específicamente las relaciones que habrán de poner en conexión el mito con la acción práctica (este es un problema de liberales, no de comunistas; de historiadores, no de actores). Quienes escriben en *L'Ordine Nuovo* han entendido siempre que las proclamas contra el Estado son proclamas contra el Estado burocrático: ponen de manifiesto el propósito concreto de crear un Estado capaz de resolver la crisis burguesa y heredar los problemas del Risorgimento aún por resolver; aceptan que la revolución sea la conclusión del liberalismo revolucionario del siglo xix; que una profesión de internacionalismo, además de ser un mito fecundo, es una auténtica política exterior contraria a la de la cuádruple alianza; que la lucha contra los capitalistas tiende a reemplazar una autoridad y una disciplina que los capitalistas ya no saben ejercer y que le es necesaria a la sociedad.

Todos estos propósitos son, para quien haya sabido explorarlos, genuinamente liberales y autonomistas. No debe pedirse a estos hombres de acción una conciencia refleja superior a la que se concede a los combatientes. Pero en su primer año de vida, *L'Ordine Nuovo* ha sido, decididamente, un periódico de pensamiento, más que singular para Italia, consciente de los problemas nacionales, preocupado por fundar una conciencia política nueva y por escuchar las exigencias culturales del mundo moderno. El movimiento, en suma, no careció de una seriedad ideal, no se prestó a arribismos ni a actitudes demagógicas y prosiguió con coherencia un propósito orgánico de renovación.

Lamentablemente, si valoráramos los últimos meses de su actividad ya no nos atreveríamos a repetir tan optimistas juicios. Es cierto que junto a *L'Ordine Nuovo* han surgido *Il Comunista* e *Il Lavoratore Comunista,* ni tan importantes ni tan originales, pero indicio ambos de una actividad más segura y amplia y dirigidos por amigos o discípulos (en teoría) de Gramsci, jóvenes que han participado en las experiencias de Turín: en Trieste está Ottavio Pastore, y en Roma están Togliatti y Terracini. Es cierto que se está creando una editorial que dirigirá Sanna[14], es decir, un hombre que comparte con Gramsci las preocupaciones de realismo político aprendidas en la escuela de política más fecunda que haya tenido Italia en este inicio de siglo: *L'Unità* de Gaetano Salvemini.

Pero lo característico del movimiento (la conciencia que ha sabido formarse de las necesidades técnicas de nuestra industria y de la función de los obreros en la fábrica) se ha perdido. ¿Por qué? Porque se han agotado el cerebro y la actividad del hombre que ha interpretado y creado el movimiento —aprovechando, es cierto, condiciones históricas que hoy se han atenuado, pero que él había renovado y concretado con vigor—. Sin duda, la inercia de Gramsci y el alejamiento, con falta de contacto, entre los elementos más activos (Gramsci, Togliatti, Terracini), dada la escasez de dirigentes que corroe todas las tentativas políticas italianas, no es una causa, sino un síntoma y una circunstancia peligrosa. Sin embargo, somos del parecer que, más allá de las personas, el viejo problema (planteado por *L'Ordine Nuovo* como problema del Estado obrero y de autodisciplina popular que se realiza en el Gobierno), relegado al olvido desde hace un año por el desempleo y las incertidumbres, se volverá fundamental e ineludible en cuanto Italia vuelva a dedicarse a su tarea de nación moderna.

Y entonces, la participación de una aristocracia política liberal (esa que nosotros desearíamos crear) en el movimiento surgido desde abajo podría hacer que este triunfara, y hacerlo marchar decididamente conforme a su lógica autonomista e histórica.

---

[14] Giovanni Sanna (1877-1950), intelectual del PCdI, dirigió la revista *Rassegna comunista* en 1921-1922.

6. La tiranía[1]

Dos páginas de los próximos números van a estar dedicadas a las cartas de los amigos de *La Rivoluzione Liberale* sobre el fascismo. Será una discusión madurada y exhaustiva. Pero no podemos permanecer neutrales, no podemos mantenernos en una espera benévola, ni siquiera un instante. Nunca como ahora ha habido necesidad de una crítica libre y valerosa. *La Rivoluzione Liberale* salió hace dos semanas, cuando no se sabía aún si quien hablaba claro sería perseguido y condenado. Salió hablando claro. Se ha convertido, desde entonces, en un símbolo. Nos hemos quedado casi solos en sostener la responsabilidad de formar a nuestras clases dirigentes. Advertimos la delicadeza, la gravedad de la tarea.

En medio de tantos ciegos y tuertos, estamos condenados a ver; en medio de tantos ilusos, tenemos que ser conscientes de toda una experiencia histórica y actual. No es lícito contemplar con confianza probaturas que la historia nos señala como dañinas, y dar crédito a hombres que todos sabemos faltos de preparación e incapaces de construir en Italia una conciencia moderna.

---

[1] «La tirannide», en *La Rivoluzione Liberale* I/33 (9 de noviembre de 1922), p. 123.

Sería fácil y grato concebir esperanzas en estos días sin luz. Pero ¿cómo esperar cuando no hay argumentos válidos, cuando se oponen a ello los dictados de la historia y los de la experiencia?

1. Mussolini carece de toda preparación política, y si algo no queremos hoy son hombres que hagan probaturas, es decir, que repitan viejos errores, sino gente que albergue pocas ideas, concretas y seguras.

2. La «revolución» fascista no es una revolución, sino el golpe de Estado llevado a cabo, con estudiantil alegría, por una oligarquía mediante la humillación de toda seriedad y conciencia políticas.

3. Italia necesita paz, pero si Thaon di Revel, Mussolini, Federzoni, Rocco, Colonna di Cesarò y Gentile no reniegan de las ideas que profesaron hasta la vigilia de la Asunción, nos darán una política exterior prepotente que nos expondrá al aislamiento más dañino[2]. Para mejorar el balance re-

---

[2] Aquí Gobetti menciona a figuras de primer orden del fascismo gubernamental, a saber: Paolo Thaon di Revel (1859-1948), el almirante más famoso de la Marina militar italiana de la primera mitad del siglo xx, además de ministro de la Marina en el primer Gobierno de Mussolini y senador del Reino de Italia; Luigi Federzoni (1879-1967), uno de los líderes del movimiento nacionalista italiano que en 1923 se adhirió al fascismo, en cuyo régimen desempeñó numerosos cargos ministeriales e institucionales hasta 1943; Alfredo Rocco (1875-1935), el más renombrado jurista del fascismo y autor, en los años de la dictadura, de una reforma del código procesal penal que estará sustancialmente en vigor hasta 1989; Giovanni Antonio Colonna di Cesarò (1878-1940), ministro de Correos en el primer Gobierno de Mussolini, en 1924 dejó de colaborar con el fascismo y participó activamente en las iniciativas del antifascismo organizado; Giovanni Gentile (1875-1944) fue, junto a Benedetto Croce, el intelectual liberal más importante de Italia; a partir de la década de 1920, sin embargo, empezó a acercarse al fascismo hasta convertirse en su intelectual más famoso e influyente. Después de haber sido ministro de

doblarán el gasto militar. En París y Londres ya se habla de un acuerdo franco-inglés de oposición a los prontos de la Italia fascista: y si aquí no tenemos noticia de ello es solo por la hermosa libertad en que vivimos.

4. Mussolini quiere hacer más restrictiva la ley sobre la libertad de prensa o, al menos, hacerla cumplir. En cambio, si no se quiere renunciar a la lucha política y a las libertades más elementales, es necesario reformar los artículos 18 a 24 de la ley, pero en el sentido de ampliar la libertad. También a este respecto la Constitución podía tolerarse por cuanto no se aplicaba: observada con rigor, nos conduciría al más antiliberal y autocrático de los regímenes.

5. Mussolini no puede disolver las escuadras, si no quiere caer de aquí a seis meses. Carece de otras fuerzas en las que apoyarse, siendo como es el sindicalismo fascista claramente un bluf. Mussolini está atado a los industriales; en cuanto sean libres de decidir, los trabajadores lo abandonarán; a menos que, para los favores y las protecciones, recurra a las cajas del Estado. Y el mantener las escuadras no puede significar otra cosa que agigantar la burocracia, pues a las nuevas elites guerreras hay que premiarlas, si no se las quiere perder.

En todos estos casos, quien no esté ciego debe reconocer que por este camino se dan todas las condiciones que llevarán a doblar el gasto, ¡además de sanear las cuentas! Atado como está a las aristocracias industriales, si Mussolini, incluso de buena fe, puede decirles a diez que no, acabará por conceder a otros veinte los favores y las protecciones del Estado.

Instrucción Pública en el primer Gobierno de Mussolini entre 1922-1924, dirigió los más importantes institutos culturales italianos durante la dictadura y, sobre la base de su formación idealista y neohegeliana, teorizó el Estado ético como esencia política del régimen mussoliniano. Fue asesinado en 1944 por partisanos antifascistas de Florencia.

6. El sufragio universal es el instrumento, imperfecto pero único, para la formación política y moral de las masas (a largo plazo). Mussolini la volverá inútil, organizando las elecciones con maceros[3] y empujándonos atrás diez años.

Por lo demás, no es por razones democráticas por lo que combatimos todos estos nuevos sistemas dictatoriales, sino porque en Italia, ya tan atrasada y desprovista de cualquier sentido de las libertades fundamentales, hacen inútil la labor educativa.

Advertimos las dificultades casi insuperables que la novísima tiranía opone a nuestro trabajo. Siempre hemos sabido que trabajábamos a largo plazo, casi solos, en medio de un pueblo de desbandados que todavía no es una nación; hoy debemos proseguir nuestro trabajo sin pensar ya en plazos, sin esperanza. No nos han exiliado. Pero no dejamos de ser exiliados en nuestra patria. Los partidos de masas se han demostrado inferiores a sus funciones. Los políticos han sido todos liquidados. La salvación nos la traerá el movimiento autónomo que los trabajadores opondrán a la actual tiranía. En medio de las orgías de los victoriosos, reafirmamos que no se podrá acabar con el espíritu de la revolución y de la libertad. Se puede prender fuego a las Cámaras del Trabajo: no se destruye por eso un movimiento obrero que ha nacido con el Risorgimento nacional. Preparemos los cuadros, prepararemos las corrientes ideales. Mientras los imitamonas de la secta de Gentile planean arramblar con las cátedras, para nosotros todo el problema reside en esto: en llegar a ser los nuevos ilustrados de un nuevo 1789.

---

[3] Gobetti emplea aquí, en referencia a las escuadras fascistas, una denominación despectiva aplicada a los agentes electorales que, durante los mandatos de Giolitti y sobre todo en el sur de Italia, hacían propaganda a favor del Gobierno recurriendo a menudo a métodos violentos *[N. del T.]*.

7. Elogio de la guillotina[1]

Giustino Arpesani[2] responde afirmativamente a una pregunta que quien escribe en *La Rivoluzione Liberale* no se había siquiera planteado. Nuestro amigo tiene de la democracia una visión primitiva; de la patria, una noción mesiánica: piensa la política como un problema en términos de ilustración, de adhesión a dogmas específicos, y [piensa] que lo imprevisto de la realidad queda agotado en la preparación ideológica y los presupuestos de la fe.

El mundo de la práctica no sería nada distinto del mundo intelectual –un mundo intelectual concebido rígidamente, de ideas claras y distintas, sin dialéctica, sin matices–. Su razonamiento sobre la *colaboración* [entre clases] es rigurosamente escolar: la acción surgiría de ella exactamente igual que de una sentida verdad de catecismo. No distingue

---

[1] «Elogio della ghigliottina», en *La rivoluzione Liberale* I/34 (23 de noviembre de 1922), p. 130.
[2] Giustino Arpesani (1896-1980) fue un abogado, político y diplomático de formación liberal. Colaborador de *La Rivoluzione Liberale*, en noviembre de 1922 publicó allí un artículo titulado «Valorizzare», en el que sostenía que los liberales, aun estando en contra de toda forma de dictadura, habían de colaborar con el nuevo gobierno fascista para ayudar a crear una nueva y renovada clase política. El artículo de Gobetti es una dura respuesta a esta tesis.

entre propósito y resultado; con tal de difundir una convicción está dispuesto a sacrificar la complejidad de la praxis.

Los pueblos inmaduros pecan de estas ingenuidades filosóficas; las enfermedades del apostolado coinciden con la juventud, cuando da más gusto lo monótono y lo acabado que la sutil tolerancia de lo diverso. Giovanni Gentile llegó a confesarme cándidamente que estaba escribiendo un libro sobre James que había de publicarse en inglés para curar a los americanos de los errores del pragmatismo. El fascismo quiere curar a los italianos de la lucha política, alcanzar un punto en que, llamados uno a uno los ciudadanos, declaren todos que creen en la patria, como si toda la praxis social se limitara a profesar unas cuantas convicciones. Enseñarles a esos la superioridad de la anarquía sobre las doctrinas democráticas requeriría un discurso demasiado largo y, a fin de cuentas, para ciertos elogios no hay mejor panegirista que la práctica. El actualismo[3], el *garibaldismo,* el fascismo son expedientes por medio de los cuales la incurable y optimista confianza de la infancia gusta de contemplar el mundo, simplificado conforme a sus pueriles medidas.

Nuestra polémica contra los italianos no nace del seguidismo de una supuesta madurez extranjera, ni de la confianza en actitudes de protestantes o del liberalismo económico. Que nos demos, vez por vez, un nombre más bien que otro no es, pues, una cuestión de estilo, sino a duras penas una manera de eludir la persecución y hacernos tolerables. Si verdaderamente hubiéramos de subir al púlpito, qué extra-

---

[3] Se conoce con el término «actualismo» la doctrina filosófica según la cual los seres se resuelven en su devenir (es decir, que no son inmutables). De derivación hegeliana, es una doctrina filosófica característicamente italiana, y tiene en Giovanni Gentile a su mayor exponente *[N. del T.].*

ños predicadores seríamos, y a saber quién podría entender nuestras locas intenciones. O sea, que nuestro antifascismo no es la adhesión a una ideología, sino algo más amplio, tan connatural en nosotros que podría decirse fisiológicamente innato. No sé cómo harán los seguidores de Gentile para entender esta que se nos antoja nada menos que una cuestión de instinto.

Si puede resultar útil poner en relación lo nuevo con aproximaciones y esquemas antiguos, entonces el nuestro querría ser un pesimismo serio de verdad, un pesimismo como de Antiguo Testamento sin palingenesia, y no el pesimismo vil y literario de los cristianos, que podría definirse como la decepción de un optimista. Amigos míos, la lucha entre seriedad y *dannunzianismo* es antigua y sin remedio. Se debe desconfiar de las conversiones y creer más en la historia que en el progreso, concebir nuestro trabajo como un ejercicio espiritual cuya necesidad reside en sí mismo, no en su divulgación. En este mundo solo hay un valor inquebrantable: la intransigencia; y en cierto sentido nosotros seríamos sus desesperados sacerdotes.

Nos tememos que haya pocos tan valerosamente cínicos como para sospechar que desde tales *metafísicas* se pueda llegar al problema político. Pero nuestra ingenuidad es más experta que algunas corrupciones, y en ciertas teorías autobiográficas ya ha sobrentendido, con malicia, un insolente realismo político objetivo.

Vemos con preocupación cómo se difunde un miedo a lo imprevisto que seguiremos señalando como provinciano en evitación de graves sobresaltos. Pero si llegara la hora de rendir cuentas, para ciertos defectos sustanciales, inclusive en un pueblo «nieto» de Maquiavelo, no hallaríamos explicación. En Italia, el fascismo es una catástrofe, un indicador decisivo de infancia, porque señala el triunfo de la facilidad, de la confianza, del optimismo, del entusiasmo. Acerca del gobierno de Mussolini se puede argumentar: gajes de la administración ordinaria. Pero el fascismo ha sido algo más, ha sido la autobiografía de la nación. Una nación que cree en la colaboración entre las clases, que renuncia por pereza a la lucha política es una nación que vale poco. Confesamos haber esperado que la lucha entre fascistas y socialistas-comunistas continuaría sin descanso; y con un sentimiento de dicha concebimos en septiembre de 1920, y publicamos el pasado mes de febrero, *La Rivoluzione Liberale,* para saludar con los mejores augurios una lucha política que, aun en medio de tanta corrupción, corrupta ella misma, pese a todo nacía. ¡Había en Italia gente que moría por una idea, por un interés, por un mal de retórica! Pero advertíamos ya las señales de cansancio, los suspiros por la paz. Es difícil entender que la vida es trágica, que el suicidio es más una práctica cotidiana que una medida de excepción. En Italia no hay proletarios y burgueses: solo hay clases medias. Ya lo sabíamos, y de no haberlo sabido, nos lo habría enseñado Giolitti. Mussolini no es, pues, nada nuevo: pero con Mussolini se nos ofrece la prueba experimental de la unanimidad, se nos certifica la inexistencia de minorías heroicas, el final provisorio de las herejías. Somos lo bastante astutos como para prever que dentro de seis meses muchos se habrán cansado del *Duce:* pero hay horas de embriaguez que valen por una confesión, y la palingenesia fascista nos ha certificado de modo inexorable el impudor de nuestra impotencia. A un pueblo de *dannunzianos* no se le puede pedir espíritu de sacrificio. Nosotros pensamos también en lo que no se ve: pero de atenernos a lo que sí se ve, habría que confesar que la guerra ha sido en vano.

Querido Arpesani, no podemos entendernos. Tú quieres poner en valor, y yo creo que solo se puede valorizar mediante la oposición; tú temes los disensos, y yo veo en los consensos una prueba de debilidad, la inexistencia de intereses reales diferenciados, atrevidos, necesarios. Tú ves el problema de manera enteramente formal: pedías una disciplina y la aceptas aun viniendo de donde no la esperabas. Yo no consigo concebir a César sin Pompeyo, no veo a Roma fuerte sin una guerra civil. Puedo creer en la utilidad de los tutores y por eso justifico a Giolitti y a Nitti, pero los amos solo sirven para hacernos pensar de nuevo en *La conjura de los Pazzi;* es decir, que nos devuelven a hábitos políticos superados. Ni Mussolini ni Víctor Manuel de Saboya tienen madera de amos, pero a los italianos no les falta espíritu de esclavos. Es doloroso, para quien trabaja desde hace años, tener que pensar con nostalgia en los ilustrados libertarios y en sus conjuras. Y aun así, seamos sinceros hasta el final, yo he esperado ansiosamente que llegaran las persecuciones personales para que de nuestros sufrimientos renaciera un ánimo, para que en el sacrificio de sus sacerdotes este pueblo se reconociera a sí mismo. Amigo mío, a ti que me insinúas trágicas confidencias, te doy las gracias. Ahora me parece que justifico mejor mis responsabilidades, las razones de nuestra instintiva revolución. Ni valorizar ni embriagarse. Por las razones que Emery[4] y yo hemos dicho en los números anteriores. Por esa razón psicológica, inexorable, esclarecida aquí. Ha habido en nosotros, en esa oposición ciega nuestra, algo quijotesco. Pero nadie se ha reído porque se advertía en ella una religiosidad desesperada. No podemos hacernos ilusiones de haber salvado la lucha política: hemos custodiado su símbolo. Y hay que esperar (¡con cuánto es-

---

[4] Luigi Emery (1893-1979) fue un periodista y colaborador de *La Rivoluzione Liberale;* igual que Gobetti, estaba en contra de toda forma de colaboración con el Gobierno de Mussolini.

cepticismo, ¡ay!) que los tiranos sean tiranos, que los reaccionarios sean reaccionarios, que haya quien tenga la valentía
de alzar la guillotina, que se mantengan las posiciones hasta
el final. Es posible poner en valor el régimen, es posible
tratar de obtener todos sus frutos: pedimos latigazos para
que alguno se despierte, pedimos un verdugo para que se
pueda ver claro. Puede que Mussolini sea un excelente Igna-
cio de Loyola: ¡dónde habrá un De Maistre que sepa infun-
dirle a su espada doctrina e intransigencia!

8. Mussolini[1]

Mussolini ha sido el héroe representativo de este cansancio y de esta aspiración al reposo. El semblante del optimista seguro de sí, las astucias oratorias, el amor por el éxito y por las solemnidades dominicales, la virtud de la mistificación y del énfasis resultan, entre los italianos, genuinamente populares.

Es difícil imaginarse a Mussolini con una apariencia distinta de la de un audaz condotiero de compañías de fortuna, o de la del jefe primitivo de una banda salvaje poseída por un terror dogmático que impida toda reflexión. Su victoria, en medio de la desorientación de los demás, queda plenamente explicada si se piensa en sus cualidades resolutivas de estratega.

Carece Mussolini del sentido exquisitamente moderno de la ironía, no comprende la historia sino por medio de

---

[1] Seguimos la versión de este texto contenida en el volumen P. Gobetti, *La Rivoluzione Liberale. Saggio sulla lotta politica in Italia,* Turín, Einaudi, 2008 (que, como ya se ha dicho en el estudio introductorio, es la reedición del volumen de 1924). Se basa en «Mussolini», *La Rivoluzione Liberale* I/34 (23 de noviembre de 1922), p. 130 (reedición levemente modificada de un artículo de la serie «Uomini e idee» [«Hombres e ideas»] aparecido el 28 de mayo de 1922) y en la parte final del artículo «Il trionfo della diplomazia» [«El triunfo de la diplomacia»], del 1 de febrero de 1923, p. 16.

mitos, se le escapa la finura crítica de la actividad creativa, que es dote central del gran político. Hizo una profesión de relativismo que no logró siquiera aparecer como una ágil mistificación: cualquiera advertía en ella un predominio excesivo de la búsqueda, entre desconcertada e ingenua, de algún amparo con el que eludir su infantil incertidumbre y tapar sus fechorías. En Mussolini, coherencia y contradicción son dos aspectos de una mentalidad política incapaz de liberarse de los viejos esquemas de un moralismo demasiado menospreciado como para que se lo pueda sustituir de verdad. Por eso permanece dividido e indeciso entre momentos de una coherencia demasiado dogmática como para no resultar burda y explosiones de vitalidad anárquicamente faltas de justificación. Necesita un mundo donde al condotiero no se le pida que sea un político. Luchar por una idea, elaborar un pensamiento mientras se lucha, es un lujo y un fastidio: Mussolini es lo bastante inteligente como para plegarse a ello, pero le bastaría con la lucha pura y simple, sin los tormentos de la crítica moderna. Solo los ingenuos han podido sorprenderse de sus recientes amoríos con la Iglesia católica. Nadie más alejado que Mussolini del espíritu del Estado laico y de la vieja derecha de los Spaventa[2]. Él no tiene nada de religioso, desdeña el problema como tal, no soporta luchar contra la duda: necesita una fe para no tener que pensar más en ello, para ser el brazo secular de una idea trascendente. Habría podido llegar a comandar una Com-

---

[2] La «Derecha histórica» del siglo XIX, dos de cuyas figuras más destacadas fueron los hermanos Silvio y Bertrando Spaventa, se caracterizaba por un fuerte laicismo, en buena parte como respuesta a la hostilidad del Vaticano hacia el nuevo Reino de Italia. Con respecto a las referencias a la «Derecha histórica» y la «Izquierda histórica», véase la n. 10 del artículo «Manifiesto» de esta antología.

pañía de Jesús, a ser el arma de un pontífice martillo de herejes: con una sola idea en mente que repetir y hacer entrar «a son de porras» en los «cráneos refractarios». Los artículos del *Popolo d'Italia* son eso, repeticiones de una orden, dogmas y, a menudo, estereotipias de un dibujo monótono: literariamente tienen algo de militar y de catecismo –la labor del verdugo o del escuadrista se desprende de las verdades absolutas, trascendentes y cristalizadas–. De hecho, los tres momentos centrales de la vida de Mussolini han coincidido con tres momentos resolutivos, entusiastas y dogmáticos de la historia italiana: el mesianismo socialista, el apocalipsis antialemán y la palingenesia fascista. ¿Querrá alguien ser tan obtuso como para buscar en el condotiero de estos tres episodios algún desarrollo y razones ideales de progreso? ¿Por qué ver un problema político donde no hay sino un fenómeno de psicología del éxito y un nuevo arte económico de las ideas? ¿Estará justificado estudiar la filosofía política de Conrad Wolfart, John Hawkwood o Francesco Bussone?[3].

La historia juzgará con indulgencia el anacronismo de Mussolini, quien pese a la cerrazón de su orgullo de señorón por refinar ha sido lo bastante humilde como para inclinarse ante ella: es, como Crispi[4], garibaldino tardío, pero quizá

---

[3] El alemán Conrad Wolfart, apodado *«il lupo»* [«el lobo»], el inglés John Hawkwood y el piamontés Francesco Bussone fueron tres famosos condotieros de la Edad Media *[N. del T.]*.

[4] Patriota republicano que colaboró con Garibaldi en la expedición militar de 1860 contra el Reino de las Dos Sicilias, Francesco Crispi (1819-1901) se convirtió en los años de la Unificación en uno de los hombres fuertes de la «Izquierda histórica», adoptando posiciones mucho más derechistas y monárquicas. Defensor de un fuerte nacionalismo italiano y de la expansión colonial del Reino de Italia, fue presidente del Gobierno en 1887-1891 y 1893-1896.

menos cerril que él y, por su arribismo convencido, más dúctil; aunque tosco y pobre de ideas, quizás ha resultado ser dos veces, por robusto y desenvuelto, el partero de la historia.

Las debilidades intrínsecas de este temperamento se echaron de ver cuando el condotiero tuvo que hacerse administrador y diplomático. En una cumbre internacional de impenetrables es manifiesta la inferioridad de Mussolini –actor más que artista, tribuno más que estadista–, porque solo sabe mirarse en el espejo de su propio énfasis. Ni su elocuencia ni la fuerza del polemista saben batirse en el terreno de las ironías y los sobreentendidos, quedan desbaratadas tan pronto se pasa del mitin y de la sala de esgrima a la conversación aguda y a las enervantes e insidiosas fintas de las palabras. Mussolini solo se encuentra a sus anchas cuando se dirige al buen pueblo y escucha sus deseos o lo reconviene por sus chiquilladas con ceño adusto. La administración ordinaria, con su monotonía, es otro enconado enemigo del presidente; si no hallara este un esparcimiento placentero en los encuentros deportivos que le conquistan nuevamente la popularidad, la tarea cotidiana le resultaría enervante y carente de recursos. Por lo demás, la índole propia del gobierno de aventura y de excepción no requiere sino que el obstáculo insuperable siga siendo el mundo de las actividades comunes y necesarias, sobre las que recaen en vano los deseos de los pretorianos y los subalternos de la revolución en busca de sinecuras. La paciencia es más amiga de las recompensas y las revanchas que de las improvisaciones.

Con todo, no dejan de ser notables las aptitudes de Mussolini para conservar el poder, rodeado de un pueblo entusiasta y deseoso de distracciones, que él conoce muy bien y al cual depara sorpresas cotidianas (desde el telegrama a Spalla a la exaltación del raid aéreo en honor de Francesco Baracca, pasando por los discursos dominicales)[5]. Soslayada cualquier preocupación sobre política exterior, Mussolini se ha dedicado inexorablemente a una hábil táctica reaccionaria de liquidación de todos los partidos y todos los organismos políticos y, ayudado por la crisis económica, parece querer someter a su razón a todos los adversarios. Inclusive en este intento se vuelve al transformismo giolittiano, con recursos teatrales más decididos, y todas las dotes del político se reducen a astucias de maniobra y cálculos de táctica, indicios de un arte en absoluto humanista y militar. El mussolinismo es, por lo tanto, un resultado mucho más grave que el propio fascismo, porque ha confirmado los hábitos cortesanos del pueblo, su escaso sentido de la responsabilidad propia, la mala costumbre de esperar del caudillo, del domador, del *deus ex machina,* la propia salvación. La lucha política bajo el régimen de Mussolini no es fácil: no es fácil oponerle resistencia porque no permanece firme en ninguna coherencia, en ninguna posición, en ninguna distinción precisa, sino que siempre está disponible a todos los transformismos. ¿Tendrá que seguir Italia condenada de manera ineludible por su inferioridad económica a estos hábitos anacrónicos y cortesanos? ¿O las fuerzas de la nueva iniciativa popular y de grupos dirigentes libres de compromisos conseguirán darle el tono a nuestra historia futura? Es evidente en este punto que una profecía resultaría, por nuestra parte, demasiado interesada; respecto a todo aquello que no nace del contexto corresponde más bien a la iniciativa del lector.

---

[5] Gobetti se refiere aquí a dos felicitaciones públicas de Mussolini ampliamente comentadas en la prensa italiana de 1922-1923: la primera, por una de las victorias internacionales del boxeador Erminio Spalla; y, la segunda, por una competición aérea en honor de Francesco Baracca, condecorado aviador militar fallecido en combate en 1918.

9. Mis cuentas pendientes con el idealismo actual[1]

Aun a costa de renunciar a ciertos valores casi necesarios de estilo e ironía, en esta carta al amigo Lombardo Radice[2] he querido tratar hechos personales como documentos de una generación y crónica de una formación espiritual. Hago pública la primera parte de la carta, donde, en cierto sentido, se señala también la génesis de *La Rivoluzione Liberale.* El texto entero (incluida la segunda parte: «Fascismo y problema escolar») se publicará en el segundo número de *L'educazione nazionale,* donde hago votos por que Lombardo Radice exponga su pensamiento. La obligada discreción me impide publicar la carta de Lombardo que ha provocado estas aclaraciones mías, ya que él me ha escrito bajo el vínculo de la confidencialidad.

---

[1] «I miei conti con l'idealismo attuale», en *La Rivoluzione Liberale* II/2 (18 de enero de 1923), p. 5.
[2] Giuseppe Lombardo Radice (1879-1938) fue un pedagogo muy cercano a Giovanni Gentile desde la década de 1910. Fundó junto a él la revista *Nuovi Doveri,* publicada de 1907 a 1911 y reeditada a partir de 1919 con el nombre *L'Educazione nazionale,* donde Gobetti escribió en diversas ocasiones. En 1923, durante el primer mandato de Mussolini, Lombardo Radice colaboró con Gentile, a la sazón ministro de Instrucción Pública, en la elaboración de la reforma del sistema escolar italiano, pero se alejó de él un año después por el giro autoritario del fascismo.

* * *

Querido Lombardo Radice:

Usted me acusa de no haber dicho nunca de forma explícita lo que afirmo llevar pensando desde hace un tiempo sobre el idealismo actual. Me acusa usted de no haber reconocido el valor moral de Gentile. Hace usted referencia a un discurso que pronuncié en Gorizia el 4 de diciembre sobre Croce y Gentile llamándolo discurso *contra Gentile* y calificándolo de vulgar.

Permítame que proteste contra este método suyo de polemizar. ¿Qué sabe usted de mi discurso en Gorizia? ¿Quién le ha informado? Cuando yo publique dicho ensayo, verá usted cuán oportuno habría sido, por su parte, un mayor espíritu crítico antes de aceptar chismes y ligerezas de quien probablemente nada ha entendido de mi pensamiento. En Gorizia dictaba yo un curso de divulgación sobre la cultura contemporánea: ¡piense usted si mi integridad de estudioso podía permitirme vulgaridades o insinuaciones o ataques personales! De Gentile hablé de la manera más serena, sacando a la luz sus virtudes, sin que se me oculten, como es natural, los límites de su escuela y su temperamento, así como la menor importancia científica de sus doctrinas con respecto a las de Croce. Traté de situarme en una perspectiva histórica, considerando las cosas a la distancia de un siglo, y de esa forma, como es natural, la originalidad de Gentile me parecía casi por entero velada y absorbida por la personalidad filosófica de Bertrando Spaventa[3]. ¡Le aseguro que estas miradas son

---

[3] Sobre Bertrando Spaventa, véase la n. 9 de «Manifiesto».

clarificadoras en grado sumo, es un ejercicio que reco-
miendo a los *gentilianos*! En aquel discurso del Gentile hombre hablé así:

> Los estremecimientos de su religiosidad dependen más
> bien de no haber resuelto, ni en doctrina concreta ni con
> expresión precisa, ciertos residuos sentimentales y ciertas
> preocupaciones personales que son, pues, echando cuen-
> tas, la parte más hermosa y simpática de Gentile, una de
> las figuras morales más sugestivas e intransigentes, hasta
> llegar al sectarismo.

En cuanto al *respeto* que a usted se le debe (y del que,
ateniéndonos a sus acríticas informaciones, yo me habría
olvidado), le referiré un paréntesis que le dedicaba: «Lombardo Radice no es filósofo, pero en toda discusión resulta
superior por la nobleza real y no solo programática de su
apostolado».

En cuanto al sectarismo de Gentile, a su indulgencia
para con alumnos de poco mérito, recuerdo una conversación con el propio Gentile, en Roma, el pasado mes de julio
(mi actitud, por tanto, es anterior y ajena a la «revolución
fascista» que, sencillamente, ha brindado confirmación a
mis dudas y mis críticas), en la cual le expuse con franqueza,
aunque con delicadeza y timidez que ni quería ni podía reprimir, mi queja por no pocos incidentes académicos, entre
ellos el caso de Carlini:

> Precisamente porque valoro los estudios de Carlini –le
> decía yo–, y en especial su ensayo sobre Locke, precisa-
> mente porque recuerdo su actividad y la de Del Ruggero y
> la de Fazio-Allmayer en la época de *La Voce,* creo que ni él
> ni los otros tienen ninguna necesidad de entrar en la uni-

versidad por vías que no son claras ni legales; podrán ser útiles en cualesquiera campos trabajen[4].

Y le recordaba que la mejor respuesta al sectarismo de los demás era la legalidad, que por lo demás el mérito acaba siendo reconocido y que, sin ir más lejos, incluso sin idealistas entre los miembros del tribunal Gentile y Lombardo Radice habían ganado la cátedra universitaria. Gentile me respondió con la simpática cicatería de un pastor protestante.

De mis lamentaciones sobre este mismo asunto pueden dar prueba Salvemini, con quien mantuve una conversación en Florencia el pasado julio, y Prezzolini, con quien discutía en Turín el mes de agosto acerca de la cortedad espiritual de los nuevos idealistas, entre los cuales es fácil encontrar dogmáticos impenitentes, pero raro descubrir conciencias. Coincidíamos en deplorar que la escuela de Gentile no haya forjado caracteres, que la nueva juventud se preocupe más de cosas prácticas que de inquietudes íntimas. En el mismo sentido me expresé en

---

[4] Armando Carlini (1878-1959) fue discípulo de Giovanni Gentile. Filósofo y autor de un importante estudio sobre John Locke, enseñó durante muchos años filosofía teorética en la Universidad de Pisa. En las décadas de 1930 y 1940, fue diputado en el Parlamento fascista y entusiasta partidario del régimen de Mussolini. Guido de Ruggiero (1888-1948) fue discípulo de Benedetto Croce y docente de Historia de la filosofía en las Universidades de Mesina y Roma. De ideas antifascistas, en la década de 1940 fue un importante dirigente del Partido de Acción y ministro de Educación en el Gobierno antifascista de Ivanoe Bonomi (1944). Fue autor de una conocida *Storia della filosofia* en trece volúmenes y de una historia del liberalismo que aún se lee en nuestros días. Vito Fazio-Allmayer (1885-1958) fue un filósofo y pedagogo muy próximo a las posiciones de Giovanni Gentile, con quien colaboró para llevar a cabo la reforma fascista de la escuela italiana de 1923.

una conversación con Casotti[5] en Pisa. Aquí tiene pues documentado que mi actitud ante el *gentilismo* hace muchos meses ya que es todo menos delicada. Tiene usted confirmación de mis incipientes recelos ante el actualismo en la serie de *La Rivoluzione Liberale,* para la cual, desde diciembre de 1921, mientras trataba de conseguir la participación de Croce, me abstuve por completo de pedir la colaboración de Gentile: si relee usted todos los números anteriores, encuentra tratada, con máximos respeto y devoción, la enseñanza de Croce, y la de Salvemini y *L'Unità,* pero casi ninguna mención de Gentile. Torraca y Murri[6] pueden explicarle qué pensaba yo de Gentile el pasado marzo, qué encendidas discusiones tuve entonces con ellos en Roma sobre el tema Croce-Gentile. No tengo la menor intención de reprochárselo, pero sin duda ha leído usted con la mayor desgana *La Rivoluzione Liberale,* si es que no ha alcanzado a ver las objeciones a Gentile y al *gentilismo* que yo avanzaba en los números 4 (5 de marzo), 27 (20 de septiembre) y 31 (25 de octubre), y que mi amigo Sapegno[7] retomó y recogió en los números 29 y 32.

---

[5] Mario Casotti (1896-1975) fue un filósofo y pedagogo del círculo intelectual de Giovanni Gentile hasta 1924, año en que se acercó al pensamiento católico y empezó a enseñar pedagogía en la Universidad Católica de Milán.

[6] Periodista y soldado en la Primera Guerra Mundial, Vincenzo Torraca (1887-1979) fundó en 1918 la revista política *Volontà,* en la que colaboró Gobetti. De ideas antifascistas, a partir de la década de 1930 se convirtió en un exitoso empresario teatral. Sobre Romolo Murri, véase la nota 17 del artículo «El liberalismo en Italia» de esta antología.

[7] Natalino Sapegno (1901-1990) fue un colaborador de las revistas de Gobetti y, a partir de 1945, uno de los historiadores de la literatura más famosos de Italia; véase el epígrafe 3.1. del «Estudio introductorio».

Permítame declarar, después de lo dicho, que considerar que yo haya cambiado de parecer respecto a Gentile tras el golpe de mano fascista es un acto manifiesto de mala fe o de ligereza.

Pero ¿es que he sido yo alguna vez seguidor de Gentile? En dos sentidos tengo el derecho a negarlo con una simple afirmación personal que nadie que me conozca podrá poner en duda. 1) A las ideas que profeso nunca les he pedido que me sirvieran de práctica oficina de colocación: he preferido que ni siquiera en los esfuerzos que he hecho se me reconociera, ocultar mis sacrificios, sufrir en silencio y sin amargura cuanto quizás habría tenido el derecho de no sufrir. 2) A ningún sistema le he pedido nunca que me salvara de la trágica duda del pensamiento, ni que me ofreciera soluciones cómodas, aunque ficticias, o me ofreciera las plumas del pavo real y la paz de la pereza.

Voy a documentar ahora mi *gentilismo,* o mi *antigentilismo,* en un tercer sentido. La antifilosofía de Salvemini me resulta simpática porque no creo que los jóvenes deban familiarizarse excesivamente con la metafísica, salvo que quieran acabar escribiendo la historiografía o la pedagogía de Casotti (¡!). Hay, a este respecto, un pensamiento de Platón y de Aristóteles y un artículo de Croce que me parecen convincentes, inclusive después de los *exploits* teoréticos de ciertos *enfants prodiges* del *gentilismo.* De Croce no he dejado de aceptar que la Filosofía se resuelve en la Historia y queda limitada por el factor metodológico. La identidad que establece Gentile entre pedagogía y filosofía la he entendido como negación de la pedagogía y como resolución de esta en la experiencia concreta (arte).

De los *Nuovi saggi di propaganda pedagogica* de usted tomo de buen grado el prefacio, pero el libro me parece inútil, porque me basta su acción en favor de la escuela en Sicilia. Tiene usted razón al anteponer, en este caso, la acción a los libros-programa; pero luego comete el error de escribir libros malos, de compilar artículos que habrían debido quedarse en palabras sueltas de aliento, en intentos de relacionar y promover. Como obra de pensamiento, sus *Nuovi saggi di propaganda pedagogica* no consiguen en absoluto recordar a sus antiguos *Saggi*[8], tan bellos.

Cuando fundé *Energie Nove* tenía 17 años y ninguna pretensión de hacer filosofía. En aquel tiempo, mi defensa de Croce frente a la falta de integridad de sus adversarios se refería al hombre de cultura. Poco a poco, me fui sintiendo atraído por la política, y la segunda época de *Energie Nove* trató de esclarecer conceptos y problemas que en la enseñanza de *L'Unità* seguían siendo oscuros. Santino Caramella[9], a quien di a conocer en *Energie Nove* y que será para siempre uno de mis amigos predilectos, fue en la revista casi el único en ocuparse de problemas filosóficos. Pero en aquel entonces él era seguidor de Croce y solo por influencia de *L'educazione nazionale* se acercó, a través de la experiencia pedagógica, a la filosofía de Gentile, y aun así, incluso a pesar de una producción infinita, inmoderada, se mantuvo bastante alejado del engreimiento de los demás discípulos y en cualquier caso activo, sin pereza, incansable en tentar campos nuevos.

En 1920 suspendí *Energie Nove* porque sentía necesidad de un mayor recogimiento y pensaba en una elaboración

---

[8] Gobetti alude aquí a los *Saggi di propaganda politica e pedagogica (1907-1910) [Ensayos de propaganda política y pedagógica],* Milán-Palermo, Sandron, 1910 *[N. del T.].*
[9] Santino Caramella (1902-1972) fue un filósofo influenciado por las teorías de Croce y Gentile. Colaboró en las revistas de Gobetti, mostrando un antifascismo por el cual fue arrestado en 1928 y alejado durante un tiempo de la docencia secundaria y universitaria.

política del todo nueva, cuyas líneas se me aparecieron, de hecho, aquel septiembre, durante la ocupación de las fábricas. Debo mi renovación de la experiencia hecha con Salvemini, por una parte, al movimiento de los comunistas turineses (animados de un espíritu marxista concreto) y, por la otra, a los estudios sobre el Risorgimento y sobre la Revolución rusa que venía realizando en aquel periodo.

La filosofía me interesaba, pero nunca quise dedicarme a estudios técnicos. Sintiendo la opresión de las filosofías dominantes, traté de liberarme remontándome a los griegos; además, con respecto al sigo XIX, había tenido ocasión de discutir las interpretaciones de Gentile. Carabba tiene un prefacio mío, del que le hice entrega por mediación de Giovanni Papini en octubre de 1920, donde evidencio todos los errores de Gentile en su estudio sobre Bertini[10]. Con todo, en aquellos tiempos se puede percibir una cierta indulgencia mía, casi una adhesión, hacia las doctrinas *gentilianas,* que a partir de entonces preferí llamar, no obstante, *spaventianas:* que no pudiera sustraerme a la formidable influencia de la lógica hegeliana es cosa clara y comprensible. Pero en materia de estética intentaba yo entender algo por otras vías, profesando en todo momento un gran respeto por Croce, incluso cuando disentía de él (y puede verse como ejemplo mi labor de dos años como crítico teatral y literario en *Ordine Nuovo*), y en ética quería ver claro a través de la experiencia política, y meditaba *La Rivoluzione Liberale.* Us-

---

[10] Gobetti se refiere aquí a la introducción que escribió en 1920 para el libro del filósofo decimonónico Giovanni Maria Bertini, *Saggi platonici [Ensayos sobre Platón],* que el editor Rocco Carabba no publicó hasta 1928. En dicho texto Gobetti formulaba una serie de críticas al ensayo de Giovanni Gentile «Giovanni Maria Bertini e l'influsso di Jacobi in Italia», publicado en 1905 en la revista de Benedetto Croce *La Critica.*

ted la apadrinó, porque el primer artículo en que yo expo-
nía mis nuevas ideas apareció, justamente con el título de
«La rivoluzione italiana», en su revista *L'Educazione Nazionale*. Comprenderá usted que ello había de alejarme cada
vez más de Gentile, no por su nacionalismo, sino porque en
su incapacidad de encontrar explicación a los hechos políticos, en su simplismo práctico, la filosofía de Gentile exhibe
peculiarmente sus límites y su nula correspondencia con lo
real. El 10 de febrero de 1921 escribí en *L'Ordine Nuovo* un
artículo de presentación de Giovanni Gentile, quien aquella
tarde iba a pronunciar una conferencia ante el público turinés. Leído hoy, dicho artículo podría parecerme incluso bastante comprometedor, de no tener en cuenta que se trataba
de una presentación, o sea, de un escrito de propaganda
gruesa. Por aquellas fechas, y tras una gran (¡!) batalla electoral, habíamos ocupado la Società di Cultura de Turín, y como primer efecto invitamos a hablar allí a Croce, a Salvemini, a Prezzolini y a Gentile: lo suyo era que no escatimáramos
siquiera un poco de *réclame*. Por lo demás, cualquiera se da
cuenta de que, al escribir, yo había tomado el camino más
prudente, y, en vez de hablar de Gentile, hablaba genéricamente del nuevo movimiento filosófico que había empezado
con Spaventa y Croce, y [cualquiera se da cuenta de] que si
no pasé cuentas entre Croce, Gentile o Spaventa, fue por
una razonable generosidad dictada por la ocasión.

Desde entonces acá, no he ocultado, ni a mí ni a nadie,
mis ideas fundamentales sobre que el hegelianismo de Gentile deriva de Spaventa, sobre la incapacidad del pensamiento de Gentile para explicar los problemas de estética y de
moral, sobre la escasa fecundidad y la apresurada ligereza
de sus últimos estudios, dedicados a la escolástica, al Renacimiento, a los últimos neoplatónicos y positivistas, y a la
cultura del Piamonte. Citaré, de entre todas las referencias,

un artículo mío sobre Cattaneo[11], publicado el 17 de agosto en *L'Ordine nuovo,* y reescrito más tarde para el *Mondo,* en el que, refiriéndome a Gentile, escribía: «¡Oh, inagotable ingenuidad la de quien quiere recordar, respecto a Cattaneo, las categoría sociológicas de Comte! ¡Algunos errores de psicología son más comprometedores que las estrecheces conceptuales!». Y aclaraba, en dicho ensayo, mi posición en metodología filosófica de esta manera:

> Si la filosofía es historia, ¿para qué la filosofía? Tal es la pregunta con la que los inmanentistas han liquidado la trascendencia: si el mundo es Dios, ¿para qué, Dios?, ¿para qué el sistema, cuando ya solo creemos en el problema? Si la filosofía se identifica con la historia, deja de haber filosofía fuera del desarrollo y de la resolución de los problemas de la experiencia en acto. Solo esta observación da cuenta de la variedad de los sistemas filosóficos a través de los tiempos; y al excluir el dogmatismo metafísico reduce el sistema a su valor de experiencia. Sostener estas posiciones sin caer de nuevo en el escepticismo o en una nueva metafísica de la identidad: este es, a nuestro parecer, el problema al que la nueva especulación debe hacer frente.

En conclusión, queda demostrado que al tiempo que he sentido siempre desconfianza hacia el sectarismo de los *gentilianos,* nunca he reconocido en Gentile más que a un discípulo de Spaventa que posee ciertos méritos respecto a la cultura, principalísimamente el de haber contribuido a difundir y simplificar la lógica hegeliana y haber dado comienzo a la batalla contra el esquematismo pedagógico, sin haber conseguido evitar, por lo demás, un nuevo esquematismo. Todavía

---

[11]   Sobre Carlo Cattaneo, véase la n. 57 del «Estudio introductorio».

hoy profeso admiración por las cualidades del hombre, si bien no se me oculta que ciertos hábitos profesorales suponen una amenaza continua para la ética y la biografía. En suma, admiro la intolerancia y odio el sectarismo.

10. El liberalismo en Italia[1]

Concepto y desarrollos

La más grave deficiencia del liberalismo italiano podría hallarse, sin querer ser veladamente ingenioso, en la falta de un partido político declaradamente conservador.

Sin conservadores y sin revolucionarios, Italia se ha convertido en la patria natural del hábito de la demagogia. Frente al peligro del clericalismo, ora real, ora imaginado por fantasías garibaldinas, hasta los reaccionarios se han avenido a coquetear con el radicalismo.

Antes de la llegada de la izquierda al poder, la lucha por la independencia nacional y el difícil problema del saneamiento financiero se oponían a todo propósito serio de preparar las condiciones favorables a la lucha política. La derecha era, en la práctica, un gobierno de conciliación y de concentración nacional, y La Farina, con su liga política, no se mostraba más tímido que el Partido de Acción frente a las reformas radicales[2].

---

[1] «Il liberalismo in Italia», en *La Rivoluzione Liberale* II/4 (15 de mayo de 1923), pp. 57-58.

[2] Giuseppe La Farina (1815-1863) fue uno de los líderes de la Società Nazionale [Sociedad Nacional], una organización patriótica activa entre

En cambio, a partir de 1870 la práctica unánime de este radicalismo nacionalista se convertía en germen de disolución de nuestros hábitos políticos.

> El conservadurismo –según la idea de Bluntschli– tiene su cometido natural tras una revolución y tras una transformación política de un pueblo, cuando de lo que se trata es de mantener los resultados obtenidos e impedir las extralimitaciones.

De esta opinión, solo Stefano Jacini[3] se hacía eco –e intérprete– para la situación italiana, en un escrito de lo más agudo:

> Cuando en el seno de un cuerpo político conservadurismo y liberalismo coexisten de manera continuada, uno frente a otro, los dos juntos le proporcionan a aquel las condiciones necesarias para su salud normal; y están destinados, en interés del progreso civil, a prevalecer alternativamente: el segundo, cuando haya que acometer un trabajo indefectible de reformas; el primero, cuando hay que

---

1856 y 1862 y formada por republicanos pragmáticos que pensaban que la unificación de Italia solo se podía lograr, en aquel momento, en torno a la dinastía de los Saboya. El Partito d'Azione [Partido de Acción] fue fundado en 1853 por Giuseppe Mazzini y defendía la creación de una República democrática y unitaria italiana que debía alcanzarse mediante la insurrección popular. Sus miembros participaron en la expedición de Garibaldi de 1860 al sur de Italia, pero, una vez constituido el Reino de Italia en 1861, fueron marginados de la vida política oficial tanto por su republicanismo como por su reformismo social. Mazzini lo disolvió en 1867, aunque el ala izquierda se mantuvo activa e inspiró la fundación del Partito Repubblicano Italiano en 1895.

[3] Stefano Jacini (1826-1891) fue un político y economista liberal-conservador. El ensayo político de Jacini del que Gobetti cita a continuación un largo párrafo es *I conservatori e l'evoluzione naturale dei partiti* (1879).

restablecer las fuerzas que, por efecto del trabajo, suelen mermar, el uno vigilando al otro e impidiendo que se extralimite. [...] Siendo los tres pilares del Estado la unidad de Italia, la legitimidad de la casa reinante y la constitución vigente, un conservador italiano, para hacerse merecedor de tal denominación, no puede ni siquiera admitir que se discutan. Exceptuados estos tres puntos que, por lo demás, dado su carácter general, tanto se adaptarían a la máxima extensión de libertad del mundo moderno como al más vigoroso poder ejecutivo; exceptuados estos tres puntos, un conservador italiano puede fiscalizar cualquier cosa que se refiera al Estado. Fiscalización dentro de la cual, apoyándose en una experiencia de veintitantos años, se inclinará de manera natural a defender todo cuanto en las instituciones y en la orientación del gobierno, según dicha experiencia o según prueba incontestable, sea conforme a la concepción conservadora, etcétera.

Jacini había entendido –bastante mejor que Silvio Spaventa[4], preocupado únicamente por dar expresión a las exigencias de unidad y autoridad del Estado– que el problema italiano debía resolverse como problema de estilo político.

En Italia, un partido conservador podía cumplir una función moderna, indirectamente liberal, en la medida en que defendiera la dignidad del respeto a la ley, la exigencia de la defensa escrupulosa de la seguridad pública y la eficacia del culto a las tradiciones para fundar en el país una cohesión moral.

---

[4] Silvio Spaventa (1822-1893), patriota cercano a Cavour, en los años de la Unificación fue un político del ámbito de la «Derecha histórica». De ideas filosóficas hegelianas, en lo político era un admirador del liberalismo y del bipartidismo ingleses.

Frente a las pasiones demagógicas dominantes, los recursos del hegelianismo de la derecha carecían de influencia alguna, pues no les hablaban a los italianos en su idioma; en cambio, profesando por la religión un obsequio estricto y ateniéndose a la fórmula de Cavour en la cuestión eclesiástica, los conservadores habrían podido crearse algún consenso en el espíritu de las clases populares. La propensión al ahorro, la necesidad de una política tributaria juiciosa, la hostilidad hacia los impuestos abusivos que, cual efecto natural, acompañan a las probaturas del estatalismo habrían debido constituir, entre las clases rurales de la península, las condiciones de una clara conciencia *antiparlamentarista*[5] que honrara, en el Parlamento, a la institución de las garantías elementales de libertad y democracia frente al espíritu aventurero en materia de política exterior, frente a la *empleomanía* y a las obsesiones plutocráticas en materia de política interior, pero que resistiera a la injerencia del centralismo oligárquico con una sabia reforma electoral y con la defensa de la descentralización.

En Italia, un programa semejante al presentado por Jacini habría supuesto la liquidación preventiva de la psicología radicaloide y nacionalista que se hizo en cambio dominante entre los *parvenus* de una burguesía fracasada. Entre nosotros, en suma, la divisa del capitalismo habría debido ser la lucha de la agricultura (dentro de sus posibilidades de industrialización) contra el *Abenteuer Kapitalismus* de los industriales diletantes y contra el parasitismo burocrático. Los

---

[5] Este término no debe tomarse como «contrario al régimen parlamentario», sino en la acepción italiana del parlamentarismo como degeneración de dicho régimen. Se trata, pues, de fomentar una conciencia contraria a permitir la degeneración del sistema parlamentario o transigir con ella *[N. del T.]*.

motivos de crítica al peso desmesurado de los impuestos sobre las propiedades agrícolas –estudiados después detenidamente por Giustino Fortunato[6] con insistente convicción– daban en el punto esencial del problema del régimen parlamentario en Italia: desarrollar una conciencia de contribuyentes constituía la preparación indispensable y necesaria para garantizar la perduración de las instituciones liberales. Un diputado que llegara a Roma en nombre de las clases rurales para defender una política de ahorro y emigración habría cortado de raíz la red de intereses creados a través de la cual, por medio de chantajes y complicidades, el Estado venía creando una práctica de parasitismo y beneficencia para los desplazados recurriendo a la demagogia financiera. La inercia del sur, que después de 1861 quedó muy pronto ligada al bandolerismo y a la herencia del viejo régimen, hizo imposible que se dieran las condiciones objetivas favorables a esta lucha antiburocrática. Las pruebas de la psicología y la cultura conservadoras quedaron sepultadas y olvidadas en la Comisión Agraria[7].

Mientras el liberalismo de los conservadores –que podía situarse históricamente en la economía del sur– fracasaba antes de nacer, la inmadurez de la lucha política y de las costumbres nacionales empujaba a las vanguardias del norte a renegar del individualismo y del liberalismo que eran su programa natural. Entre industria y liberalismo económico se

---

[6] Giustino Fortunato (1848-1932) fue diputado de la «Derecha histórica» entre 1880 y 1909 y, seguidamente, senador del Reino. Escribió diferentes obras sobre los problemas del sur de Italia, en particular sobre las características del campo y la distribución de la tierra.

[7] Gobetti se refiere a la conocida como *Inchiesta Jacini,* un estudio sobre las condiciones de la agricultura que, entre 1877 y 1886, y bajo la dirección de Stefano Jacini, llevó a cabo una comisión parlamentaria del Reino de Italia *[N. del T.].*

abría así un abismo que quisieron llevar nada menos que al terreno de la teoría y la sociología. Ahora bien, si el liberalismo político no se agota en el liberalismo económico, es evidente que, aun así, lo engloba y lo presupone.

Es posible considerar, sin ceder al vicio de definiciones simplistas y cerradas, que la pasión y la conciencia de libertad e iniciativa (que son los conceptos centrales de una teoría y una práctica liberales) encuentran su sustento natural en una vida económica libre de cortapisas pero no aventurada, capaz de asegurarse ante los imprevistos de la realidad sin apegarse rígidamente a ningún tipo de sistema, ágil y enemiga de la provinciana quietud nacionalista, capaz de mantener sus posiciones en el equilibrio de la vida mundial por lo fecundo de su producción y su iniciativa. Esta es a fin de cuentas, si bien se mira, la moral del individualismo económico, cuyos textos y experiencias se han dado en los países anglosajones, a los que debemos los albores de la modernidad. En nuestro siglo, la primera enseñanza de la industria debería consistir en mostrar un espíritu y una necesidad que no fueran mezquinamente nacionales, sino europeos y mundiales: la actividad inventora y creadora de los hombres ya no puede prescindir de tales horizontes.

En cambio, la nueva economía italiana del norte surgía, como industria protegida que era, renegando de cualquier tipo de dignidad. En treinta años de polémica, a nuestro liberalismo económico no le han faltado ni el tiempo ni las ocasiones de demostrar con cálculos y cifras los daños económicos del proteccionismo aduanero. Volver a discutir esta cuestión en el ámbito de la economía se antojaría un anacronismo. Ni los últimos estudios ni los últimos datos han arrojado ningún punto de vista nuevo, sino que se han limitado a confirmar que, adhiriendo al proteccionismo, la vida nacional hace un pésimo negocio. Es hora ya de enfrentarse a los argumentos del proteccionismo en su terreno predilecto y demostrar los daños políticos de su sistema, que en Italia ha dado inicio a una época de corrupción y decadencia en los hábitos del proletariado y de la burguesía.

Inicialmente, la elevación moral de los obreros se veía negada por la humillación de tener que ceñir propósitos e ideales a un problema de desempleo; para salvarse del error de los precedentes, la burguesía tenía que buscar cómplices y pagar su táctica de explotación del erario con una política de concesiones. Así, venían a faltar los dos núcleos de reclutamiento esenciales para un partido liberal de vanguardia que aspirase a renovar la vida política haciendo confluir en ella, continuamente, nuevas corrientes libertarias disciplinadas en una moral de autonomía: la consigna de las clases inferiores era la búsqueda de un subsidio. El esquirol no era más que un símbolo de la inmadurez desoladora del espíritu proletario, así como de una psicología primitiva de las clases industriales, propia de corsarios y especuladores esclavistas. La inconsistencia de los fines impedía construir el temple de los combatientes. El individualismo, que es la base primera de la acción —tal como la economía es el presupuesto de la política—, y que en cierto modo determina en el hombre la primitiva afirmación de una conciencia y una dignidad civiles —de hecho, las críticas de la filosofía moderna, válidas contra la gnoseología utilitaria, resultan inconsistentes frente a la experiencia inconcusa de la praxis—; el individualismo, decía, era reemplazado por la moral de la solidaridad, una especie de calculada complicidad en el parasitismo.

Estas artificiosas conciliaciones abrían entre norte y sur un abismo cada vez más profundo, y el choque se evitaba solo mediante una alternancia de favores. En cambio, una industria nacida del liberalismo económico no habría sido la antítesis de la vida agraria, sino su vanguardia: en la fábrica, en torno al sistema de producción, empresarios y obreros habrían alcanzado responsabilidad política y potencia de acción al conquistar la conciencia de la necesidad técnica de sus funciones.

La vida italiana puede parecerle rica en antítesis inexorables al observador apresurado: por el contrario, sobre la base de un sistema parlamentario lo bastante ágil, los intereses agrícolas y los industriales habrían podido rivalizar pacíficamente manteniéndose fieles a requisitos de dignidad liberal.

La agricultura (ya sea el minifundio del norte, ya la aparcería toscana, ya el cultivo extensivo del sur –mejorado poco a poco por la emigración y las instituciones de crédito hipotecario–, o el moderno cultivo industrializado de las regiones emiliana y lombarda) constituye en cierta medida el aspecto conservador de una práctica liberal en cuanto está formada, sobre todo, por propietarios interesados en disfrutar de las libertades tradicionales sin injerencias gubernamentales, inamovibles, a todo esto, en lo tocante a la eternidad de sus derechos, aferrados a las formas de propiedad dominantes, resueltos a resistir ante cualquier aspiración del proletariado agrícola, el cual, pese a dicha resistencia, se va fortaleciendo en cuanto al sentido de la propiedad y la necesidad de liberación. Sin embargo, por esas mismas condiciones de inmadurez y espera mesiánica, en Italia el proletariado rural no puede adaptarse a una práctica liberal y se ve atraído de forma natural por sueños de anarquía y radicalidad que, pese a ser indeterminados y vagos, tienen, no obstante, el mérito de conducirlos por primera vez a la vida social y prepararlos indirectamente para luchas más maduras.

Por su parte, la industria alimenta en el norte un liberalismo de vanguardia, y poco menos que el impulso revolucionario del mundo moderno. La fábrica educa en el sentido de la dependencia y de la coordinación sociales, pero sin apagar las fuerzas de la rebelión, a las que por el contrario consolida en una voluntad orgánica de libertad. Sustituye el culto de la tradición constitucional por el ideal constantemente renovado de un orden nuevo. El individuo encuentra su elevación en la moral del trabajo. Y el empresario experimenta en la conquista del mercado mundial las leyes inexorables de la iniciativa moderna de la producción. Un ritmo de vida intenso, en el que cada cual cumple su función cuanto con más vigor es sí mismo, alimenta una ideología de dominio frente a lo imprevisto, de coherencia en el aprovechamiento de todas las energías libres, de previsión cierta en el cálculo del porvenir, sin ilusiones aventuradas y sin las simplificaciones del especulador. Esta moral de libertad podía resultar la más rigurosa preparación social de una práctica política de oposición liberal. Los límites de la Constitución, revolucionaria para el mundo en el que había surgido, se antojarían desagradables constricciones que habría que superar con las nuevas experiencias de leyes futuras. El sentido de las libertades –para la prensa, la organización, la lucha política, la crítica constitucional– se afirmaba triunfante en la ciudad industrial, organismo surgido por el esfuerzo autónomo de millares de individuos que le dictan su ley, no pudiendo aceptar ya imposición ajena alguna. De haber sido experimentados en su justo momento, el sufragio universal y la representación proporcional habrían podido preparar una atmósfera de serenidad para que tales discusiones y tales exigencias se afirmaran.

Sin embargo, el liberalismo no supo darles una consigna a estas fuerzas nuevas: pareció que los industriales constituían una banda misteriosa con ocultas funciones demiúrgicas dentro del equilibrio político italiano, y se crea la palabra «plutocracia» para definir la sospecha y el desdén, hipócritamente respetuoso y obsequioso pese a todo, que el público italiano les dispensaba; los obreros hallaron en el socialismo el símbolo revolucionario de su libertad, y solo en este sentido (que es justo el opuesto al sentido reformista que teorizara Missiroli) tuvieron en el mundo moderno una función liberal.

Los errores de la teoría liberal

Un síntoma de estas insuficiencias prácticas se puede percibir en lo irreflexivo de las teorías liberales elaboradas en los últimos cincuenta años. Los autores del liberalismo no han sabido echar cuentas con el movimiento obrero, que se estaba convirtiendo en el heredero natural de la función libertaria ejercida hasta ahora por la burguesía, ni han elaborado un concepto de los fenómenos más interesantes de la vida política: la lucha de clases y la formación histórica de los partidos.

La doctrina de la clase política, cuidadosamente elaborada por Gaetano Mosca y Vilfredo Pareto, habría podido iluminar los significados de la lucha en el campo social de haber tenido una conexión más directa con las condiciones de la vida pública y con el enfrentamiento histórico de las diferentes capas. La idea de una elite que, sacando partido de una red de intereses y condiciones psicológicas generales, se impone a los viejos dirigentes que han agotado su función es genuinamente liberal, como también lo es descubrir en el conflicto social el predominio de los elementos autónomos y las energías reales, renunciando a la inercia de las ideologías que se contentan con tener confianza en una serie de entidades metafísicas como la justicia, el derecho natural o la hermandad de los pueblos. El proceso de génesis de las elites es netamente democrático: el pueblo o, mejor, las diferentes clases ofrecen, a través de las aristocracias que las representan, la medida de su fuerza y de su originalidad. De ello deriva un Estado que no es tiránico, si con su libre esfuerzo han contribuido a crearlo los ciudadanos, convertidos para la ocasión en combatientes. El régimen parlamentario, además de oponerse a esta ley histórica de la sucesión de las clases y las minorías dominantes, no es sino el instrumento más exquisito de la explotación de todas las energías partícipes y en pro de la opción más inmediata.

En vano se satisfizo la ciencia dominante, también la de los sedicentes liberales, con un estéril sueño de unidad social, y se negó a reconocer otros términos que los de la cicatera religión de la patria y del interés general. Esta doctrina de indiferencia política confundía nada menos que el liberalismo de gobierno con el liberalismo como fuerza política e iniciativa del pueblo. La conclusión más rigurosa a partir de estas premisas puede leerse en el célebre ensayo de Benedetto Croce sobre el partido como juicio y como prejuicio. En el cual, a decir verdad, el hallazgo más agudo era la ocurrencia inicial sobre los partidos políticos como géneros literarios. Croce obedecía a una lógica conservadora y prescindía de toda experiencia de la vida política. De hecho, el partido puede definirse como un género de la casuística, como una abstracción programática, solo si se lo entiende según una función meramente cognoscitiva de los problemas prácticos. Pero con respecto al conocimiento técnico de la realidad social, el partido representa un momento posterior, de mediación y síntesis, que se efectúa, justamente, en una acción: basta remitirse a la distinción crociana entre teoría y práctica para demostrar la naturaleza ilustrada de la crítica de Croce a los prejuicios de partido. Se echa de ver el mismo error cuando Croce habla de la lucha de clases como «concepto absurdo en su lógica, pues se forma transfiriendo indebidamente la dialéctica hegeliana de los conceptos puros a las clasificaciones empíricas; y pernicioso en la práctica, pues destruye la conciencia de la unidad social». Esta crítica puede valer contra la filosofía de la historia de Marx y contra la ilusión mesiánica de una abolición final de las clases, ilusión de naturaleza mística y hegeliana; en realidad, la praxis nos muestra cómo en el seno de la unidad social se forman cada día clases distintas, que por ley natural se hipostasian, se asocian y combaten por intereses presentes e idealidades futuras. A estas clases, que se sienten unidas y que han modelado sus costumbres y sus aspiraciones a través de una lucha real en la historia, solo con patente ingenuidad podría el filósofo predicarles la unidad social y explicarles la naturaleza gnoseológica de sus ilusiones, porque dichas ilusiones no son, como los géneros literarios, un esquema artificioso, sino la necesidad más íntima de su vida, sus esperanzas y sus padecimientos. Ni la lógica de lo abstracto ni la lógica del acto puro pueden explicar el imperativo de lucha del que nace el partido político, [imperativo] que únicamente los ideólogos se ven llevados a ver cumplido en las soluciones que el partido presenta ante las distintas cuestiones económicas y técnicas. Si la realidad consistiera únicamente en asuntos objetivos, sería posible formarse de ella una concepción racionalista, y el problema social consistiría sencillamente en encontrar una serie de remedios acerca de los cuales, hecha la correspondiente comprobación, no quedara ya ninguna duda: pero esta es la lógica de la Iglesia y del *Syllabus*[8], no la lógica de la política. El

---

[8] El *Syllabus errorum complectens praecipuos nostrae aetatis errores* [*Listado compilatorio de los principales errores de nuestro tiempo*], publicado en 1864 y conocido sencillamente como *Syllabus,* es el documento doctrinario más discutido de Pío IX, donde se condenan, entre otros, los principios de la libertad de culto y de conciencia [*N. del T.*].

ideal de un partido único seguirá siendo el sueño mediocre de los regímenes teocráticos y corruptores (y, de hecho, lo hemos visto resurgir en las ideologías fascistas).

Cuando estudia las cuestiones objetivas, la política de los partidos las contempla con arreglo a los intereses y las fuerzas del pueblo: por ella, la realidad se transfigura a la medida de los sentimientos y las psicologías. La mente del jefe del partido manifiesta su originalidad en el momento en que las voluntades individuales expresan no ya la madurez de sus conocimientos, sino su propia lógica política. Al gobernante le corresponde un cometido de segundo grado –esto es, oponer dialécticamente las fuerzas dando así expresión a una ley que es de interés general solo en la medida en que es el resultado de actitudes enfrentadas– que para el partido es, como mucho, un elemento de cálculo o de previsión: mientras el jefe del partido es, en sentido estricto, el tribuno, el gobernante es el diplomático.

Estas observaciones explican inequívocamente las razones por las cuales consideramos inane la conocida polémica liberal entre Gentile y Missiroli[9]. En efecto, debido a la pasión dialéctica y metafísica que compartían, ninguno de los

---

[9] Gobetti se refiere aquí a una polémica política que, entre febrero y marzo de 1919, protagonizaron el filósofo Giovanni Gentile y el periodista Mario Missiroli, a través de una serie de artículos en la prensa diaria, sobre el concepto de liberalismo. Según Missiroli, la vieja visión del liberalismo como instrumento para impulsar el progreso social había periclitado por el carácter cada vez más conservador de la política desplegada por los liberales italianos. Para este autor, el liberalismo del futuro sería el socialismo. Gentile respondió a Missiroli negando la función progresiva del socialismo, por ser un movimiento carente de una concepción sofisticada, orgánica y auténticamente liberal del Estado. Como ha quedado dicho en otras notas de esta antología, pocos años después de esta polémica ambos autores se adhirieron al fascismo.

dos tuvo en cuenta el terreno histórico en el que hay que situar un estudio sobre los caracteres y los límites de los partidos.

Para Missiroli, el liberalismo es la esencia misma de la historia moderna, que es activista e inmanentista. El liberal, más que a una posición concreta de juicio y de fe, debe atenerse a un método dinámico y, en cierto sentido, oportunista. Su acción busca coordinar los esfuerzos vivos de la historia moderna y está, día a día, del lado de los más ilustrados. La tesis práctica que Missiroli concluía de estas premisas, definiendo como liberal la labor de los socialistas en Italia, era no poco brillante y seductora en el terreno histórico, mientras que en el terreno teorético su método perpetúa un pensamiento genéricamente progresista, que repite la impotencia de los ilustrados en su intento por definir el progreso: en suma, que no es capaz de explicarnos cómo haya de encarnarse en acción política la teoría que sostiene.

Gentile, por su parte, confundía el liberalismo con el arte de gobernar. Carente del sentido de las distinciones y las luchas prácticas, se quedaba en una concepción de liberalismo como la resultante de fuerzas opuestas, como conservadurismo que es también innovación, es decir, el viejo pensamiento moderado que no quiere ir ni a derecha ni a izquierda y pretende enmascarar sus propios intereses conservadores haciéndolos pasar por interés general. Por lo demás, en toda su equívoca concepción, que se ampara inútilmente en Mazzini y en Cavour, se echa de ver la más desoladora ausencia de cualquier pasión generosa por la libertad. Para Gentile, la política liberal se ejerce desde las alturas: solo el ministro puede llamarse liberal. Un partido de gobierno cuyo fin sea esta función de Ilustración moderada y conservadora es evidentemente inconcebible, conque el problema que Gentile quería resolver lo niega con los términos mismos en que lo plantea.

La ejemplificación política de las tesis de Gentile, ofrecida por el ministro de Educación de Mussolini, confirma el significado reaccionario que Missiroli le adivinara ya en sus primeras formulaciones: la justificación y la interpretación que Gentile dio de su liberalismo coinciden con la moral de la tiranía, y el problema de la libertad cae en el olvido por un artificio dialéctico de la preocupación por la autoridad que todos los déspotas cultivan.

En Italia, el origen de esta arbitraria interpretación filosófica del liberalismo se remonta a más de cincuenta años atrás, y se confunde con los primeros intentos de la derecha de producir una teoría del Estado ético. A Silvio Spaventa le cabe alguna responsabilidad, por el equívoco derivado de trasladar las tesis de Hegel al terreno práctico. Porque si el Estado tiene ante la historia una función ética –a través de las vicisitudes metafísicas, por así decir, de la humanidad–, en la medida en que refleja el proceso por el cual el individuo es llevado perennemente a desempeñar, lo quiera o no, una función social, es del todo erróneo atribuirle al Estado-Administración Pública, que vive de los conflictos políticos e interviene en los asuntos cotidianos, una función metafísica, junto con los derechos prácticos que de ella quieren derivarse. En política, piensen los filósofos como quieran, el Estado es ético en cuanto no profesa ética alguna, ni teoría alguna: esta posición de equilibrio es la única que no nos enfrenta al insoluble problema de tener que determinar en qué órganos resida dicha pretendida moral estatal. Y nos garantiza la posibilidad de que respete todas las éticas, y todas las políticas, en la medida en que el juicio sobre la validez social de la que cualquier idea pueda enorgullecerse se remite a los resultados de la libre disputa y de la historia no prevista.

Frente a las absurdas pretensiones y la dogmática mezquindad (cualidades por excelencia antiliberales) a que nos tienen acostumbrados quienes se dicen filósofos liberales, y con sereno convencimiento de ser imparciales, bien podremos alabar a los honestos escritores de economía, que si bien cometieron el error de no salvar de la antipatía universal la doctrina de la que eran modestos depositarios, en cambio no mostraron desmayo por convertirse en sus ignorados predicadores. El equívoco —al que contribuyeron— de la confusión entre liberalismo económico y liberalismo político[10] es con todo el menos peligroso y el menos absurdo de los que llevamos analizados. La restringida secta de los *liberistas* [los liberales en lo económico] bien puede decir que ha conservado durante muchas décadas la pureza de su idea, y que, en lo económico, ha preparado la formación de condiciones psicológicas favorables a un renacer liberal. Su educación inglesa, si bien no los ponía a salvo de un tono molesto para la mayoría, y sin embargo a menudo finamente irónico, confería a sus hábitos morales y literarios un austero sentido de la dignidad, una rigurosa conciencia de reverencia a las leyes y a las libertades, que les era de ayuda constante en sus juicios y contribuía a hacerlos impopulares en una tierra de *dannunzianos* y tribunos que veía como extranjeros sus semblantes reservados de personas educadas y cabales. Se comprende que nuestro retrato se refiere a lo más selecto de entre sus filas, de Francesco Papafava a

---

[10] Esta distinción es propia de cultura política italiana, que llama *liberismo* al liberalismo económico. A lo largo de la presente traducción, siempre que el término «liberalismo» aparece sin especificar, se refiere únicamente al liberalismo político; de lo contrario, se recurre a la fórmula «liberalismo económico» *[N. del T.]*.

Luigi Einaudi[11], porque también el liberalismo económico tuvo sus tribunos y sus rétores fanáticos.

También la costumbre misma de juzgar hechos complejos, por matices y psicología, sin otra guía que la de una ciencia «exacta» y «matemática» hacía reaparecer, como es natural, el prejuicio de que bastaba con la lógica para juzgar y actuar en política, y llevaba de nuevo a restar valor, como ilusorias, a las distinciones entre partidos.

En suma, la consigna de los liberales italianos a partir del siglo pasado fue «Todos liberales».

La nueva crítica liberal debe diferenciar los métodos, negar que el liberalismo represente los intereses generales, debe identificarlo con la lucha por la conquista de la libertad y con la acción histórica de las clases implicadas. En Italia, donde tanto las condiciones económicas como las políticas están singularmente verdes, las clases y los hombres interesados en una práctica liberal deben contentarse con ser minoría y con prepararle al país un porvenir mejor mediante una oposición organizada y combativa. Hay que convencerse de que no eran ni podían ser liberales, como siguen sin serlo, ni los nacionalistas ni los siderúrgicos, interesados en el parasitismo de los amos, ni los reformistas que luchaban por el parasitismo de los siervos, ni los latifundistas que quieren poner aranceles al trigo para especular con una agricultura extensiva de rapiña[12], ni los socialistas dis-

---

[11] Sobre Luigi Einaudi, véase la n. 26 del «Estudio introductorio». Francesco Papafava (1864-1912) fue un economista y político liberal crítico con la clase dirigente, tanto de la «Derecha histórica» como de la «Izquierda histórica».

[12] El término «agricultura de rapiña» aparecerá empleado de nuevo en el artículo «I risultati dell'inchiesta agraria. 2» [«Los resultados del informe agrario»] de *La Rivoluzione Liberale* II/16 (29 de mayo de 1923), genéricamente firmado por «La Redacción». En dicho artículo, la prác-

puestos a sacrificar la libertad de la oposición a las clases dominantes a cambio de un subsidio para sus cooperativas. Puesto que el liberalismo no es indiferencia ni abstención, esperemos que de cara al futuro, identificados sus eternos enemigos, se apresten los liberales a combatirlos sin cuartel.

Insuficiencia democrática

Después de 1870, el partido liberal resultante de todas las debilidades teóricas y objetivas queda vaciado de su función renovadora, porque no domina en él la pasión libertaria y se reduce a ser un partido de gobierno, un equilibrismo para iniciados que desempeña sus cometidos tutelares engañando a quienes gobierna con las componendas y los artificios de la política social. La práctica de Giolitti fue liberal solo en este sentido conservador, y la política colaboracionista no ponía a salvo al liberalismo, sino a las instituciones, pues no tenía en cuenta al movimiento obrero, sino al espíritu pequeñoburgués del partido socialista. La natural conversión del liberalismo en democracia demagógica ha sido estudiada en las páginas que anteceden, y bastará con recordar la fórmula de Missiroli de la «monarquía socialista», y, para una mayor solidez argumentativa, la polémica decenal de Gaetano Salvemini, que en Giolitti y en el socialismo cooperativista combatía los dos elementos determinantes del equilibrio parasitario. Este periodo histórico no presenta otros puntos

---

tica agraria «de rapiña y depredadora» se define como «primitiva, simple, patriarcal y extensiva, basada únicamente en el trabajo y en el suelo», y se la opone a la «agricultura intensiva, transformada en auténtica industria que se vale de la inteligencia y los capitales del empresario». Tanto dicho artículo como el que le precede (en el n.º 15, del 22 de mayo) parten de la *Inchiesta Jacini* mencionada más arriba en la n. 7 de este mismo artículo [N. del T.].

oscuros. La figura de Giolitti sobresale por sobre todas las demás y, dada la inmadurez general, los daños de su política deseducadora y demagógica quedan compensados por las ventajas de diez años de paz. No se puede decir que los demás estadistas hayan visto cuanto escapó al cálculo y a las astucias del domador: en el examen de los términos «liberalismo» y «democracia», la de Giolitti es la psicología dominante.

Por lo demás, identificar las diferencias entre liberales y demócratas sin tener presentes los ambientes que los nutren resulta difícil, tanto como dificultoso y retórico resultaría distinguir, mediante un razonamiento metafísico, entre los dos conceptos históricos de igualdad y libertad. En cambio, si la observación histórica la trasladamos del siglo XVIII al XIX y de Europa a Italia, diremos que la democracia nos llegó como una forma atenuada de liberalismo, fue el amparo que buscaron los italianos contra el equívoco al que hacían frente en vano; y la sustitución del mito igualitario por el mito libertario marcaría justamente el agotamiento del espíritu de iniciativa y de lucha frente al predominio de los sueños de palingenesia y de tranquila utopía.

Víctimas de los tiempos, Sonnino y Salandra[13] no entienden el liberalismo mejor que los demás, y son demó-

---

[13] Antonio Salandra (1853-1931) fue uno de los líderes del liberalismo conservador italiano. Como presidente del Gobierno en 1914-1916, fue uno de los principales responsables de la entrada de Italia en la Gran Guerra; en 1924 fue elegido senador por la «Lista nacional» liderada por Mussolini, del cual se alejó en sus últimos años de vida por su desacuerdo con la instauración de la dictadura. El liberal-conservador Sidney Sonnino (1847-1922) fue presidente del Gobierno en 1906 y 1909-1910. Como ministro de Exteriores, en 1914-1915 maniobró junto a Salandra para que Italia entrara en guerra al lado de Inglaterra, Francia y Rusia. Se opuso a la política de apertura al movimiento obrero desplegada por Giolitti entre 1901 y 1914.

cratas como Giolitti, pero sin su astucia ni su arte de gobernar.

El de Sonnino era el espíritu de un reaccionario que se maneja con la metodología del hombre juicioso. Sus exhortaciones a la sinceridad nacen en la atmósfera simplista de la falta de preparación política. En él, la técnica prevalece sobre el arte. El culto de la ley se manifiesta en él con la cerrazón del espíritu intolerante del predicador. Era inexorable en sus ideas fijas, con la cerrilidad de quien cree haber dado con ellas por el método experimental. La moral de la solidaridad convivía en él con la política nacionalista. Por eso ya en su juventud, en los tiempos de la *Rassegna Settimanale* (admirable obra de cultura, característica de una época que se detiene en el umbral de la política), se le adivinaban los defectos del estadista inflexible, mezquinamente calculador. Para él, diplomático fallido, la diplomacia constituía el punto central de la consideración y del cálculo. Lógicamente, de tal cerebro tenía que brotar una idea de liberalismo del todo inadecuada al ritmo de la lucha política. Sonnino hacía votos por un bloque liberal que incluyera a demócratas y republicanos, con el único propósito del interés general del Estado nacional: también para él se trataba de ganarse a las clases populares para la causa de la estabilidad y la pacífica evolución del organismo del Estado a través de las reformas: la famosa campaña por la pensión de los «seis sueldos»[14] ha quedado como ejemplo característico de un método socialdemócrata de tipo ger-

---

[14] Se trató de un proyecto para constituir un fondo de pensiones (una pensión mínima diaria de seis sueldos para viudas y desempleados por encima de los 65 años) que oponía el modelo germánico (financiado a través de impuestos) y el británico (que preveía un subsidio procurado directamente por el Estado) *[N. del T.]*.

mánico del cual Sonnino dedujo, en buena lógica aunque
con escasa finura, su política imperialista.

Tampoco Antonio Salandra sabe ver en el partido liberal
mucho más que la idealidad de la patria y el sentimiento de
la nación; también él declara que el partido liberal no es un
partido de clase, para confesar después que recaba sus fuerzas de la clase media: pendiente nada más que del problema
de la autoridad y del poder, no se cansa de dirigir sus exhortaciones a la burguesía, para que despierte de su inercia política. Confunde el síntoma con el problema y no advierte
que la sustancia de la crisis reside en la ausencia de libertad
y de aptitud para la lucha. La experiencia gubernamental de
Salandra, que nos ha deparado una tiranía demagógica y
retórica, es la confirmación de sus vicios mentales.

De antes de la guerra, solo unos pocos episodios de
cultura y ejercicio político –solitarios y sin eco– podrían
entrar con pleno derecho en una historia analítica del liberalismo. Son tentativas de heterodoxia, esfuerzos por
concentrar, en torno a órganos de estudio e investigación,
a grupos de jóvenes desinteresados y ajenos a la especulación demagógica. Son nombres de ayer y no necesitan ser
presentados: Salvemini, Prezzolini, Caroncini, Amendola
y Slataper[15], todos mezclados en una indistinta labor ilustrada. Junto a ellos, tolerada y casi bienvenida, la cargante

---

[15] Sobre Prezzolini, véase la n. 8 del «Estudio introductorio». Giovanni
Amendola (1882-1926), periodista y político, en la década de 1920 lideró la oposición liberal al fascismo; después de recibir una violenta paliza
de una escuadra fascista, murió en París en 1926. El intelectual Alberto
Caroncini (1883-1815) intentó combinar la ideología del nacionalismo
italiano con los principios del liberalismo económico clásico; murió en el
frente en 1915. Scipio Slataper (1888-1915), talentoso escritor triestino,
colaboró en la revista *La Voce* de Prezzolini; también él murió en el frente en 1915. Todos ellos fueron opositores de Giolitti antes de 1915.

grandilocuencia de Giovanni Borelli[16], el más huero de los tribunos del militarismo, tenido durante veinte años, casi legendariamente, por el último liberal. Se dan resultados culturales, cuya fecundidad de cara al porvenir consiste en la preparación de clases dirigentes más maduras. El deseo de acción se cultiva en estos grupos de heterodoxos casi a escondidas y solo se hace patente después de la guerra, en el movimiento político de los combatientes, en cuyo seno las potencialidades inicialmente liberales se vieron frustradas por la falta de claridad de la clase política que lo guio y que había sido víctima de una formación genéricamente romántica. Coexistieron en dicho movimiento liberalismo agrario y demagogia financiera, política exterior *salveminiana* e imperialismo, espíritu burocrático y simpatía por la clase de los administrativos. Romolo Murri[17] –ejemplo de vanidad de profeta fracasado donde los haya, cráneo privilegiado de pedante, en quien la aridez del cura se empareja con la pereza mental del *actualista* dogmático– consiguió marcar la pauta de aquellos designios prácticos con el descubrimiento de un sindicalismo apocalíptico y confusionista que luego no tuvo el menor reparo en hacer pasar por fascista y rendir con él homenaje a los vencedores.

---

[16] Giovanni Borelli (1867-1932) fue un conocido periodista que se declaraba liberal pero que mantuvo un estrecho contacto con el nacionalismo italiano organizado. Partidario de la entrada en guerra de Italia en 1914-1915, a partir de la década de 1920 simpatizó con el fascismo y colaboró con el diario de Mussolini, *Il Popolo d'Italia*.

[17] Romolo Murri (1870-1944) fue eclesiástico y político. Tras una fase juvenil en la que abogó por que las masas católicas italianas adquirieran un compromiso político auténticamente democrático (posición que le costó la excomunión de la Iglesia en 1907), fue moderándose hasta acercarse al fascismo a mediados de la década de 1920.

La inmadurez del movimiento de los combatientes se manifestaba en su incapacidad para soportar, desde posiciones conservadoras, la competencia de los populares y, desde posiciones revolucionarias, la de los socialistas. De manera lógica, la confusa ideología de los guerreros intelectualistas moría en el fascismo.

Las expectativas mesiánicas generadas por la guerra entraban necesariamente en conflicto con los postulados liberales: la lucha política tenía que pasar cuentas con los sueños de palingenesia y unanimidad. El pensamiento más maduro en aquel momento histórico fue el de Nitti[18], quien sin embargo estuvo falto de tacto y de flexibilidad diplomática para hacer prevalecer en el momento oportuno propósitos que eran de todos. Consciente de las componendas a que está condenada la lucha política en Italia y consciente de la permanente crisis económica en el país, pobre por naturaleza, Nitti es liberal en tanto en cuanto no ve soluciones posibles fuera de una política de emigración y de paz. Su democracia de avenencias, su colaboracionismo, tuvo el mérito de materializar en Italia los requisitos para la Unificación todavía por cumplir, sin abandonar el ámbito de la constitución ni el de los hábitos de libertad.

Es imposible saber si, por una curiosa ironía de la historia, la obra del gobierno fascista seguirá, con todo, la senda señalada por Nitti. Incluso si así fuera (pero tal hipótesis, en cuanto se piense en la inmadurez de las nuevas clases guerreras, es meramente académica), de todos modos Mussolini tendría que hacerse perdonar el habernos dado, junto con la tiranía, los mismos resultados que la acción parlamentaria estaba a punto de lograr.

---

[18] Sobre Francesco Saverio Nitti, véase la n. 116 del «Estudio introductorio».

Si por la negación fascista el liberalismo se viera abocado a replantearse sus principios, a defender sus métodos y sus instituciones, a renovar aquella pasión por la libertad de la que nació inicialmente, quizá el porvenir de nuestra patria podría contemplarse con ánimo más confiado.

11. El sistema proporcional[1]

En Italia, las cuestiones constitucionales se siguen considerando cuestiones de forma, como si no hubieran hecho ya todos los pueblos la prueba de sus aptitudes para el autogobierno y la de las cualidades diplomáticas para crear los mecanismos electorales más idóneos a condiciones históricas específicas y para coordinar los organismos estatales y la libre iniciativa.

La circunscripción uninominal fue el sistema ideal en un país (Inglaterra) que había renunciado al feudalismo para darse garantías frente a un soberano estadólatra; económica y políticamente sigue siendo una forma feudal, presupone el voto limitado y la existencia de una clase aristocrática, se adecúa a una forma de vida tradicional y sedentaria carente de espíritu de aventura; resulta ser el ideal más accesible a los campesinos, ajenos a la participación en la vida del Esta-

---

[1] Este artículo se publicó en el volumen de 1924 *La Rivoluzione Liberale. Saggio sulla lotta politica in Italia,* y es una versión ligeramente modificada del texto «La proporzionale in Italia nel dopoguerra. 2» [«El sistema proporcional después de la guerra»], que Gobetti publicó *La Rivoluzione Liberale* II/21 (3 de julio de 1923). Se insertaba en el debate sobre la ley electoral que el fascismo aprobó finalmente en noviembre de ese mismo año y que fue conocida como «Ley Acerbo» (a propósito de la cual remitimos al lector a la n. 93 del «Estudio introductorio»).

do, satisfechos con elegir a su diputado, incapaces de controlarlo.

Cuando el diputado no puede hablar en nombre de sus intereses de feudatario, la tendencia de la circunscripción uninominal se manifiesta en la formación de una clase de políticos prestos a degenerar en una práctica de politiquería parasitaria. Este proceso se dio, en formas no poco demagógicas, en Italia, donde los intereses agrarios no lograron estabilizarse y la propensión a la retórica transformó al representante en tribuno.

Así las cosas, pareció que, en Italia, la representación proporcional señalaba justamente el periodo en el que por fin, tras el tormento de la guerra y el ascenso socialista, la vida unitaria se impondría con los rasgos de la seriedad ética y política. Fue su promotor el Partito Popolare, con el que precisamente daba comienzo en Italia, en la medida permitida a los italianos, una revolución de carácter protestante, ya sea por su ética cristiano-liberal, ya sea por el espíritu laico y cavouriano con el que considera el clericalismo (Sturzo y Donati)[2].

La utilidad de la circunscripción proporcional no fue la de un instrumento conservador, como creen algunos, sino que se reveló en la creación de las condiciones de la lucha política y del desarrollo normal de la labor de los partidos.

Es esta una noción para la que hay que dar algunas referencias bastante diferentes de las acostumbradas. El final de la guerra fue un fenómeno de disolución de las costumbres y de tribulación ideológica: sus condiciones generales son bastante parecidas a las de la Europa de Lutero, fuertemente

---

[2] Sobre Luigi Sturzo (1871-1959) y el Partito Popolare Italiano, del que también formó parte Giuseppe Donati (1889-1931), véase el epígrafe 2.3. del «Estudio introductorio».

favorables a un movimiento de carácter religioso en el sentido de una reforma cristiana del catolicismo. El síntoma más importante de tales exigencias no son los diversos episodios místicos y confesionales (Papini, Manacorda, Zanfrognini, *Conscientia*)[3], sino la tentativa de Sturzo, que posee, precisamente, la seriedad de un amplio movimiento social. La circunscripción proporcional dio a estas voces los medios para actuar en el terreno nacional, para presentarse como programas y proponer regulaciones. La democracia daba con su atmósfera liberal: el sistema de circunscripción proporcional obliga a los individuos a luchar por una idea, requiere que los intereses se organicen, que sea la política la que elabore la economía.

Acabada la guerra, una de las señales más fuertes de disgregación estuvo no en la lucha de clases, sino en el peligro de que, de forma egoísta, las clases se disgregaran en categorías, que los intereses vencieran a las ideas, que el corporativismo reemplazara a los hábitos de lucha sindical revolucionaria aprendidos de Marx y Sorel. El peligro, aunque nadie lo ha advertido, residía en las representaciones profesionales, un concepto caro a todos los intelectuales desempleados, de

---

[3] Giovanni Papini (1881-1956), uno de los escritores italianos más famosos de las primeras décadas del siglo xx, formó parte de la redacción de la revista *La Voce;* después de profesar un anticristianismo convencido, en 1921 anunció su conversión al catolicismo. Guido Manacorda (1879-1965) fue un prestigioso germanista que enseñó en diferentes universidades italianas, convertido al catolicismo en 1927 tras una crisis mística. Pietro Zanfrognini (1885-1942) fue un escritor que, acabada la guerra, se dio a conocer con una serie de obras donde analizaba aspectos místicos y esotéricos del catolicismo. *Conscientia* se llamó un semanario, fundado en 1922, de orientación religiosa protestante que, a partir de 1924, adoptó un discurso antifascista; colaboraron en él autores de diferentes tendencias políticas y creencias religiosas; el fascismo lo cerró en 1927.

Murri a Rossoni. Solo el sistema proporcional tuvo, durante unos pocos años, la virtud de utilizar estas fuerzas disgregadoras obligándolas a trasladar al campo político sus intereses, donde de manera natural se ven estos llevados a coordinarse y renunciar a su exclusivismo, precisamente cuanto más lo afirma y lo defiende cada cual.

Para vencer, el fascismo tuvo que desbaratar los resultados liberal-conservadores de dos experiencias proporcionalistas, y opuso al ejército de los electores a quienes ignoran los derechos políticos.

Sus instintos de amo guían de manera muy precisa a los fascistas en su lucha contra el sistema proporcional. Ahora bien, los tales amos resultan de lo más curioso por cuanto quieren presentarnos sus estratagemas de vulgar restauración como descubrimientos futuristas. Criticar el sistema proporcional porque no hace posible un gobierno en mayoría es igual de futurista que los descubrimientos que ha hecho Marinetti de formas de arte alejandrinas.

La importancia de la labor moralizadora del sistema proporcional pudo reconocerse en las experiencias italianas en su aptitud para liquidar los gobiernos en mayoría. Cuando una mayoría prevalece sin incertidumbres, es nada menos que una oligarquía larvada lo que se da. Además, la formación electoral de un gobierno en mayoría es siempre resultado de componendas y equívocos (pacto Gentiloni)[4]; el arma del chantaje se convierte en el medio con el que el tirano puede encadenar a sus instintos a los ejércitos de las democracias votantes.

La vida moderna se alimenta de antítesis y contraposiciones que no se dejan esquematizar; los bloques y las concen-

---

[4] Sobre el «Pacto Gentiloni» de 1913, véase la n. 17 del «Estudio introductorio».

traciones son el sistema del simplismo en busca de unanimidad; situada la lógica de la vida política en la variedad y el disentimiento, el gobierno surge por un proceso dialéctico con una impronta diferente según las diferentes acciones de todos los partidos. El sistema proporcional ha conseguido crear las condiciones de vida para un gobierno de coalición (al que da valor la influencia de los partidos que en él colaboran, aun cuando disputan), y ha eliminado toda posibilidad de pactos a la Gentiloni. A este respecto, y al margen de las críticas que puedan lanzarse contra la figura del ministro, la Italia de Nitti ha de perdurar como un ideal de educación política que en vano se anhelará y se esperará repetir.

En aquel periodo turbulento y difícil, al tiempo que el sistema proporcional claramente ayudaba a los gobiernos a salvar el país, nos fue dado el primer ejemplo de la capacidad de los italianos de vivir en un régimen de democracia moderna: fuera de dicha experiencia no nos quedó otra alternativa que la actual Edad Media.

12. La hora de Marx[1]

La *Libertà* de abril publica la siguiente respuesta a un estudio sobre la vitalidad del marxismo y del socialismo:

Hay que tener el valor de afirmar que esta es *la hora de Marx;* que entre los escritores del siglo pasado hay pocos (de los italianos, solo Cattaneo) que puedan releerse con una conmoción tan vibrante y desdeñosa. Hay que reeditar sus páginas de crítica de la pequeña burguesía: ¡son la crítica del fascismo! En su polémica contra el comunismo utópico y anarquista y contra la democracia traidora podríamos escribir los nombres del *subversivismo*[2] inoperante y de la incertidumbre socialdemócrata que, tras la guerra, en lugar de la revolución proletaria nos dieron la revuelta de los inadaptados y los veteranos.

¿Y cuántas veces no nos habremos acordado de las maldiciones de Marx a la vista de los intelectuales mussolinianos?

---

[1] «L'ora di Marx», en *La Rivoluzione Liberale* III/16 (15 de abril de 1924), p. 63. Este artículo había sido publicado originalmente el 1 de abril de 1924 en *Libertà,* revista quincenal socialista.

[2] Se trata de un término empleado por Gramsci –ampliamente usado también por Gobetti–, que se refiere a la tendencia hacia lo subversivo entendido como negación violenta e intransigente del orden social y estatal existente, a menudo sin la intención de proponer un orden nuevo [*N. del T.*].

En Marx me seduce el historiador (sus estudios sobre la lucha de clases en Francia) y el apóstol del movimiento obrero. El Marx economista murió con la plusvalía, con el sueño de la abolición de las clases, con la profecía del colectivismo. En filosofía, su hegelianismo es un progreso con respecto a Hegel. El materialismo histórico (sin determinismo, que sería no entender el concepto luminoso de inversión de la «praxis») y la teoría de la lucha de clases son ya instrumentos ganados para siempre para la ciencia social y que le bastan a su gloria como teórico.

El movimiento obrero ha gozado de propósito y organicidad después de que Marx elevara su grito de guerra. No es verdad que Marx les hable a las masas con el lenguaje del materialismo y Mazzini con el lenguaje del ideal: el ideal de Mazzini es nebuloso y romántico; el de Marx, realista y productivo.

En Italia, a Marx se lo arrinconó por la falta de madurez del capitalismo y del proletariado. El giolittismo era un mussolinismo anticipado. Hoy, corregir el socialismo introduciendo en él el patriotismo y la democracia sería una vileza: en sus resultados, el movimiento obrero será sin duda patriótico y democrático, pero para conseguir sus resultados debe mantenerse en una línea de intransigencia, sin cesiones a los adversarios que confían en atenuar su energía.

El fascismo, anticapitalista y antiproletario de puro infantil, tiene decidido hipotecar el futuro, condenar a Italia a la minoría de edad política y a la reverencia ante los tutores; es probable que el paréntesis fascista no sea breve, pero sin duda será en nombre de Marx como las vanguardias obreras y las elites intransigentes lo sepultarán junto con sus lisonjas.

13. Hombres e ideas. Gramsci[1]

Antonio Gramsci va a la nueva Cámara fascista como representante de los obreros del Véneto. Es, verdaderamente, la Revolución, derrotada, que va al Parlamento a predecir infortunios a los vencedores. ¡El primer revolucionario que entra en Montecitorio! ¡Todo lo contrario de romper las urnas y provocar escándalos estrepitosos! Bombacci y Misiano eran reproducciones fotográficas de Enrico Ferri; era la revolución que hacía las delicias de las crónicas de los buenos burgueses. El proyecto ideológico y el estilo de estos agitadores se parecía extrañamente al de Mussolini.

Si Gramsci toma la palabra en Montecitorio, probablemente veremos a diputados fascistas recogidos y silenciosos escuchar su voz aguda y débil, y en el esfuerzo de escuchar les parecerá que experimentan una emoción de pensar nueva. La dialéctica de Gramsci no protesta contra los fraudes electorales o los engaños, sino que, desde la pura elevación de la idea hegeliana, documenta que para un gobierno burgués son de necesidad imprescindibles. Sus discursos serán condenas metafísicas, en sus invectivas reverberarán los resplandores de una palingenesia.

---

[1] «Uomini e idee. Gramsci», en *La Rivoluzione Liberale* III/17 (22 de abril de 1924), p. 66

Hay que tener presente toda su formación espiritual, durante los años de universidad en Turín, para explicarse su odio contra la sociedad. El odio de Gramsci es uno de los ejemplos más convincentes que conozco de nobleza orgullosa y dignidad herida. Su socialismo es, ante todo, una respuesta contra los ataques de la sociedad a su soledad de sardo emigrado.

Su ascética sociología y el absolutismo filosófico de sus actitudes jacobinas se nutren de padecimiento personal. Un padecimiento convertido de manera tan íntima en aristocracia de carácter que puede reírse de todas las conmiseraciones de la moral burguesa y certificar la descarada crueldad de la filantropía. Es difícil encontrar un ejemplar tan prototípico de marxismo genuino, una conciencia tan sólida y soberbia de plebeyo que no reniega de sí mismo.

Pero el desprecio por toda esta semiburguesía se daba ya en él por instinto, instinto que maduró en los campos de su isla, donde las opiniones políticas llegan, de manera lógica, hasta el hurto de ganado y la práctica del asesinato vindicativo.

Hace cien años, Tuveri[2] enseñaba a los republicanos de la península que, al margen de toda hipocresía, la lógica estaba con los *monarcómacos*[3]: también Gramsci invoca con-

---

[2] Gobetti había escrito erróneamente «Tuvieri» para referirse a Giovanni Battista Tuveri (1815-1887), político sardo de los años del Risorgimento e inicios del Reino de Italia. De ideas democráticas y republicanas, Tuveri defendió a Mazzini en el Parlamento del Reino de Cerdeña, y en 1851 publicó el libro *Del diritto dell'uomo alla distruzione dei cattivi governi. Trattato teologico-filosofico [Sobre el derecho del hombre a destruir los malos gobiernos. Tratado teológico-filosófico],* donde afirmaba que el objetivo de la unidad política italiana no podía realizarse sin una exaltación de la libertad y del federalismo.

[3] *Monarcómaco* [«aquel que combate al monarca»] es un término que se aplicó a ciertos autores protestantes de los siglos XVI y XVII que defen-

clusiones fieles a las premisas, sin medias tintas. Se diría llegado del campo para olvidar sus tradiciones, para sustituir la herencia malsana del anacronismo sardo por un esfuerzo cerrado e inexorable en pos de la modernidad del ciudadano. Lleva en su propia persona la marca de esta renuncia a la vida en el campo y la superposición casi violenta de un programa construido y avivado por la fuerza de la desesperación, por la necesidad espiritual de quien ha rechazado y negado la inocencia natal. Antonio Gramsci tiene la cabeza de un revolucionario; su retrato parece construido por su voluntad, tallado de manera tosca y fatal por una necesidad que tuvo que ser aceptada sin discusión: el cerebro se ha impuesto al cuerpo. La cabeza, que domina sobre las extremidades enfermizas, parece hecha siguiendo las relaciones lógicas de una gran utopía redentora, y de ese esfuerzo conserva una ruda seriedad impenetrable; solo los ojos, movedizos e ingenuos, pero contenidos y ocultos por la amargura, interrumpen a veces con la bondad del pesimista el firme rigor de su racionalidad. Su voz es cortante como la crítica corrosiva, la ironía se emponzoña en el sarcasmo, y el dogma vivido con la tiranía de la lógica deja sin la consolación del humor. Hay, en su franca sinceridad, el peso de un resabio inaccesible; de la condena de esa soledad suya desdeñosa de confidencias surge la aceptación dolorosa de responsabilidades más fuertes que la vida, duras como el destino de la historia; unas veces, su revuelta es el resentimiento y, otras, el rencor más profundo del isleño que no es capaz de abrirse más que a través de la acción, que no puede liberarse de la esclavitud secular más que poniendo en las órdenes y la energía del apóstol un no sé qué de tiránico. Propensiones

---

dían el derecho del pueblo de castigar, deponer e incluso ajusticiar a los monarcas que violentaran la vida religiosa de sus súbditos *[N. del T.]*.

y afectos son ocultados a la par en la necesidad, reconocida, de un ritmo de vida austero en sus formas y en sus conexiones lógicas; si de manera serena y armónica no puede haber unidad, la constricción la suplirá, y las ideas dominarán a los sentimientos y las expansiones.

El amor por la claridad categórica y dogmática propia del ideólogo y del soñador le tienen vedada la simpatía y la comunicación, y es que, por debajo del fervor de sus estudios y de las experiencias de la indagación directa, por debajo de la preocupación ética por el programa, lo que hay es un rigorismo árido y una tragedia cósmica que no da ni un respiro de indulgencia. El estudiante lograba liberarse de la retórica innata en la raza negando su inclinación por la literatura y por la fácil satisfacción de las investigaciones ascéticas del lingüista; el utopista dicta hoy su imperativo categórico a los instrumentos de la industria moderna, regula con lógica que no puede fallar las vueltas de las ruedas de la fábrica, del mismo modo que un administrador realiza, imperturbable, sus cálculos, o que el general cuenta las unidades orgánicas dispuestas para la batalla: acerca de la victoria no se hacen cálculos ni previsiones porque la victoria será el signo de Dios, será el resultado matemático de la inversión de la praxis. El sentido ético lo dan aquí la tolerancia y la seguridad silenciosa: está la burguesía que trabaja solícitamente por la victoria del proletariado.

Más que un estratega o un combatiente, Gramsci es un profeta. Un profeta como se puede hoy ser profeta: escuchado solo por el hado. La elocuencia de Gramsci no derribará ningún ministerio. Su polémica catastrófica, su sátira desesperada no esperan en consolaciones fáciles. Toda la humanidad, todo el presente le son sospechosos. Pide justicia a un feroz futuro vengador.

14. Nosotros y los sectores de la oposición[1]

Se impone, desde este mismo momento, una consideración acerca de la naturaleza y del nacimiento de los sectores
de la oposición al fascismo.

De resultas de la Marcha sobre Roma nacieron de forma inmediata por lo menos dos tipos de antifascismo. El
primero, la resistencia de los derrotados por el golpe de
Estado: para entendernos, el antifascismo de los viejos demócratas y liberales que habían sido ministros o emplea-
dos ministeriales después de la guerra; y el de los filofascistas decepcionados.

El planteamiento de estos sectores era exquisitamente
parlamentario. No sentían una repugnancia natural por los
vencedores, les era del todo ajena la idea de trabajar por otra
generación, se sentían, más que nada, airados y despechados
porque sus cálculos se esfumaban y veían cómo el poder se

---

[1] «Noi e le opposizioni», en *La Rivoluzione Liberale* III/17 (22 de abril
de 1924), p. 65. Este texto, que Gobetti decidió firmar con el nombre
de la revista, es la respuesta a un artículo del abogado liberal Mario Ferrara (1892-1956), publicado con idéntico título y en el mismo número
de *La Rivoluzione Liberale,* en el que se defendía la idea de implicar a
todos los liberales en la lucha contra el fascismo, incluidos los que habían apoyado el Gobierno de Mussolini en 1922-1924 de buena fe y
con la esperanza de moderarlo políticamente.

les escapaba de las manos. Era un estado de ánimo general que compartían incluso Salandra y Giolitti[2].

No se trataba de opositores, sino de desorientados. Ninguno sabía explicarse la situación histórica que venía a desembocar en el fascismo; ilusoriamente, creían estar frente a un fenómeno pasajero que podía ser derrotado mediante la astucia, con el que resultaba oportuno entrar en tratos, colaborar, plantear cuestiones preliminares para negociarlas.

Uno de los jefes de la oposición, a quien Mussolini cortejaba para que se decidiera por la conciliación, hizo llegar esta respuesta: disuélvase la milicia nacional, restablézcase la legalidad y entonces podremos tratar, colaborar, inclusive sacrificarnos. Una respuesta absolutamente mussoliniana. Y, de hecho, la crítica que hacían la prensa y los hombres, y que nuestro Ferrara defiende, era en sí misma una crítica técnica, una colaboración efectiva que se esforzaba por establecer un programa para que Mussolini tuviera que aceptarlo, aceptando también a los hombres momentáneamente expulsados.

De los denominados demócratas y liberales, ninguno había entendido que Mussolini no podía atarse a los programas, que traicionaría todos los acuerdos y dominaría cualquier competición en el terreno de la astucia, que hacía falta desenmascararlo con una intransigencia feroz, preparando con el ejemplo una situación histórica en la que la lucha

---

[2] Como ya se ha dicho en la nota 13 del artículo «El liberalismo en Italia», Antonio Salandra fue elegido senador en 1924 en la «Lista nacional» liderada por Mussolini. En cuanto a Giolitti, votó a favor del primer Gobierno de Mussolini en noviembre de 1922 y solo en las elecciones de 1924 se separó definitivamente del fascismo. Como muchos liberales de la época, ambos estaban ingenuamente convencidos de que podían normalizar y democratizar al fascismo a través de la labor parlamentaria.

política efectiva volviera imposibles los hábitos del paternalismo y las dictaduras plutocráticas disfrazadas de dictaduras personales.

El verdadero antifascismo era este, esta era la verdadera política de la oposición. Pero nadie nos contradirá si afirmamos que solo *La Rivoluzione Liberale* supo situarse desde buen principio en este terreno. En los primeros meses no hubo ninguna otra oposición tan desesperada e inexorable al régimen y a Mussolini. Combatíamos a Mussolini por corruptor antes que como tirano; al fascismo, como tutela paternalista antes que como dictadura; no insistimos en lamentarnos por la falta de libertad y por la violencia, sino que dirigimos nuestra polémica contra los italianos que no ofrecían resistencia, que se dejaban domesticar. Ofrecimos un diagnóstico de la inmadurez económica italiana que acompaña a la inmadurez de la lucha política y a la escasa dignidad personal y las determina.

Si estos factores, que a la mayoría le parecían paradójicos, se han convertido ahora en lugares comunes –si *La Rivoluzione Liberale,* que solo quería ser una revista clandestina de pensamiento, ahora la lee y la comenta la oposición liberal y democrática–, no nos cabe en ello más culpa que la de haberlos elaborado y repetido hasta el aburrimiento.

Por lo tanto, es verdad que muchos liberales y muchos demócratas a la vieja usanza han ido introduciendo en los hábitos y los esquemas antiguos algunas de las nuevas nociones de *La Rivoluzione Liberale* a los que alude Ferrara.

Es verdad que si primero invocaban la libertad para poder pactar y engañar a Mussolini con la astucia, han acabado por ver, más allá de esta libertad-método, una libertad como valor absoluto y dignidad humana, y principio de lucha política y de formación de los partidos.

Mantener la desconfianza hacia estos recién conversos a la que aludía Caramella es del todo legítimo[3]. Y, ante todo, es coherente con nuestros principios, a poco que se piense que nuestro antifascismo siempre ha rechazado las consideraciones tácticas mezquinas, los pequeños juegos personales. Si el fascismo es el producto de una crisis histórica, entre los propios antifascistas hay que mantener con firmeza la necesidad de una crítica y de una elección. Rechazamos hacer causa común con todos los enemigos del régimen, y no creemos que se lo vaya a derrotar con coaliciones y crisis ministeriales, sino eliminando las raíces que lo han generado.

Por más que lo que declaramos pudiera malinterpretarse, seguimos diciendo que en Mussolini combatimos, agigantado, el vicio histórico que hizo posible en Italia los fenómenos Depretis y Giolitti[4].

---

[3] Gobetti hace aquí referencia indirecta al artículo «Le vecchie canzoni» [«Las viejas canciones»], publicado el 8 de abril de 1924 en *La Rivoluzione Liberale,* en el que Santino Caramella, de quien ya se ha hablado en la nota 9 del artículo «Mis cuentas pendientes con el idealismo actual», consideraba oportuno excluir de un nuevo y gran frente antifascista a los liberales que habían colaborado con el primer Gobierno de Mussolini. El nuevo antifascismo debía romper con la tendencia al pacto y al compromiso poco exigente con Mussolini que dichos liberales habían mostrado en el pasado.

[4] Agostino Depretis (1813-1887) fue el político liberal más importante de la «Izquierda histórica» hasta la década de 1880. Fue presidente del Gobierno entre 1876 y 1887 y se hizo célebre por pregonar el «transformismo», es decir, una manera de gobernar Italia desde el centro moderado, dando apoyo a la monarquía y cooptando en sus gobiernos a miembros de la «Derecha histórica». Para Gobetti, también Giolitti fomentó el transformismo en la medida en que, implicando a los socialistas en su acción de gobierno, desnaturalizó la política italiana y eliminó el potencial transformador y renovador del movimiento socialista. En última instancia, para Gobetti fueron «transformistas» también los libe-

Ciertamente, los viejos liberales y demócratas no pueden aceptar en su integridad este lenguaje. Por aquellos que, de manera juvenil y admirable, rechazaron todo acuerdo y toda complicidad con el fascismo, es necesario aclarar que su actual resistencia es una liquidación y una condena de su propio pasado ministerial y transformista. Solo con este examen de conciencia podemos aceptarlos como compañeros de nuestra lucha revolucionaria. No puede ser cosa de defender un pasado, de añorar una posición perdida: no puede ser cosa de repetir las viejas canciones.

El fascismo ha tenido al menos este mérito, el de brindar la síntesis de las enfermedades históricas italianas hasta llegar a sus últimas superposiciones: retórica, servilismo cortesano, demagogia, transformismo. Combatir al fascismo debe significar rehacer nuestra formación espiritual, trabajar por las nuevas elites y la nueva revolución. El fascismo es el legítimo heredero de la democracia italiana eternamente ministerial y conciliadora, temerosa de las libres iniciativas populares, oligárquica, parasitaria y paternalista: Orlando y De Nicola estaban en la lista electoral de Mussolini con pleno derecho y en perfecta sintonía de espíritu[5].

---

rales que apoyaron al primer Gobierno fascista con el objetivo de moderarlo políticamente.

[5] Gobetti cita aquí a Vittorio Emanuele Orlando (1860-1952) y a Enrico de Nicola (1877-1959) como representantes de la clase dirigente liberal que coqueteó con el fascismo, con la esperanza de normalizarlo a través de la labor parlamentaria. Orlando fue presidente del Gobierno en 1917-1919 y fue elegido en 1924 por la «Lista nacional» de Mussolini, pero se alejó de su grupo parlamentario poco después por no comulgar con el giro autoritario del fascismo. Lo mismo ocurrió con Enrico de Nicola, un conocido liberal y jurista napolitano que, acabada la Segunda Guerra Mundial, en el bienio 1946-1948, se convertirá en el primer presidente de la República Italiana.

Cuando la oposición habla de democracia y de liberalismo debe saber que trabaja a contracorriente por el futuro; debe saber que el fascismo es el gobierno que se merece una Italia de desempleados y parásitos todavía muy alejada de las modernas formas democráticas y liberales de convivencia, y que, para combatirlo, es necesario trabajar por una revolución integral, tanto de la economía como de las conciencias.

15. Democracia[1]

Retrato de la inteligencia servil

El fascismo ha vencido a las corrientes demócratas sin oponerse a ellas. No es posible dirigir un insulto más grave a los demócratas italianos que el de cierta terminología que se ha impuesto en estos años, que enumera y clasifica demócratas filofascistas y fascistas demócratas. Que en el ambiente no se perciba la menor repugnancia ante tales emparejamientos parecería querer decir que está justificado un suspenso inapelable: entre los demócratas italianos no ha habido hombres que se tomaran sus estudios en serio.

Igual que ha tolerado a Giolitti, la democracia italiana toleraría a Mussolini e incluso a un gobierno del Estado Mayor. Combate el fascismo por defender su antigua política de bloques, para reservarse la posibilidad de un acuerdo con el gobierno de Mussolini. Hubo un gran escándalo en torno a esta tesis nuestra: pero el hecho mismo de que las cuestiones prejudiciales de los demócratas se limiten a la li-

---

[1] «Democrazia», en *La Rivoluzione Liberale* III/20 (13 de mayo de 1924), p. 77.

bertad y a la Milizia Nazionale[2] demuestra que, dentro de ciertos límites de espacio y tiempo, están dispuestos a transigir.

Parece de demócratas domesticar el fascismo. La primera táctica fue la de oponer los revisionistas a los ras[3], los mussolinianos a los fascistas. Ahora resulta que el fascismo estaría preso de su mayoría, de su legalidad.

El ingeniero Rignano[4] ha escrito un libro donde señala el nuevo programa, que cabe entero en el lema «Democracia y

---

[2] Se hace referencia aquí a la Milizia Volontaria per la Sicurezza Nazionale [Milicia Voluntaria para la Seguridad Nacional del Estado]. La existencia de este cuerpo armado fue aprobada por el primer Gobierno de Mussolini en diciembre de 1922 y refrendada pocas semanas más tarde, ya en 1923, mediante Real Decreto. Aglutinaba, entre otras, a las Squadre d'azione del Partito Nazionale Fascista, es decir, a los conocidos como «Camisas Negras» o «escuadristas» (nombre con el que aparecen mencionadas en algunos de los textos de la presente antología), y en un primer momento se concibió como una milicia al servicio exclusivo del Partido Fascista (por lo que solo rendía cuentas ante el presidente del Gobierno). Fue institucionalizándose progresivamente, hasta quedar convertida en uno de los cuerpos de las Fuerzas Armadas italianas. Quedó disuelta mediante Real Decreto en 1943, tras la caída del fascismo *[N. del T.]*.

[3] Hasta su Unificación en 1855, en el Imperio etíope la dignidad de ras, equivalente a «príncipe» o «duque», distinguía los jefes de las provincias mayores. A raíz de la aventura colonial italiana en el Cuerno de África, dicha denominación pasó a aplicarse, en la cultura italiana, a las pequeñas autoridades locales acostumbradas a ejercer sus funciones de manera despótica, e incluso a los jefes de las mafias locales. En el texto de Gobetti parece apuntar al término «barón», entendido como aquella persona que, dentro de un partido, grupo de opinión, etc., ejerce gran influencia y poder *[N. del T.]*.

[4] Eugenio Rignano (1870-1930) fue un ingeniero y estudioso de filosofía que se esforzó por hacer compatible el socialismo con el liberalismo económico clásico mediante una interpretación propia del utilitarismo. Su libro de 1924 *Democrazia e fascismo* fue calificado de filofascista por Gobetti y otras importantes figuras de la oposición al fascismo, aunque lo cierto es que, publicado el libro, Rignano siguió gravitando en la órbita del antifascismo liberal.

Fascismo». Ahí tienen ustedes un libro que se hará popular. Su autor les dirige cortésmente a los fascistas una pequeña lección: quién sabe si, en lugar de los hijos, faltos de interés, no la escucharán los ilusos de sus padres. El buen juicio del ingeniero Rignano es tan lúcido, su objetividad tan clara y autocomplaciente, su cultura internacional tan pacata y convincente, que esta pedagogía de demócrata será del agrado de los italianos domesticados. En el fondo de sus corazones, todos los italianos son, como él, fascistas y demócratas. El fascismo, ahí está: valorémoslo, atemperemos su agitación enviando diputados fascistas al Parlamento. Así se legalizan las revoluciones; los fascistas se tornan demócratas.

Los italianos, cortesanos innatos, estas conclusiones las han aceptado ya como un recurso; Rignano, en cambio, ha llegado a ellas siguiendo la vía regia de su optimismo puritano. Pero surge la duda de si no habrá aplicado procedimientos de análisis y juicio ingleses a un fenómeno que en Inglaterra sería literalmente imposible. Rignano cita a Stuart Mill; es declaradamente positivista y experimentalista, es un protestante sin religión, un filósofo de la biología. Le parecería no ser lo bastante positivo si a los méritos de Mussolini no les rindiera, él también, su homenaje de hombre razonable. Así se lo enseña su objetividad: a tanta razón de una parte, otra tanta de la otra. Ni se imagina que cuando de una parte no hay nada de razón, el juicio de Salomón es del todo tendencioso. Él se mantiene al margen, sereno, desinteresado, apolítico; y ni se percata de que los apolíticos siempre se equivocan, de que su apoliticismo es partidista, de que son defensores del orden constituido, una fuerza inerte cuyo peso empuja a favor del régimen, de los intereses conservadores: los gobiernos reaccionarios siempre han apreciado el exquisito provecho que les brinda la clase de los apolíticos. Hoy día, la mayoría de los italianos es así: hombres que por el escrúpulo de ser objetivos no quieren ir contracorriente, que están dispuestos a hacer las paces con el régimen con tal de no alterar la concordia y el orden nacional. Le piden a Mussolini la libertad de poder trabajar con él igual que trabajaron con Giolitti. Le agradecen a Mussolini que los haya liberado del bolchevismo, que les haya dado un orden, una jerarquía. Es una oposición que pide la libertad de servir.

A los desinteresados, a los apolíticos, Mussolini los adula, los aprecia. Que los súbditos sean súbditos; los científicos, científicos; y que incumba la política a quien gobierna.

La confusión de los moderados

Las teorías de los demócratas moderados como E. Rignano son estimables: por nuestra parte, nos hallarán dispuestos a confesar que Stuart Mill, Taine e incluso Spencer y Comte han sido injustamente olvidados. Pero no nos gusta su historia. Más los estudias, más descubres debajo al reaccionario, al intelectual decepcionado.

La democracia de Rignano es la democracia de los positivistas: una idea estática de armonía social concebida conforme a analogías biológicas, con el prejuicio de la evolución gradual, que debe aceptarse sin protestar; una democracia ya *hecha,* cuando la nuestra está todavía *por hacer.*

Rignano habla de un «proceso evolutivo natural, irresistible y fatal» de una

> tendencia, por parte de un número creciente de miembros de la sociedad, a recuperar la libertad de pensamiento y acción, prodigada por la naturaleza, tan pronto lo consientan, y en la medida en que lo consientan, las condiciones de existencia de la sociedad misma, reflejadas en el grado de solidaridad social alcanzado; y, en consecuencia,

[una tendencia] a acceder a la sociedad misma no por imposición externa, sino mediante un asentimiento y un
acuerdo libres.

Bajo esta filosofía *spenceriana* de la solidaridad hay una
confusión: ¡la misma confusión que en la libertad-autoridad
de Gentile! A juzgar por *el grado de solidaridad social alcanzado,* como no se acepte el materialismo histórico, nos pon-
drán un *tutor.*

Rignano exalta las ventajas de la libertad, gracias a la cual
los intereses prevalecen, los errores se corrigen a través de la
crítica recíproca, la personalidad adquiere dignidad y el nivel de la vida social se eleva. Pero cuando se plantea el dilema entre libertad y solidaridad, su nostalgia está con el Antiguo Régimen. La libertad se sacrifica en aras de la autoridad
y del orden. ¡Un positivista a la Gentile!

Los demócratas italianos no han conseguido jamás superar
esta dificultad; su falta de preparación ha favorecido siempre los prejuicios del conservador y del moderado que dor-
mitaban bajo el demócrata. Pero mientras perdure este temor a la anarquía, esta pereza frente a las soluciones
extremas, no habrá demócratas de verdad.

El marxismo contra la «educación popular»

Para superar esta obsesión por la anarquía, hay que aceptar el culto de la lucha de clases. En vez de eso, los demócratas italianos le han jurado a Marx el odio más implacable.
Conciben la sociedad como armonía, no como confronta-
ción. Existe un peligro para la democracia,

> el peligro de que determinada clase social, fuerte por nú-
> mero de integrantes, por organización y conciencia colec-

tiva, por su gran importancia en la economía nacional, pierda, a causa de doctrinas divulgadas y aceptadas en su seno incluso de buena fe, y sin embargo erróneas, el sentido de la solidaridad social que la vincula al resto de la sociedad y, anteponiendo su antagonismo al interés general (que es, sin embargo, supremo interés suyo), amenace con la disolución social.

La democracia de los moderados propone su remedio: la cultura popular. Habría que educar, enseñar la solidaridad en las bibliotecas y las universidades populares. Bibliotecas o porras: la democracia de Rignano no es mucho más liberal ni comprende mucho mejor la historia que el fascismo, y tanto en la una como en el otro se da el miedo a la política. Se equivoca Mussolini al no nombrar senador a Rignano.

Rignano ha trabajado para el fascismo como toda la burguesía media italiana, con su odio desenfrenado e irresistible contra el marxismo. La orden de Marx de que cada cual se mantenga en su puesto, sus invectivas contra los débiles que quieren una vida social pacífica, idílica, resultaban demasiado ásperas e inactuales para nuestro pueblo, acostumbrado a limar aristas, superar intransigencias y conciliar lo inconciliable. Oponer Mazzini a Marx lo llevaba la raza en la sangre, y entre los socialistas unitarios hasta los más antiguos custodios del evangelio obrero han acabado por acomodarse a ello.

Es menos una cuestión teórica que de psicología nacional. La tan extendida costumbre de achacar a los defectos del alma popular las debilidades del Estado no debe olvidarse de las culpas de los falsos intelectuales. Es más: esa separación, tan viva entre nosotros, entre pueblo e intelectuales es la prueba más viva de nuestra impotencia democrática.

El individualismo italiano no tiene confianza en sí mismo; carece del valor de las reafirmaciones extremas; se diría que en la conciencia de cada cual palpita la pesadilla de una tradición de subversivismo y de agitación facciosa. Y así, a diario se teme que el orden pueda verse amenazado. Las personas instruidas, que han estudiado la historia medieval en los libros de texto, con su ilusión de progreso, son por naturaleza enemigas de todo aquello que pueda suponer una novedad imprevista, la entrada en la realidad de fuerzas nuevas: secretamente, por debajo del orgullo nacional, temen las desesperaciones de la raza, temen que se vea comprometida esa ficción de vida seria y tranquila que han moldeado en la hipocresía de la vida unitaria. De ahí el odio entre intelectuales y pueblo. Los primeros, con su apoliticismo, tienden a diferenciarse, a separar responsabilidades; satisfechos con predicar la solidaridad igual que se predicaría la obediencia a los esclavos; y pendientes de darles de leer a los demás un catecismo.

En Italia, las razones económicas de esta psicología han sido repetidamente explicadas. El pauperismo italiano justifica el subversivismo de la plebe y el equilibrismo filisteo y cortesano de las elites.

Estas son las condiciones que hay que superar. Por eso una democracia de verdad tiene que nacer en el terreno histórico del marxismo, y los demócratas italianos que imprecan a Marx siguiendo los pasos del buen Colajanni[5] son la flor de los reaccionarios. Al margen la lucha política, la cultura popular es una simpleza: no hay cultura al margen de la iniciativa, de la conquista, del ejercicio directo. Que el pueblo lea, que ame a Mazzini, puede ser del interés de diletantes en busca de nuevas formas de filantropía. Pero está claro que también esta forma fácil de filantropía es, como todas las otras, indicio de espíritu reaccionario.

---

[5] Napoleone Colajanni (1847-1921) fue un político republicano de formación positivista y partidario de una política social reformista.

El sentido de la solidaridad social no puede nacer más que del ejercicio de los derechos individuales que, de manera natural, se limitan al tiempo que se enfrentan. Quien predica la solidaridad en abstracto está listo para convertirse en servidor de la corte: no existe ningún orden dado, casi de manera biológica, sino que existe el orden en cuanto autonomía, y la única educación posible es el ejercicio de la intransigencia, la participación activa en la vida política.

La democracia nacerá en Italia como consecuencia de la maduración del capitalismo y de la lucha de los partidos políticos. Hoy pueden trabajar para prepararla los partidos que combaten sin tregua al fascismo para enterrarlo.

16. Matteotti[1]

El intransigente del subversivismo

El 2 de mayo de 1915, tres días antes del festejo *dannunziano* en Quarto, hubo en Rovigo un mitin contra la guerra, siendo los oradores el doctor Giacomo Matteotti y Aldo Parini[2], quien defendió –ejemplo único en una reunión pública– la tesis de Missiroli de la Alemania democrática. Más que un discurso, los oradores sostuvieron un diálogo con la multitud, desabrida y recelosa. Matteotti hablaba contra la violencia con un lenguaje de cristiano; entre la multitud vibraban, a la manera fascista, espíritus *dannunzianos* y de mezquino cinismo maquiavélico.

Defender la neutralidad podía representar defender un error: Matteotti habló en contra de la guerra. Lo interrumpían, en áspero diálogo, pero debían reconocer que estaban ante una fe y no ante un proyecto. Aquel día Matteotti previó una guerra larga, difícil, desastrosa incluso para los vencedores, y elevó su tesis al plano metafísico de la inutilidad

---

[1] «Matteotti», en *La Rivoluzione Liberale* III/27 (1 de julio de 1924), pp. 105-107.
[2] Aldo Parini (1891-1958), dirigente sindical socialista y colaborador estrecho de Matteotti.

de la guerra, consiguiendo así la aceptación de una generación nietzscheana por el rigor de su soledad.

Con la guerra ya empezada, cuando no quedaba un solo pacifista que alzara la voz, repitió su discurso ante el Consejo Provincial de Rovigo. Procesado por derrotismo, condenado repetidamente en diversas instancias, llevó él mismo su causa de manera radical, sin renegar un ápice de su acto, más aún, empeñado en que se reconociera su legitimidad. La protesta contra la guerra como violencia no era derrotismo, sino un acto de fe ideal: en Matteotti –jurista, economista, administrador, hombre práctico– estas condiciones preliminares de utopía desesperada, de idealismo absoluto, de reacción absurda contra la cicatería filistea de los falsos realistas hay que saber entenderlas. Con el aplomo de un apóstol, Matteotti consiguió que el tribunal de casación lo absolviera defendiendo la tesis de la inmunidad del orador en sesión del Consejo Provincial.

La protesta tuvo sus resultados: se fijaron en él, dispensado de la milicia por la misma causa de la que habían muerto, muy jóvenes, sus dos hermanos[3], y lo alistaron en oficinas. Lo sometieron a las penalidades del curso para oficial para negarle después el grado por sus imputaciones por derrotismo. Destinado en Mesina, querían mandarlo al frente, pese a su enfermedad, en una de aquellas compañías de procesados que se dirigían a la aniquilación bajo la supervisión de los carabineros. Se negó, alegando que al frente iría como soldado, no como delincuente al matadero. Entonces lo internaron en Campo Inglese, donde le dieron por compañero al hijo del bandolero Varsalona, quien lo vigilaba[4]. En medio

---

[3] Los tres hermanos Matteotti padecieron tuberculosis.

[4] Campo Inglese, pequeña localidad de la Sicilia oriental, cercana a Mesina. Francesco Paolo Varsalona (1872-1903), cuyo hijo estuvo confina-

de la soledad, la sospecha y las persecuciones, el carácter de Matteotti se revela en toda su impasibilidad. Asistía a las consecuencias de sus acciones como un buen lógico.

Conviene poner frente a frente el ejemplo del pacifista Matteotti y la conducta de los representantes típicos del pacifismo italiano, pávidos y serviles para no atraer miradas, ocultos y silenciosos en las comandancias o en sus destinos, émulos de los nacionalistas en refugiarse en los servicios inferiores. Matteotti no desertaba, no se escondía, aceptaba la lógica de su subversivismo, las consecuencias de la heterodoxia o de la impopularidad: era un «combatiente» generoso contra la guerra.

El aristócrata del subversivismo

Matteotti nunca fue popular. Entre compañeros, lo miraban con suspicacia por su riqueza; sus adversarios lo odiaban como se odia a un tránsfuga. Matteotti, en cambio, era aristocrático por estilo, no por familia. Su socialismo no es la rebelión aventurera del conde Graziadei, que abandona una familia centenaria y, rompiendo con las tradiciones, abraza la vida del estudiante inadaptado junto con su amante intelectual, que se convertirá en la esposa inquieta de la familia pequeñoburguesa, como le sucede a todo buen nihilista, fiel al programa demagógico de ir hacia el pueblo[5].

---

do junto a Matteotti durante la Primera Guerra Mundial, fue un temido bandido siciliano, activo en la isla entre finales del siglo XIX y principios del XX.

[5] Nacido en una familia aristocrática, Antonio Graziadei (1873-1953) enseñó economía en diferentes universidades italianas; militante del PSI desde 1893, en 1921 se adhirió al PCdI, del que fue expulsado en 1928 por sus críticas a la teoría económica de Marx (sería readmitido en 1945).

Matteotti, en cambio, se afilió al Partido Socialista a los 14 años, probablemente sin encontrar en su familia grandes impedimentos, quizá incluso desconocedor de la fortuna de su padre, que por lo demás era modesta. Socialista era ya su hermano Matteo, quien lo precedió en los estudios de derecho y quien al parecer le orientó, dejando en él alguna huella a pesar de lo precoz de su muerte, a los treinta años.

El padre, descendiente de caldereros y casi en la pobreza, había llegado a Fratta del Polesine[6] cincuenta años antes procedente de la Provincia Autónoma de Trento. Se puso a ahorrar con la constancia y el sacrificio de un emigrante. La señora Isabella le ayudaba detrás del mostrador del pequeño negocio de comestibles. Las ganancias las invertían en terrenos con la avidez del refugiado que se agarra instintivamente a la tierra como para fundar tradiciones. La fortuna de la familia Matteotti se estimaba, antes de la guerra, en 800.000 liras en bienes inmuebles, repartidos por la provincia en pequeños lotes comprados de ocasión año tras año. Era el fruto de años de trabajo constante, de especulaciones calculadas. Hay que tener presente esta tenacidad provinciana para explicarse el carácter del hijo. El pequeño Giacomo creció con este ejemplo, con el convencimiento de no ser rico, con la disposición a la lucha dura, con la dignidad del sacrificio. En la escuela y el instituto había que estar entre los primeros, no había que perder el tiempo ni dispersarse.

Sobre esta sólida base de virtudes conservadoras y protestantes nació el subversivismo de Matteotti, y nació aristocrático por la soledad. Sus preocupaciones iniciales eran exclusivamente científicas: a los fáciles éxitos de la abogacía prefirió muy pronto los áridos estudios de procedimiento

---

[6] Fratta Polesine es un pequeño municipio italiano de la comarca del Polesine, ubicada en el sur de la provincia de Rovigo, en la región del Véneto.

penal, y pese a ser ya militante socialista, seguía con predilección la escuela del honorable Stoppato[7], uno de los hombres representativos del clericalismo moderno. Avanzaba en
su educación movido por exigencias interiores.

En un partido que se acuerda de los países extranjeros
solo por la apresurada retórica de los congresos internacionales, era de los pocos que conocían Francia, Inglaterra,
Suiza, Austria o Alemania por sus viajes de juventud, y había estudiado inglés para leer directamente a Shakespeare.
Absorbido en la lucha política, casi escondía celosamente
estas disposiciones suyas a la filosofía, que no casaban demasiado con el estilo del ambiente en que le tocaba actuar,
de una parcialidad cicatera y enemigo de novedades. Pero es
que el secreto de la vitalidad de Matteotti era precisamente este: que, más allá de sus acciones, en él podía advertirse,
quien hablara con él largo y tendido para escrutarlo, una
vida interior de impulsos variados y profundos, jamás comprometida por los envites más que mezquinos de la vida
cotidiana, sino, al revés, fuente perpetua y secreta de inspiración. De ahí aquel conducirse suyo con reserva y fría energía que cohibía a sus compañeros. En público, la máscara
rígida de Matteotti escondía deliberaciones alcanzadas en
soledad, sometidas ya a todas las purgas de su intemperante
individualismo: era natural que sintiera que debía hacerlas
prevalecer de manera impasible cuando disputaba en la atmósfera fácil de la demagogia de los congresos, donde siempre hay un improvisador capaz de lucubrar tesis intermedias
y conciliadoras. Matteotti empezaba por no ser conciliador
a causa de su sonrisa sardónica y su ironía perversa y despia-

---

[7] Alessandro Stoppato (1858-1931) fue profesor de Derecho Penal en
la Universidad de Bolonia y, en las décadas de 1910 y 1920, diputado
liberal-conservador y católico.

dada. Tenía siempre en mente conclusiones, y no pasajes de oratoria o artificios de asamblea. Quien sepa en qué atmósfera de locuacidad provinciana, de feria de las vanidades y de consolaciones propias de una mesa pequeño-burguesa ha venido creciendo el socialismo italiano de Enrico Ferri a Bombacci, de Zanardi a Arturino Vella[8], a las claras puede ver cómo la intransigencia de Matteotti –quien, en una reunión, llegó a mandar atrancar las puertas porque quería que se terminara la discusión antes de que los asistentes se marcharan al ágape– debía de constituir un ultraje a las tolerantes costumbres de los buenos compañeros y un zarpazo a todas las tradiciones verbeneras del tierno pueblo italiano, feliz y fiestero. Y lo llamaron «aristocrático» creyendo que así lo aislarían.

La lucha agraria en el Polesine

Una familia de inexorables ahorradores; una provincia castigada por una economía compleja e incierta, tierra histórica de tentativas de subversivismo, por lo general más servil que violento: son notas suficientes para determinar la obra de un hombre.

En el Polesine, la democracia había estado viva durante el Risorgimiento en sus formas más encendidas: anticlericalismo y *garibaldismo,* Marin, Alberto Mario, Bernini, Piva. En 1882 se lleva a cabo allí la primera huelga de agricultores

---

[8]   Enrico Ferri (1856-1929), sociólogo y criminólogo, adoptó y desarrolló el positivismo biológico de Cesare Lombroso. Tras una larga militancia en el PSI, a mediados de la década de 1920 se adhirió al fascismo. Francesco Zanardi (1873-1954) fue un político del ala reformista del PSI, mientras que Arturo Vella (1886-1943) fue un dirigente de su ala más radical; al igual que Nicola Bombacci, ninguno de ellos gozaba de la estima de Gobetti.

de toda Italia, al grito exasperado *«La boie!»* [«¡Que hier-
ve!»], y el Gobierno, para reprimirla, tiene que enmascarar
sus sentimientos reaccionarios y mandar a los soldados a
segar el grano en el lugar de los huelguistas.

La situación económica del territorio presenta la totalidad de las variedades más interesantes, desde la agricultura
familiar a la industrialización agrícola de las tierras saneadas;
desde el arroz del Bajo Polesine al cáñamo del Polesine sep-
tentrional, pasando por el régimen de pequeñas propiedades
de Rovigo. Se dan los elementos objetivos para las soluciones
políticas extremas. El industrial de la tierra saneada tiene que
seguir la lógica de costes cada vez más bajos con una avidez
natural favorecida por la miseria del proletariado; donde
haya un aparcero o un pequeño capataz, junto con el arribismo del marginado encuentras el sistema de agricultura de
rapiña[9], con una crueldad que supera todos los ejemplos.
Conviene no olvidar que el esclavismo agrario de los fascistas
nació en el Polesine con la complicidad de los aparceros. En
estas condiciones, agudizadas por la posguerra, mientras los
populares dieron enseguida apoyo a los pequeños propietarios, los socialistas decidieron defender a los trabajadores
mediante las cooperativas de trabajo y la asistencia a la mano
de obra. En el Polesine las protestas para aumentar los salarios ya hacía años que se habían demostrado insuficientes,
porque los capataces subían los salarios y rebajaban las horas
de trabajo. Los problemas que los socialistas debían resolver
eran el de los gravámenes por la mano de obra (o sea, asignar
una carga por la mano de obra para todas las fincas) y el del
empleo, que los agrarios [propietarios] querían libre y los socialistas, en cambio, asignado a las oficinas de empleo. Du-

---

[9] Véase la nota 11 del artículo «El liberalismo en Italia» de esta antología *[N. del T.]*.

rante la posguerra, la lucha en torno a estos problemas fue incierta. En 1920, cuando se consiguió sustituir los 70 pactos agrícolas anteriores –vigentes en los 63 municipios de la provincia– por un esquema único, variable solo en su aplicación, los propietarios agrarios en su totalidad reaccionaron con el obstruccionismo y prepararon a los *fascios* para dominar a los trabajadores con la violencia.

Matteotti fue uno de los protagonistas de esta lucha. Trató de regular las directivas políticas sobre la base de esas condiciones económicas. De ahí su hostilidad contra todos los declamadores del maximalismo genérico. A los 50.000 trabajadores organizados de la provincia había que indicarles pasos progresivos, no programas de inquietud y *revolucionarismo* inoperante. Para hacer entender el sentido de la lucha lo oportuno era no comprometerse en una catástrofe. Era, ya entonces, la táctica opuesta a la del sindicalismo histérico, de café concierto, de Michelino Bianchi, quien, desde Ferrara, había ejercido su alegre influencia... revolucionaria también en la provincia de Rovigo. Los elementos más encendidos de la izquierda sindicalista y anarquista, enemigos de Matteotti desde el primer momento, de Walter Mocchi a Enrico Meledandri, pasando por el comendador Marinelli –que ahora se sentará en el banquillo por homicidio–, más tarde estuvieron todos al lado de los [propietarios] agrarios cuando la reacción fascista: habían ejercido el subversivismo como una especie de profesión de fe de criminalidad política para hacerse con un sitio en Montecitorio. En su odio contra la sociedad canalizaban, más que nada, sus decepciones de politicastros[10].

---

[10] En este punto del texto original, podía leerse la siguiente nota de Gobetti: «En 1913, en la localidad de Adria, un sindicalista revolucionario llegó a proclamar que la Sección se abstenía de votar en las urnas,

La politiquería daba sus peores muestras en el Polesine socialista, sobre todo a través de los Círculos (en gran parte maximalistas) y durante el periodo electoral. El mercadeo de los votos se practicaba durante los banquetes más alegres. Los diputados socialistas de la provincia, de Badalona a Soglia, se conchababan con los radicales: Galliani, médico de profesión, se había convertido nada menos que en viajante de sí mismo, y en la época de la circunscripción proporcional[11] recorría los campos en bicicleta ofreciendo específicos y exhortaciones: «¡Votadme a mí!».

La actividad de Matteotti prescindía casi deliberadamente de los Círculos y se desarrollaba en las Ligas: asesorar a las cooperativas agrícolas, ayudar a crear las cooperativas de consumo, tratar de plantear en todos los ámbitos exigencias de puesta en práctica. Su predilección por las ciencias jurídicas y económicas encontraba aquí la oportunidad de conectar con su credo de socialista, y no fue solo el más docto de los socialistas que escribían de economía y finanzas, sino también el más infatigable en la tarea cotidiana de ofrecer asistencia administrativa.

Si hay que establecer correspondencias, debe advertirse que la intransigencia de Matteotti en el Polesine, tachada unas veces de extremismo y otras de reformismo, equidistaba tanto del anarquismo y del sindicalismo maximalistas como del oportunismo de los reformistas sindicales. Su posición en 1919 queda clara en el manifiesto que citamos a continuación, redactado por él mismo en ocasión de los tu-

---

para hacer que se votara bajo mano a favor de los radicales que le habían dado dinero. Ese está ahora en el partido fascista. ¡Estos eran los adversarios de Matteotti en la lucha agraria! *[N. del T.]*.

[11] Véase, al respecto, el artículo «El sistema proporcional» de la presente antología *[N. del T.]*.

multos por el aumento del coste de la vida. Sin renunciar a la necesidad de la revolución que habrá de nacer del espíritu luchador de masas aristocráticas y diferenciadas, Matteotti llevaba la discusión al terreno concreto de la capacidad y la iniciativa. Su buen juicio revolucionario parece una acusación contra el subversivismo apolítico de inadaptados varios al estilo de M. Bianchi, que por aquel entonces provocaban tumultos para pescar en aguas revueltas.

¡Trabajadores!

Nosotros no podemos condenar la reacción del pueblo contra los comerciantes y los vendedores que se han enriquecido especulando con vuestras penurias durante el tiempo de la guerra; ni tampoco podríamos condenar que se impusieran medidas de castigo extraordinarias, como topes a los precios o requisas.

Pero os advertimos que tales medidas no son más que paliativos, dirigidos a una sola categoría de explotador, que alimentan bellas ilusiones y en cambio permiten que se mantengan o incluso se agraven las causas del encarecimiento de la vida.

Dichas causas son mucho más grandes y profundas, y hay que buscarlas ante todo en la guerra, que ha destruido riquezas y ha cargado al Estado de deudas y de moneda sin valor; en el estado de guerra, que sigue librando a los militares de los trabajos productivos de la civilización; y en la sociedad burguesa, que, situando entre consumidor y productor a los capitalistas, los arancelarios, los aduaneros y todos los intermediarios parásitos –que no solo no producen, sino que se aprovechan–, se ha vuelto incapaz de salir del enredo en el que se ha metido y de estimular las energías productivas.

Por lo cual, una agitación socialista no puede sino dirigirse a las causas primeras e imponer la inmediata desmovilización y el desarme, la abolición de todos los aranceles y las aduanas, la confiscación total de las ganancias de guerra y la expropiación del capitalista. Y no puede llevarse a cabo más que por los trabajadores organizados y por socialistas concienciados que rechacen todo contacto con cuantos han contribuido a dichas causas: burgueses, clericales, demócratas y falsos apolíticos −cuando dichos trabajadores tengan la fuerza y la capacidad suficientes para imponer su revolución−.

Por ahora, solo hacemos una pequeña sugerencia: que en todos los municipios se constituyan entes colectivos de consumidores para comprar y revender los bienes al precio de coste más bajo y se proceda a boicotear a los intermediarios y a requisar productos −los necesarios para el pueblo, tasados con justicia−, en especial los de aquellos grandes capitalistas agrícolas que los acaparen.

Demuestren de momento los trabajadores organizados que son capaces de hacerlo.

Indicaremos más adelante los pasos siguientes, según sea su capacidad como socialistas.

Rovigo, a 9 de julio de 1919
La Federación Provincial Socialista
La Cámara de Trabajo del Polesine
Las Corporaciones Municipales Socialistas

El socialista perseguidor de socialistas

Dentro del Partido Socialista, heterodoxo y opositor; más tarde, entre los unitarios, una especie de guardián de la rectitud poética y del temple de los caracteres; siempre en

las funciones más ingratas y en las batallas más comprome-
tidas. Combatió toda su vida el confusionismo de los bloques, la masonería, el ventajismo de los partidos populares.
Era un crítico implacable de los dirigentes, y se cuenta que,
siendo muy joven, en una reunión socialista uno de los nú-
menes del socialismo local tuvo que interrumpirlo al grito
de: «¡Pero cállate, si todavía llevas pantalones cortos…!».

En el Polesine, el hombre de todas las componendas y
todos los enredos era Nicola Badalona, que pasaba por ser el
Prampolini de la provincia, un auténtico santón del partido, representante del colegio electoral de Badia de 1882 a
1919 de forma ininterrumpida. Llegado de las Marcas, fue
médico de la cabeza de partido, después profesor universitario habilitado. Durante la lucha contra la pelagra tomaron a
este médico diligente y atareado por un apóstol. ¿Quién hay
que no conozca el tipo del médico humanitario y socialista que
se gana a un colegio electoral a base de asistencia y consultas
gratuitas a los trabajadores? Y aun así no estaba claro que los
maximalistas de Rovigo no se avinieran a volver a presentar,
también en 1919, a este viejo tipo de masón intrigante que
ni siquiera estaba afiliado al Partido Socialista: ¡tuvo que li-
quidarlo Matteotti, amenazando con enfrentarlo a la candi-
datura de Turati! Nicola Badaloni, héroe de pureza, que no
tenía que vérselas más que con Prampolini, dio más tarde,
en 1921, su apoyo a las candidaturas filofascistas, y como
premio recibió de Giolitti la dignidad de senador. ¡Con estos ejemplos aprendía Matteotti su papel de perseguidor de
socialistas!

Debido a su energía excesiva, entremetida, y a su espíritu
crítico, lo aceptaban sin demasiado entusiasmo; su desprecio por la vida reposada y por la predisposición a la resignación lo malquistaban con los muchos aprovechados que se
sentían humillados por ello: lo acusaban de ambicioso, no

le entendían. Pero en el momento de actuar contaba con el consenso de todos, y lograba el sacrificio hasta de los más pacíficos demostrando hasta qué punto sabía sacrificarse él mismo.

También esta arrogancia y esta severidad aparentes tienen su explicación en su ascética soledad. Su dificultad para conocer a las personas y para ser reconocido en su valía forman parte de un austero culto al silencio, de una férrea seguridad en sí mismo. Era consustancial a él la dificultad para comunicar, la incomodidad de expresarse, propia de todas las almas religiosas o éticas, que se traducía en una indiferencia por las opiniones corrientes audaz hasta el punto de arremeter contra las reputaciones más sólidas. En realidad, la audacia de su crítica corrosiva era más bien indiferencia e impasibilidad ante las contingencias.

En 1916, en el Congreso de los Municipios Socialistas que lo reveló al conjunto del socialismo italiano, pasmó por su completa falta del sentido de la oportunidad, ¡tan indispensable para los mediocres y las astucias pequeñoburguesas! Matteotti tuvo la feliz idea de desmontar por entero el informe de Caldara –como quien dice las credenciales de un profesor universitario en municipios socialistas– y de imponerse con tanta evidencia que el socialista milanés, que había acudido para encontrarse con los laureles de la unanimidad, tuvo que ponerse a salvo con un orden del día de conciliación. Caldara, en efecto, había construido toda su exposición, acerca de relaciones financieras entre Estado y municipios, sobre la experiencia de Milán; Matteotti traía consigo, en una deliberación referida a la totalidad de los municipios de Italia, la experiencia de los ayuntamientos menores, las necesidades descubiertas en su labor de administrador de por lo menos diez pequeños ayuntamientos del Polesine: ¡era la revolución federalista contra el peligro del centralismo! ¡Es fácil deducir el espanto y la desconfianza que semejante gesto tuvo en los dignos Bentini, Modigliani o Zanardi! Creo que solo Nino Mazzoni, Treves y Turati lo entendieron y lo estimaron seriamente, los demás se sentían ofendidos por su descortesía y su superioridad.

El enemigo de los festejos

Durante treinta años, el Partido Socialista mantuvo en Italia las históricas tradiciones de los congresos y los mítines, con su culto a los oradores brillantes como Enrico Ferri y la costumbre de las reuniones que terminan en una formidable comilona. Era también italiano[12], aunque el freno natural del proletariado, y el de la misma lucha emprendida, nunca le permitieran alcanzar –tampoco cuando lo dirigió un romañolo como Mussolini– ni los refinamientos ni los *summum* fiesteros de entusiasmo y devoción hedonista que habían de ser la característica y la esencia del movimiento fascista.

En realidad, el tipo con el que nuestro socialismo se ha dejado ver ha sido más el del tribuno que el del político, lo que ha dado una clase dirigente de abogados penalistas –oradores facundos antes que doctores en derecho– acomodaticios por vanidad y por odio a la política. Han formado una especie de clase que ejercía la profesión de asistir al pueblo y «discutir la situación», por lo que se excusaban de no tener

---

[12] En este punto, la redacción de Gobetti resulta, a mi entender, poco clara. El «también», referido al PSI (no solo socialista, sino, además, italiano), parece adelantarse a la sucesiva referencia al movimiento fascista y anticipar la comparación con la que se cierra el párrafo: aunque ambas formaciones, socialismo y fascismo, sean genuinamente italianas y por naturaleza tendentes al festejo (por lo que se dice al final del epígrafe «El aristócrata del subversivismo»), la ostentación celebrativa de los fascistas no habría tenido rival en Italia *[N. del T.]*.

tiempo para leer libros y hacerse con una cultura política realista. Tenían que contestar a las cartas de los electores y quedar en los cafés para intercambiar impresiones e inventar nuevas tendencias.

También después de llegar a diputado se opuso Matteotti en todo momento a estos menesteres demagógicos; rechazaba las recomendaciones, así como todo caso personal en el que no estuvieran implicados asuntos generales de injusticia, diciendo: «¡Para este tipo de cosas, dirigíos a Gallani y a Beghi!».

Hasta 1919 había consagrado toda su labor a las administraciones locales (era consejero de una decena de ayuntamientos, donde tenía repartidas sus tierras) y a la organización de sindicatos y cooperativas.

Matteotti el organizador: la obsesión por la simplicidad, la claridad, la practicidad. Ponía ejemplos en las cuestiones de detalle, proponía modelos de estatutos, de reglamentos, y hablaba con los campesinos como uno de ellos. Llegado el caso de fundar una cooperativa, pensaba en todo, aconsejaba, disponía, enseñaba desde cómo despachar en el mostrador a cómo llevar la contabilidad de los registros. En un socialista, aquella severidad suya como administrador resultaba incluso paradójica: en semejante rigidez percibías al padre conservador. Era así como se había convertido, aun sin un mandato expreso, en el inspector voluntario de todas las cooperativas y todas las ligas; en la pesadilla de los administradores, por su insaciabilidad de espulgador de cuentas y balances; en el carabinero de los administrativos complacientes y tolerantes. Igual era su estilo como periodista, antes de llegar a sus magistrales artículos en materia de balances en *Critica Sociale*. Y es que, en efecto, tampoco en su educación económica había tenido la desenvoltura italiana del proyectista: antes de estudiar el balance del Estado,

había pasado años trabajando en los balances de los ayuntamientos. En *La Lotta [La Lucha]* de Rovigo, dirigida por
Parini y Zanella, pueden intuirse sus preferencias como escritor: artículos breves, fáciles, simples; una idea sola, con
datos concretos, con cifras evidentes, preferiblemente sin
polémicas, sin escándalos. Una publicación ilegible para los
amantes del cotilleo y de la ociosidad, dirigida al sentido
práctico y a la paciencia del campesino. En verdad, algo de
campesino había en este señor que cierto día, en Rovigo,
después de un mitin, tuvo que asistir a una violenta manifestación de los vecinos, que le gritaba: «¡Vete de Rovigo,
vuélvete a Fratta!». También los socialistas se quejaban, en
Rovigo y en Adria, de que nunca hablara en la ciudad. Parecía un insulto el que prefiriera hablar a unos cuantos campesinos en vez de pronunciar una conferencia, con ovaciones
seguras, ante el distinguido público urbano. Pero Matteotti
no quería ser el orador de las grandes ocasiones. Nunca se
exaltaba. Empezaba casi inexpresivo. Luego, el tema –preparado siempre concienzudamente en una hojita de papel,
a lo mejor en el tren, con el lápiz que llevaba siempre pren-
dido con una cadenita del ojal de la chaqueta– se hacía con
él, y su voz, molesta, irritante, enérgica y áspera, vibraba
como para dominar. Hablaba entonces como dueño y señor, como quien nunca improvisa.

Pero lo suyo eran los debates. Se presentaba –a menudo
solo, sin hacerse anunciar con bombo– ajeno a cualquier
coreografía. Con austera elegancia, sin distintivos, sin cor-
batas rojas al viento: para Enrico Ferri, el suyo era el *physi-
que du rôle* del conservador. Pero en cambio enseguida se
mostraba como el combatiente veloz, enérgico, siempre en
su sitio, como el razonador frío y seguro en todo momento.
Nunca nadie lo derrotó en un debate. La última réplica era
siempre la suya. En el Polesine aún recuerdan cómo des-

montó a Pozzato, diputado republicano, príncipe de la oratoria judicial. Entre 1919 y 1921, con las masas soliviantadas, Matteotti exigió libertad de palabra para cualesquiera adversarios, o de lo contrario no terciaba por considerarlo una ofensa personal. En Lendinara, en un mitin en que se agitaron palos contra el honorable Merlin, Matteotti le hizo a este de escudo y se llevó él los bastonazos. De todas formas, sus adversarios temían su audacia dialéctica y preferían la escapatoria, como le sucedió a Michelino Bianchi, candidato por los agrarios en 1919 por la circunscripción de Ferrara-Rovigo, que le negó valientemente el cara a cara a Matteotti y se presentó solo en un mitin del bloque.

Se resistía a los festejos movido por aquella misma reserva que ponía en todos los actos de su vida privada. En 1919, a un organizador que quería su retrato de diputado le mandó sin inmutarse el retrato de un amigo suyo, y poco faltó para que se publicara: valga como prueba de la opinión que le merecían los exhibicionismos más consolidados. Sabía hacer respetar su soledad, y fueron pocos aquellos a quienes hizo confidencias y que conocieron su vida íntima. Solo se sabía que era de lo más rígido, sobrio, recto, que no tenía vicios, como se suele decir; de manera que respetaban su severidad para con los demás, su fanatismo de protestante contra todo aquel que hubiera incurrido en una flaqueza culpable. Semejante seguridad no se sostenía en una creencia religiosa, sino solo en una fe de cuño austero y pesimista en los valores del individualismo y de la libertad. De su respeto de ateo por todas las formas de religiosidad tenemos la prueba en el catolicismo de su esposa, y en esta repulsa de laico moderno hacia el anticlericalismo grosero de los primeros socialistas se revela una espiritualidad conocedora de los aspectos más delicados de la tolerancia y la autonomía.

Su marxismo

No hacía ostentación de conocimientos teóricos: declaraba con candidez que no tenía tiempo para resolver problemas filosóficos porque tenía que estudiar balances y revisar las cuentas de los administradores socialistas. Y así se ahorraba tener que hacer alarde de cultura. Pero su marxismo no ignoraba a Hegel, ni había descuidado a Sorel ni el *bergsonismo*. Su misma intransigencia es soreliana. En cambio, su concepción reformista de un sindicalismo gradual era menos teórica que dictada por la experiencia de cada día en un país servil al que es difícil agitar sin que se abandone a penosas intemperancias. Fue quizá el único socialista italiano (precedido, en el decenio de Giolitti, por Gaetano Salvemini) para quien el reformismo no fuera sinónimo de oportunismo. De Marx aceptaba el imperativo de agitar al proletariado para abrirle el sueño de una vida libre y consciente; y, aunque con críticas poco ortodoxas, aceptaba incluso el colectivismo. Pero donde ponía su empeño era en un momento de la acción intermedio y realista: formar, entre los socialistas, los núcleos de la nueva sociedad –el ayuntamiento, la escuela, la cooperativa, la liga–. Así, la revolución se produce en la medida en que los trabajadores aprenden a gestionar la cosa pública, no por decreto o por una revolución al estilo de la de 1848. Sin esta preparación, la base de la conquista del poder, y de la violencia partera de la nueva historia, carecería de vitalidad. Por lo demás, demasiado concentrado en la defensa presente de los trabajadores, Matteotti no tenía tiempo para las profecías. Le urgía más que obreros y campesinos se pusieran a prueba como administradores, para que aprendieran, y por eso solía quedarse en los diferentes concejos municipales como consejero de reserva, preparado para corregir los errores; pero haciendo la experiencia de los cargos ejecutivos quería a los más humildes.

Con los reformistas, sin embargo, nunca tuvo en común la complicidad en el proteccionismo; es más, no dudó en quedarse solo con el viejo Modigliani empeñado en las batallas del liberalismo económico, que para él no eran solo una denuncia de las iniciativas especulativas de explotadores del proletariado, sino también una escuela de autonomía y de madurez política concreta en su provincia.

Es así, por exigencias federalistas, como avanzan toda la cultura y toda la acción de Matteotti: de la periferia al centro, de la cooperativa al ayuntamiento, de la provincia al Estado. El suyo fue siempre un socialismo aplicado, una defensa económica de los trabajadores, lo mismo cuando en *La Lotta* de Rovigo o en la Liga de los municipios socialistas proponía qué pasos progresivos adoptar, o cuando desde el *Avanti!* o la *Giustizia* se dirigía a todo el proletariado italiano; o cuando, en calidad de ponente de la Junta de Balance, llevaba al punto más dramático y arrollador su proceso a las oligarquías plutocráticas dominantes.

Tanta demostró ser su pasión por lo concreto, por el detalle, por los hechos, que, en 1921, en una situación dificilísima para el proletariado de la provincia de Ferrara, prefirió ejercer su labor de asistencia y defensa que desplazarse a Livorno a recoger los éxitos clamorosos de una academia de «tendencias» y «fracciones».

Su antifascismo

Giacomo Matteotti vio nacer en el Polesine el movimiento fascista como esclavismo agrario, como untuosidad servil de los marginados hacia quien les pagaba, como crueldad medieval y turbio oscurantismo respecto de cualquier esfuerzo de los trabajadores conducente a hacerles alcanzar su dignidad y su libertad. Dada esta iniciación infalible, Matteotti no podía tomarse en serio las chistosas teorías de los diferentes nacionalfascistas, ni los mediocres proyectos maquiavélicos de Mussolini: había en juego una cuestión más fundamental de incompatibilidad ética y de antítesis instintiva.

Advertía que para combatir el fascismo de manera útil en el campo político hacía falta ponerlo, con resistencia tenaz, frente a ejemplos de dignidad. Hacer de ello un asunto de carácter, de intransigencia, de rigor.

Así se condujo, contrario a todo ministerialismo, sin doblegarse jamás. En 1921, al prefecto de Ferrara, que lo llamaba en un momento crítico de la lucha agraria, le contestó por teléfono: «Cualquier conversación entre nosotros es inútil. Para conocer nuestras intenciones yo no le hago falta, porque tiene a sus espías. Y de las palabras de usted, yo no me fío». Nunca se le vio ceder a las lisonjas de los hombres del poder constituido, ni subir de buen grado las escaleras de la prefectura.

De este modo, en torno a su figura se había creado una atmósfera de aborrecimiento medroso por parte de los agrarios: al tiempo que lo tenían en estima, comprendían que en él tendrían a un enemigo implacable.

El 12 de marzo de 1921, Matteotti tenía que hablar en Castelguglielmo[13]. Desde hacía algunos meses, la lucha se había vuelto muy violenta; en el Polesine se había producido el primer asesinato. Aquel sábado circulaba por las carreteras en una calesa, en compañía del alcalde de Pincara, Stefano Stievano. Unos ciclistas venidos del pueblo salen a

---

[13]   Castelguglielmo (al igual que Pincara, mencionado poco más adelante) es un municipio de la comarca del Polesine (Véneto).

su encuentro para ponerlo sobre aviso: los agrarios le han preparado una emboscada. Matteotti quiere que Stievano dé media vuelta y recorre él solo el camino que queda. En Castelguglielmo se advierte, en efecto, un movimiento insólito de fascistas a sueldo, una muchedumbre armada: en la sede de la Liga lo esperan los trabajadores, y Matteotti les habla sosegadamente, exhortándolos a resistir. A unos cuantos agrarios que se presentan para debatir, los rechaza: era una vieja táctica de estos, cuando buscaban una coartada para ejercer su violencia, dirigirse de manera injuriosa a los trabajadores para provocar su reacción y hacerles caer en la trampa. Matteotti les ofrece, a cambio, seguirles él solo hasta la sede agraria y hablar allí: así queda convenido y a los trabajadores consigue arrancarles que no se moverán para evitar incidentes graves.

No sé si el valor y la clarividencia parecieron una provocación. Lo cierto es que en cuanto atravesó el umbral de la sede patronal, por en medio de una doble fila de hombres armados, olvidados ya del pacto lo rodean enfurecidos, pistola en mano, para inducirlo a que se retracte de lo hecho en la Cámara y declare que se marchará del Polesine.

—Solo tengo una declaración que haceros: que no os hago declaraciones.

Lo golpean, le escupen; él no añade una sílaba, empeñado en resistir. A empujones, lo meten por la fuerza en un camión; disparan al aire para mantener alejados a los proletarios allegados en su ayuda. Los carabineros permanecían encerrados en el cuartel.

Lo pasean por los campos, apuntándolo con el revólver y apretándole el pecho con la rodilla, sin dejar de amenazarlo de muerte si no promete retirarse de la política. Viendo que todo esfuerzo es inútil, se deciden por último a arrojarlo desde el camión a la calzada.

Matteotti recorre a pie diez kilómetros, y a media noche entra en Rovigo, en cuya sede de la Diputación Provincial, por el asunto de la prórroga del pacto agrícola, lo esperaban el caballero Piero Mentasti, de los populares, el abogado Altieri, por los fascistas y en representación de los pequeños propietarios y los arrendatarios, y Giovanni Franchi y Aldo Parini, representantes de los trabajadores. Con la ropa un poco revuelta, pero sereno y tranquilo. Solo después de marcharse los adversarios, ante el reproche de sus compañeros por el retraso, se excusó diciendo: «Me han robado». Había reconocido a algunos de sus agresores, entre otros, un arrendatario suyo a quien en cierta ocasión había condonado el alquiler, pero no quiso decir sus nombres. Aseguró, en cambio, que las órdenes debían de haberlas dado el comendador Vittorio Pelà de Castelguglielmo y los Finzi de Badia, parientes del antiguo subsecretario de Mussolini.

Dado que se habló, y se sigue hablando, de las violencias innombrables que Giacomo Matteotti habría padecido en aquella ocasión, es de justicia declarar, dando testimonio definitivo, que su serenidad y su impasibilidad –de la que pueden testimoniar sus antedichos interlocutores de aquella noche– nos permiten excluir tal hecho, o bien reducirlo a una innoble bravata fascista.

Así y todo, la historia de este secuestro es impresionante, por lo que hemos querido recoger todos los detalles de testigos incontestables. Mientras no se nos describa la agresión de Roma, el recuerdo de esta prueba puede decirnos con qué ánimo fue Matteotti al encuentro de la muerte. La presentía.

En Turín, el día de la conferencia de Turati, un huido del Véneto le preguntó: «¿No te esperas una acción de castigo de algún Farinacci[14]?». Matteotti contestó *literalmente* esto: «Si

---

[14]   Sobre Roberto Farinacci, véase la n. 81 del «Estudio introductorio».

tengo que volver a sufrir agresiones, serán los sicarios de los agrarios del Polesine o la banda romana de la Presidencia».

Como secretario del Partito Socialista Unitario llevó la lucha contra el fascismo con la más firme de las intransigencias. Nos queda su libro *Un anno di dominazione fascista [Un año de dominación fascista],* todo un pliego de acusación –realizado a la luz de los balances– y, a la vez, un acto de rebeldía de la conciencia moral. Y fue Matteotti quien cortó de raíz, tan pronto como se habló de ello, toda hipótesis de colaboración de la Confederación del Trabajo: con el fascismo no se podía colaborar por una condición preliminar de repugnancia moral, por la necesidad moral de demostrarle que quedaban los que no se rinden. Como secretario del partido pensaba en la cohesión, animaba las iniciativas locales, las coordinaba en torno a este programa. Aparecía allí donde más grave era el peligro –a su pesar, ignorado– para dar ejemplo. En cierta ocasión, pese a tenerlo prohibido, se atrevió a volver, disfrazado, al Polesine, arriesgando la vida, para dar ánimos a los combatientes.

El voluntario de la muerte

Perdura como aquel que sabía dar ejemplo. Era un ingenio político sólido, seguro; pero no es posible decir qué habría hecho en un mañana como ministro de asuntos interiores o de las finanzas: pertenece ya a la leyenda.

Tengo conmigo una carta de un trabajador de Ferrara, escrita el 16 de junio:

Como te puedes figurar, aquí no se habla de otra cosa, y a los periódicos no les da tiempo de ponerse a la venta porque se los arrebatan a los vendedores y los leen con avidez. La condena es unánime, y ya no se esconde el haber despertado. Da la impresión de que el sortilegio del miedo se ha quebrado, y la gente habla sin titubeos. Con todo, la pérdida dará sus frutos de libertad y sentido cívico que devolverán a ese espíritu elegido de nuestro Grande la paz y la gloria por el sacrificio realizado. Matteotti era hombre que se habría enfrentado a la muerte de manera voluntaria de haberle parecido el medio adecuado para devolverle al proletariado su libertad perdida.

No es posible imaginar una conmemoración más espontánea y generosa. Como si los trabajadores hubieran oído en él la consigna. Porque la generación que tenemos que crear nosotros es esta, la de los voluntarios de la muerte para devolverle al proletariado la libertad perdida.

17. Los grupos de *La Rivoluzione Liberale*[1]

En casi tres años no hemos recogido, hasta hoy, las numerosas invitaciones y exhortaciones de amigos y lectores a hacernos promotores de una organización política que se correspondiera con el trabajo desarrollado por nuestra revista porque no queríamos pecar por impaciencia ni por improvisación.

Pero no se puede negar que hoy los hechos mismos se nos anticipan. El grupo de *La Rivoluzione Liberale* se ha visto forzado a actuar y a existir antes de estar oficialmente constituido. No nos queda más que tomar nota de las cosas y reforzar la primera creación espontánea.

Por eso creemos que, en un primer momento, resulta útil constituir en todos los centros donde sea posible un grupo de amigos a quienes parezca aceptable el pensamiento que hemos recogido en un programa simple y sintético. Tales organizaciones deben formarse de la manera más rápida posible: querríamos que, esta misma semana, todos aquellos amigos en condiciones de constituir un grupo en su ciudad nos escriban para que sea posible ponerlos en comunicación con el resto de nuestros amigos del lugar.

---

[1] «Gruppi della Rivoluzione Liberale», en *La Rivoluzione Liberale* III/28 (8 de julio de 1924), p. 116. Este escrito, aunque sin firma, lo redactó Gobetti.

¿Cuál puede ser la acción de estos grupos? Algunos de nuestros amigos los piensan como un partido en potencia. Nosotros no queremos anticipar ni improvisar futuros desarrollos. A nuestro juicio, en un primer momento también podrían dar acogida, hasta cierto punto, a hombres inscritos en otros partidos, con una doble finalidad: 1) crear una clase dirigente sobre la base de nuestras condiciones preliminares y nuestras soluciones; 2) promover una renovación de la democracia moderna en el ámbito de los diferentes partidos. Por eso, una vez constituidos los grupos locales dentro de límites precisos de seriedad y disciplina, se trata, por una parte, de establecer contacto con los diferentes grupos de la oposición y ejercer sobre ellos una especie de control; por la otra, de ampliar nuestras expresiones de cultura y propaganda. Dichas acciones se propondrán y señalarán en su momento en los reglamentos oportunos.

Por el momento, transcribimos el programa que se propone a la discusión del grupo de Turín, convocado el domingo 6 de julio. Dicho grupo será el primero en constituirse. En Milán, Nápoles, Palermo y Génova hay otros grupos en formación.

Quienes se adhieren a los grupos de *La Rivoluzione Liberale* reconocen tener en común las condiciones siguientes:

1. La piedra de toque de la seriedad política y moral de los italianos tiene que ser la inquebrantable repulsa del fascismo y del mussolinismo. Llevando a sus últimas consecuencias un fenómeno de dictadura burocrática predominante ya en las corruptas, y autodenominadas, democracias de antes de la guerra, el fascismo ha tenido la pretensión de resolver la reciente crisis de los desempleados, los inadaptados y los plutócratas organizando una especie de ejército de parásitos del

Estado. Por eso, la oposición contra el fascismo tiene que poder contar, en particular en el norte de Italia, con que se constituya una economía moderna, fuerte en una industria libre de toda forma de proteccionismo y paternalismo de Estado, y una clase proletaria políticamente intransigente, que en la educación de la fábrica aprende el sentido de la vida social en libertad. Las relaciones entre estas fuerzas deben estar reguladas por la ley infalible e ineluctable de la lucha de clases.

2. La formación de esta economía moderna en el norte no ha de producirse en detrimento del sur, históricamente agrícola, que no espera que la solución de sus problemas le venga de los proyectos de los teóricos ni de las limosnas de los gobiernos paternalistas en la vigilia de las elecciones, sino de una acción autónoma fundada en una política de paz, trabajo y ahorro. En el sur, los grupos de *La Rivoluzione Liberale* tienen que dirigir la batalla contra las oligarquías ministeriales que protegen a las camarillas locales y ayudar al despertar y a la participación del proletariado agrícola en la lucha política.

3. La primera condición para que se pueda iniciar esta labor de renovación tiene que ser la eliminación de los gobiernos personales y su sustitución mediante un régimen de democracia directa, moderna y laica que se base en la representación proporcional y se exprese a través de la disputa libre entre los partidos.

4. Dentro de las relaciones internacionales, cualquier política de dignidad nacional debe ser llevada a cabo por democracias semejantes, las cuales, pese a ser pacíficas por definición y por interés, son las únicas capaces de implicar a todas las clases sociales en la defensa nacional.

18. Ilustración[1]

El sabor arcaico y polémico de este nombre de exiliado y peregrino prerromántico [Baretti] –anunciado cuatro años atrás como título de una revista de escritores jóvenes que se publica ahora– llevaba aparejada una voluntad de coherencia con respecto a las tradiciones y de pugna contra culturas y literaturas circunscritas a límites provincianos, encerradas tras las fronteras de dogmas angostos y patrias chicas. Aquellos propósitos, en este clima nuevo, no nos parecen inactuales.

Descubrimientos metafísicos, relativismo, grandes problemas tratados con arte: pasados cuatro años, de todo ello apenas si queda recuerdo. La generación que nos ha precedido libró entonces la última batalla de su pasión romántica. Buscó la salvación en las conversiones, en los programas neoclásicos, en los llamamientos espirituales, con la misma juvenil inocencia con que antes la había buscado en el futurismo, en el idealismo actual, en los cientos de religiones que nos llegaban de los profetas transalpinos, en la guerra. Todas esas fórmulas eran expedientes, hechos personales; clasicismo sin clásicos, misticismo sin renuncias, conversiones crepusculares. Era natural que los hombres que habían

---

[1] Publicado en *Il Baretti* I/1 (23 de diciembre de 1924), p. 1.

buscado en el relativismo la épica de lo transitorio vinieran así a perder, en sus crisis individuales, el sentido de los más simples valores de civilidad e ilustración, y que renunciaran también a la defensa de la literatura acechada y amenazada por la política.

Las confusas expectativas y los mesianismos de dicha generación –la de los programas, que, por haberlo puesto todo en cuestión, se encontró dando valor de descubrimiento incluso a los más humildes quehaceres cotidianos– preparaban, pues, la atmósfera de una nueva invasión bárbara con que consagrar la decadencia. Es más, los propios literatos, hechos al estro del futurismo y del medievalismo de D'Annunzio, trasladaron a la literatura los oficios de sostenedora de Estados, y por reivindicar sus propias inquietudes aventuradas nos dieron una barbarie que, además, estaba desprovista de inocencia. Con la misma audacia envalentonada con que habían sido guerreros en tiempos de paz, vistieron las ropas de la corte, felices de celebrar el éxito y cantar las artes de quien reina.

Es evidente que con estas alusiones no se juzga a personas, sino que se describe una atmósfera espiritual, a la cual, sin embargo, permanecieron inmunes espíritus raros e individuos originales, con quienes tenemos una cierta obligación de poner en común nuestro trabajo. En suma, debajo de nuestras palabras de condena hay una voluntad de conservar, de rehabilitar, de encontrar aliados.

De ningún modo querríamos repetir ciertos comportamientos incendiarios, porveniristas y rebeldes que revelaban, justamente, conciencias débiles, destinadas a servir. Habiendo asistido a las tristes suertes de las esperanzas desmedidas, de los atrevimientos confiados, de la fiebre del activismo, nuestro propósito es mantenernos muy parcos en materia de crisis de conciencia y fórmulas de salvación, y no

dejarnos sorprender ingeniando nuevas teorías allí donde
alcance con la sabiduría cotidiana. Hemos decidido emplear todas nuestras fuerzas en salvar la dignidad antes que
la genialidad, en restablecer un tono decoroso y consolidar
una seguridad de valores y convicciones, en ponerles obstáculos a los improvisadores y construirle defensas a nuestra
literatura, durante demasiado tiempo presa servida a los
más inmodestos y desenvueltos conquistadores.

Esas artes con las que encandilar aldeanos no eran difíciles de aprender –de no ser porque el secreto nos pareció muy
pronto demasiado mezquino, como si para alcanzar la per-
fección en ciertas clases de experiencia bastara con la destreza
del malabarista–. Es aquí donde dio comienzo nuestra vida,
con el descontento por lo que parecía materia para el entusiasmo. Por eso, en lugar de lanzar gritos de alarma o voces
de asamblea, empezamos a trabajar con sencillez para hacernos, nosotros también, con un estilo europeo.

19. Nuestro protestantismo[1]

¿Qué hay que entender cuando se dice que Italia no ha tenido su Reforma y que es en la ausencia de la Protesta donde están las razones de su inmadurez ideal y política?

Si dicha constatación se refiriera únicamente a un problema de crítica y libertad religiosas, si se limitara a proponer el modelo de las naciones protestantes modernas, no dejaría de ser una exigencia cismática de historiadores, y los católicos se le opondrían, con razón, de manera instintiva.

Entre nosotros, un movimiento protestante debe someterse a la prueba de afrontar una exigencia más dolorosa y un problema absolutamente central de la vida italiana. La victoria del catolicismo y la práctica conservadora y reaccionaria que acompaña a los artificios demagógicos que encontramos en nuestra historia son inevitables mientras perduren las actuales, y tradicionales, condiciones de la economía.

En Italia, los intentos de heterodoxia más serios corresponden al periodo de la actividad económica de las comunas, libre y próspera. Con la entrada en la historia de los pueblos atlánticos y con el descubrimiento de América la economía italiana entra en un periodo de estancamiento: el comercio

[1] «Il nostro protestantismo», en *La Rivoluzione Liberale* IV/20 (17 de mayo de 1925), p. 83.

está en crisis; la agricultura, pobre por naturaleza, damnifica-
da por la existencia de feudos nobiliarios y eclesiásticos soste-
nidos sobre un régimen de beneficencia, no cuenta con una
clase de cultivadores laboriosos; los artesanos apenas alcanzan
para rebajar el malestar en unas pocas ciudades septentriona-
les. Con semejantes condiciones de la vida general, ensalzar el
triunfo de la Contrarreforma se hace posible.

A la Iglesia, la miseria universal le ha proporcionado en
todo momento el arma contra la Roma pagana, contra los
bárbaros y contra el Estado moderno. Las masas pobres se
hicieron católicas por las lisonjas de la beneficencia. Es así
como el dogmatismo se impuso a los espíritus humillados y
sometidos.

Es perfectamente lógico que el fascismo sea católico,
considerando que se inserta en la crisis italiana en un momento de desempleo económico; y la reforma escolar[2], exquisitamente reaccionaria, se sirve precisamente de la enseñanza religiosa para quitarles a las clases populares cualquier
osadía de rebelión.

Está claro que todas las revoluciones protestantes en Europa pusieron a prueba su vitalidad con la creación de nuevos tipos morales; sin la revolución moral, el libre examen
solo sería literatura.

Lutero y Calvino son los adelantados de la moral del
trabajo postulada por las nacientes democracias producto-
ras. Ellos les anuncian a los pueblos anglosajones la religión
de la autonomía y del sacrificio, de la iniciativa y del ahorro.
El capitalismo nace de esta revolución individualista de las
conciencias educadas en la responsabilidad personal, en el

---

[2] Gobetti alude aquí a la reforma educativa puesta en marcha por Gentile, que puso punto y final a la ley Casati, a la que se ha hecho referencia
en las pp. 118-119 de la presente antología *[N. del T.]*.

gusto por la propiedad, al calor de la dignidad. En este sentido, el espíritu de las democracias protestantes no se distingue de la moral del liberalismo económico del capitalismo o de la pasión libertaria de las masas.

La fábrica da la visión certera de la coexistencia de los intereses sociales: la solidaridad del trabajo. El individuo adquiere el hábito de sentirse parte de un proceso productivo: parte indispensable, en la misma medida que insuficiente. He ahí la más perfecta escuela de orgullo y humildad. Siempre recordaré la impresión que me causaron los obreros de la Fiat cuando tuve ocasión de visitar sus talleres, una de las pocas instalaciones anglosajonas, modernas y capitalistas que hay en Italia. Percibía en ellos una actitud de dominio, una seguridad sin poses, un desprecio por toda forma de diletantismo. Quien vive en un taller adquiere la dignidad del trabajo y el hábito del sacrificio y del esfuerzo. Un ritmo de vida severamente asentado en el sentido de la tolerancia y la interdependencia que habitúa a la puntualidad, al rigor y a la continuidad. En estas virtudes del capitalismo se deja sentir una ascesis casi árida, pero, en contrapartida, el padecimiento contenido alimenta con la exasperación el coraje de la lucha y el instinto de la defensa política.

La madurez anglosajona, la capacidad de creer en ideologías definidas, de afrontar los peligros para hacerlas prevalecer, la voluntad determinada de practicar la lucha política con dignidad nacen de este noviciado, que representa la última gran revolución ocurrida después del cristianismo.

La Gran Guerra ha demostrado que las democracias del trabajo alimentadas de este modo son las más combativas, las más celosas a la hora de defender la vida nacional, las más capaces de espíritu de sacrificio; y quien haya leído a Calvino no tenía necesidad de tal demostración. Las religiones del individualismo siempre han sido heroicas.

En cambio, en la historia italiana los tipos de productor han sido el resultado de las componendas a las que obliga la dura lucha contra la miseria. El artesano y el mercader decayeron tras las comunas. El agricultor es el antiguo siervo que cultiva por cuenta de los amos o la curia, y no tiene más amparo que la enfiteusis. Además, la cultura más característica es la que se forma en las cortes o en las administraciones, que acostumbra a las astucias, a los funambulismos de la diplomacia y a la adulación, al gusto por los placeres y la retórica. El pauperismo italiano va de la mano de la miseria de las conciencias: quien no sienta que desempeña una función productiva en la civilización contemporánea carecerá de confianza en sí mismo y de un culto religioso de su propia dignidad. He aquí en qué sentido el problema político italiano, entre oportunismos, caza descarada de colocaciones y abdicación frente a las clases dominantes es un problema moral.

En Italia, el protestantismo tiene que luchar contra la economía parasitaria y la unanimidad pequeñoburguesa, y los cuadros de la heterodoxia y la revolución democrática tiene que buscarlos en los obreros educados en la pugna libre y la moral del trabajo. De este modo no será una ideología de importación, sino el mito auténtico de una Italia educada en la dignidad, el mito de ciudadanos que son capaces de sacrificarse por la vida de la nación porque son capaces de gobernarse sin dictadores ni teocracias.

20. Croce en la oposición[1]

Croce político

Un observador poco sutil podría creer que el Croce político y teórico de la política carece de las pasiones y las experiencias que alimentaron a grandes teóricos como Maquiavelo y Treitschke, cuyas obras perduran como monumento histórico de su tiempo y como modelo de especulación filosófica.

Se diría que, en treinta años de lucha cultural, Croce se ha mantenido ajeno a cualquier interés partidario, y que sus acciones específicamente políticas no lo comprometen y casi no le afectan. Tanto si, acabado el gobierno Pelloux[2], participa en la subscripción en favor de *Avanti!,* como si hace de ministro con Giolitti; tanto si se muestra

---

[1] «Croce oppositore», en *La Rivoluzione Liberale* IV/31 (6 de septiembre de 1925), p. 125.
[2] Luigi G. Pelloux (1839-1924) fue general del ejército italiano y presidente del Gobierno en 1898-1900. Partidario de un rotundo giro a la derecha de la política italiana, él y su Gobierno acosaron a la oposición socialista e intentaron, sin éxito, promulgar una Ley de Seguridad que restringía algunas libertades políticas constitucionales. Benedetto Croce apoyó una campaña de ayuda económica al diario socialista *Avanti!,* cuya existencia estaba amenazada precisamente por el Gobierno de Pelloux.

indulgente con el primer fascismo mussoliniano con argumentos de hombre de orden, como si luego se aparta de él asqueado y arrepentido, la preocupación constante de Croce es la de ofrecer un ejemplo concreto de conducta personal: tales acciones conciernen a su conciencia individual, son las respuestas a la llamada del deber que da el ciudadano, y no el político o el filósofo. Quien examine su labor como ministro de Educación se encontrará con que, antes que a las reglas de un programa o de una reforma, se atuvo en todo momento a la idea de instaurar una administración honrada, y esta es la diferencia entre el dogmático y autoritario Gentile, dictador de infalibilidad provinciana, y el Croce político, capaz de reflexión y duda, disponible a todas las exigencias humanas, deseoso incluso de prestar oídos a la simple voz del instinto y del buen juicio.

En suma, que en política Croce ha querido ser más bien simple hombre que fino estadista, pues a los cincuenta años no es posible improvisar el disfraz de polizonte o las malas artes de la intriga. Y si de todos modos aún se le quiere buscar un partido, cuando su filosofía estuvo al servicio de hombres de todos los partidos, se impone constatar que por su mismo buen juicio, agradable y bromista, de napolitano por elección, indulgente y señor, sus simpatías tenían que ser para un conservadurismo honrado, moderadamente liberal, capaz de guardar las formas, y la paz, cara a todo hombre laborioso. Por ese mismo conservadurismo ilustrado y aprensivo, Croce estuvo contra los reaccionarios al dar comienzo el siglo, contra la guerra en 1915 —porque la guerra dilapida los ahorros y el trabajo acumulado, tanto en economía como en cultura—, y tiene hoy pocos miramientos con las improvisaciones del nacionalfascismo.

El teórico de la política

Todas las virtudes de la teoría de la política recogida en sus apostillas y en el breviario *Elementi di politica [Elementos de política]* nacen precisamente de esta moderación de hombre ni apolítico ni tampoco de partido, y de la serenidad casi indiferente del observador. Constituyen un documento preciso y nada ocasional de la constancia especulativa que está en la base de nuestra vida política de los últimos veinte años. Si acaso, no ocultaremos nuestro displacer por el hecho de que [Croce] haya querido adoptar un procedimiento sintético al máximo, quizá demasiado rápido, velando adrede, con eficaz malicia, las referencias más actuales: ante ciertas sentencias de muerte suyas contra prejuicios y teorías descabaladas, desearíamos un mayor detenimiento de historiador dispuesto a encontrar, en relación con los tiempos, las razones y la psicología de los errores.

Croce se ha contentado con hacer explícita (en un contexto rigurosamente especulativo) la teoría de la política que ya se intuía en la *Filosofia della pratica [Filosofía de la práctica]* y en *Il materialismo storico [El materialismo histórico].*

La política concierne a las acciones útiles; ahora bien, lo útil no es lo moral, pero tampoco es simple egoísmo; por lo tanto, contra todos los que censuran la política como cosa inmoral y que debe reservarse a las personas de pocos escrúpulos, es necesario reivindicar el carácter espiritual y decididamente encomiable de la acción política. Croce no deja pasar una sola oportunidad de ridiculizar y desmentir a quienes moralizan en abstracto y de forma hipócrita. Con todo, sentido político y sentido jurídico deben ir de la mano, de modo que, aunque no haya que mostrar aprecio por los santurrones y las vestales de lo institucional, a quienes actúan hay que pedirles un sentido claro de la tradición, la continuidad y la legalidad. A estos dos principios inspiradores hay que vincular una idea clara de Estado, que es *fuerza* solo en la medida en que es *consenso*, y es fuerza no como en una figuración grosera, «casi como si se agarra a alguien del cuello, se le hace doblar la cerviz y se lo postra», sino toda la fuerza humana y espiritual, «donde incluyo la sagacidad del intelecto tanto como la fuerza del brazo, la previsión y la prudencia tanto como el atrevimiento y la audacia, la dulzura tanto como la severidad». Así, en todo Estado autoridad y libertad son inseparables, y con razón se celebra, por tal motivo, la libertad. «¿Con qué palabra palpita el corazón humano con más calor y dulzura?». Con escepticismo malicioso termina Croce diciendo que siempre hay que predicar a los pueblos los beneficios de la autoridad, y a los príncipes los de la libertad, y aquí se hace evidente que habla para que se lo entienda. Así pues, concebido el Estado como acción, resulta vano buscar el fundamento de la soberanía. En un Estado, todos son, en su debido momento, soberanos y súbditos. En una relación, la soberanía no es de ninguno de sus miembros tomado individualmente, sino «de la relación misma». Sentencia en la cual, aunque Croce disfrute satirizando a Rousseau y ridiculizando a los igualitaristas, tal vez se contenga una de las declaraciones de democracia moderna más vigorosas y radicales.

Pero el político no es un exiliado ni un prisionero de los límites del campo utilitario en el que empieza a operar; la política crea nuevas relaciones, se vuelve instrumento de vida moral, llega hasta las fuentes de la ciencia; el Estado partícipe del progreso de la historia también es ética. Croce, no obstante, pone en guardia contra quienes pudieran confundir tal Estado concebido como moralidad, como Estado ético, como historia, con el Estado político, y derivaran de este, en consecuencia, una concepción gubernativa de la moral,

como le sucedió al Gentile ministro de anacrónico oscurantismo. En realidad, el Estado es «forma elemental y angosta
de la vida práctica, de la que la vida moral se escapa por todos lados y se desborda, derramándose en riachuelos copio-
sos y fecundos, tanto como para deshacer y rehacer perpe-
tuamente la vida política misma y los Estados, o sea, tanto
como para obligarlos a renovarse conforme a las exigencias
que [la vida moral] les plantea»: lo cual es un retrato poético
y eficaz de la complejidad del mundo práctico, comprendido
de manera integral por medio de esta distinción decisiva.

En sus *Elementi di politica,* Croce se esfuerza, asimismo,
por explicarse la validez de los partidos políticos, de los cuales anteriormente había dado una idea inadecuada, al limitarse a un paralelismo con los géneros literarios[3]. En realidad, la importancia del partido político no reside tan solo
en su programa, en ocasiones genérico y siempre, necesariamente, nada más que una primera aproximación; sino en el
carácter mismo del partido como medio de acción, con sus
jefes, que en él reafirman el vigor de sus personalidades y se
preparan para gobernar.

Tomar partido y gobernar no son cosas antitéticas; y
también en el hombre de partido hay que ver un ejemplo de
ese hacer y ese actuar en los que radica la sustancia de la vida
social, suma de relaciones, o sea, de acciones.

Toda la política de Croce es, en sustancia, una exaltación
del momento de la actividad frente a abstractas consideraciones esquemáticas y genéricas, frente a los falsos programas, tras los cuales se ocultan las malas intenciones. Hay
que distanciarse sin excepción de las pedanterías de los doc-

---

[3] Sobre la comparación de Croce entre los partidos políticos y los géneros literarios, véase el artículo «El liberalismo en Italia» de la presente
antología, pp. 195-196 *[N. del T.].*

trinarios de la política; hay que llegar al contacto directo con la realidad, ante la cual consejos, análisis y distinciones sirven tan solo de antecedentes y disposiciones para decidir, para actuar.

Su antifascismo

Tras el asesinato de Matteotti, uno de los hechos más importantes de la política italiana ha sido que Croce se pasara al antifascismo.

Hasta el pasado otoño, el optimismo y la indulgencia inspiraban la posición de Croce: sus reservas ante el fascismo eran por entero morales y pedagógicas y reflejaban, por un lado, su *antidannunzismo* y su antifuturismo innatos; por el otro, su aguda desconfianza hacia todos los hombres del nacionalismo italiano, en quienes ya antes de la guerra veía a peligrosos politicastros. Este antifascismo tolerante no podía satisfacernos por entero a los jóvenes que invocábamos distinciones de índole y de estilo, pero no había que pedirle a Croce que abandonara sus costumbres conservadoras de buen gusto y moderación cultural. Incluso los motivos más radicales que lo llevaron a una oposición abierta se componían, en gran parte, antes que de reflexiones teóricas, de las preferencias y la sensibilidad del hombre. En su adhesión al Partido Liberal, en la disciplina con la que se ha puesto al servicio del partido, Croce practica su particular forma de *giolittismo* ideal, entendido como hábito mental de moderación, fidelidad y discreción. Cuando su propósito es hacer auténtica política de gregario, acaparan su atención la intuición parlamentaria, los medios de acción tradicionales, las formas constitucionales y administrativas. Su actitud es *saboyana,* de una franqueza elemental, indulgente con las teorías pero intransigente con la seriedad de las personas, obstinadamente fiel a las virtudes cívicas y a las características históricas de la nación. Así, la saboyana devoción por el Estado de estos hombres es una devoción por el Estado laico alimentada por el obsequio hacia la religión y la desconfianza hacia los curas, una laicidad que es la perfecta antítesis del anticlericalismo ruidoso de los ateos romanos, prestos a enamorarse de la Iglesia por puro estetismo de subversivos.

Pero el antifascismo de Croce no es solo esto. A las razones del conservador propias del italiano juicioso, se añade la rebeldía del europeo y del hombre de cultura. Únicamente tales razones, que quizá desagraden a nuestra psicología de combatientes, sirven para darle a dicha rebeldía su adecuada atmósfera humana, librándola asimismo de la sospecha de ser exasperación romántica o resultado de un prejuicio.

Se impone presentar a la consideración de los italianos el antifascismo europeo de Croce. Que sea la penitencia a sus nervios, su histerismo, sus impaciencias. Croce ha encontrado la justa sinrazón de rebelarse contra el presente, que sobre la presente decadencia construye para el futuro. Desde hace veinte años, su obra es el futuro. Desde hace veinte años, su obra es el único ejemplo italiano de una modernidad que participa directamente de la vida espiritual del mundo. Algo que difícilmente le perdonará el provincianismo italiano.

Desde los desafortunados intentos del Risorgimento, Croce ha sido el ejemplo europeo más acabado producido por nuestra cultura. En un momento en el que se asiste a uno de los intentos más radicales por romper los lazos de solidaridad entre Italia y la inteligencia europea, la posición de Croce en lo cultural había de convertirse en posición de intransigencia en lo político. Su mente, equilibrada e imparcial, solo podía ponerse, de manera rigurosa y total, de una sola parte. No es lícito ser apolítico cuando lo que se está defendiendo son las razones y los derechos fundamentales de la crítica, del pensamiento y de la dignidad. El poeta debe defender la libertad de su arte; el filósofo, la legitimidad de sus estudios. Es una guerra por la paz que debe comprometer a vida o muerte también a quienes están desarmados. En esta batalla que constituye el aspecto más vital de la lucha entre antifascismo y fascismo, la victoria no es asunto de milicias ni de escuadras, sino de seguridad en la propia intransigencia y en la capacidad de no ceder.

Croce puede ser un maestro para los italianos también por la serenidad con que combate. Ha conservado rigurosamente el sentido de sus propios límites.

Todas sus preocupaciones se refieren al futuro: se da en él la conciencia, conmovida y aprensiva, de que en las luchas de hoy se hallan comprometidos graves destinos; percibe estos peligros de la civilización de manera dolorosa. Y se ha volcado en la polémica antifascista cotidiana como por una necesidad de liberación, porque nadie puede faltar a sus propios deberes. Su deber fundamental, pues, es que su política no se convierta en politiquería, por lo que el hombre de letras y de ciencia tratará de mantener alejadas las tinieblas del nuevo Medioevo trabajando sin cesar como si se hallara en un mundo civilizado; y después de azotar con violenta ironía a los pequeños enemigos cotidianos, regresará con la conciencia tranquila a su trabajo de biblioteca e historia.

Percibimos en Croce a un maestro, precisamente por esa impasibilidad de inconformista.

21. El editor ideal[1]

Tengo en la mente una figura de editor ideal. Con ella me consuelo las noches de los días más tumultuosos, que son cinco o seis por semana, después de escribir diez cartas y veinte tarjetas postales, de revisar las terceras galeradas del libro de Tilgher o de Nitti[2], de preparar las novedades de la editorial para el librero, la circular para el público, la publicidad para las revistas; después de pelearme con el cajista, que me ha colado un error nuevo después de tres correcciones; de despachar al tipógrafo, que me pedía un aumento de diez liras por hoja, sin dárselo; después de ayudar al mozo a descargar las cajas con los libros, que han llegado tarde, cuando ya no hay nadie más que yo esperándolo; después de

---

[1] Se trata de un texto manuscrito de cuatro páginas sin datar, aunque se suponen de 1925. Seguimos en este caso la edición digital que se ha señalado en la nota 131 del «Estudio introductorio».

[2] Gobetti habla aquí de dos libros que su editorial estaba preparando en 1925; a saber: Adriano Tilgher, *Lo spaccio del bestione trionfante: stroncatura di Giovanni Gentile. Un libro per filosofi e non-filosofi [Expulsión del bicharraco triunfante: vapuleo de Giovanni Gentile. Un libro para filósofos y no filósofos]*, publicado ese mismo año, y Francesco Saverio Nitti, *La libertà [La libertad]*, que, al final, a causa de la censura fascista, no pudo publicarse en 1926 en el sello Piero Gobetti Editore, sino en la tipografía Carlo Accame de Turín.

destapar yo mismo la primera caja para ver los primeros ejemplares y sufrir yo solo por la página descolorida de una de las copias, y consolarme porque todo el resto está bien, que ni el encuadernador ni el prensista han hecho ninguna trastada [...]; después de llegar con solo treinta segundos de retraso a la estación, donde, entre un tren y otro, tengo que concertar un contrato con un editor extranjero; después de recibir veinte llamadas telefónicas, a diez caras nuevas que vienen con las propuestas más disparatadas y que hay que escuchar, para ver qué idea traen consigo, examinarlas, elegir a qué joven ayudar y a qué presuntuoso hay que enseñarle enseguida la puerta [...][3].

Catorce horas de trabajo al día, entre tipografía, fábrica de papel, correspondencia, librería y biblioteca (porque el editor debe ser, fundamentalmente, hombre de biblioteca y tipografía, artista y comerciante), no son demasiadas ni siquiera para mi editor ideal. Lo importante es que no tenga que padecer la condena de nuestro pauperismo, que no tenga que vivir de expedientes entre la persecución del prefecto y el chantaje de la política a través del comercio.

Concibo el editor como un creador. Creador a partir de la nada, si consigue dominar el problema fundamental de toda industria: el volumen de negocio que garantiza la multiplicación infinita de una cantidad de capital circulante, por pequeña que sea. Mi editor ideal –que con una tipografía y asociado a una papelera controla los precios, que con cuatro librerías modelo conoce las oscilaciones diarias del mercado y con dos revistas se mantiene en contacto con los movimientos de ideas más importantes, los suscita, les da vigor– no tiene necesidad de ser un Rockefeller. Toda su

---

[3] Tal como señala la edición italiana, en este punto hay una laguna en el manuscrito *[N. del T.]*.

fuerza financiera tiene que residir en su capacidad de multi-
plicar los negocios.

Mi editor imprime diez colecciones, encuentra a los com-
petentes donde no parece que los haya, puede crear una historia universal, una enciclopedia…

* * *

Es suficiente con que haya sido lógico, con que no haya
mercadeado con sus principios de hombre culto, que público y escritores estén seguros de él. En un país donde hubiera
tradiciones, donde no haya que improvisar, como nos pasa a
nosotros, la potencia de un editor antiguo es prácticamente
ilimitada. En Italia, Paravia y Sonzogno[4] pueden hacer lo
que quieran. Es una lástima que se hayan dedicado solamente a las ediciones escolares y a la divulgación corriente.

* * *

El centro de la crisis del libro es, pues, la crisis del editor.
En Italia no se cree en el editor. Casi todos los editores son
tipógrafos o libreros…

El amigo Ferrari, uno de los libreros más inteligentes de
Italia, ha desatado las iras diciendo que en Italia no hay
editores […][5].

Si hablamos solo de Italia, Italia no tiene crisis editorial:
quiero decir que la producción no ha disminuido ni ha em-

---

[4] Paravia y Sonzogno eran dos importantes editoriales italianas de la
época.
[5] Como se indica en la edición italiana, a las tres primeras páginas del
manuscrito se añade otra más, suelta, de un momento posterior, donde
es evidente que se reanuda el tema del editor ideal *[N. del T.]*.

peorado en comparación con otros periodos de nuestra historia intelectual. La crisis ha existido siempre, y existirá, si se compara la calidad y la cantidad de nuestra producción editorial con la de los países cultivados, en especial, Alemania, Francia, Inglaterra. (En Bulgaria, en Suecia, en Checoslovaquia, *La pace* de F. Nitti se ha vendido dos veces más que en Italia, o sea, en proporción al número de habitantes, ocho, quince, veinte veces más que en Italia; y hay que añadir que en 1925 *La pace* de Nitti representa la tirada más alta de un libro político alcanzada en Italia).

Nuestro mercado editorial, dicen, no está bien organizado, los aranceles aduaneros al papel y a las máquinas tipográficas repercuten dos veces sobre el precio del libro, no sabemos exportar a América del Sur, etc. He ahí tantas razones para una crisis que es más vieja que las tesis de Bonghi y de Martini acerca de la impopularidad de la literatura y la inexistencia del teatro italiano. En Italia, del libro de cultura se imprime normalmente 2.000 copias, en Alemania, 5.000; la primera edición de una novela nuestra importante es de 5.000 copias, en Francia, de 20.000; la edición italiana de la *Storia di Cristo* ha alcanzado las 100.000 copias, las ediciones americanas, casi el millón.

La verdad es que, comparada con la cultura europea moderna, Italia carece de autores, de editores, de libreros y de público.

22. Despedida[1]

La última visión de Turín: a través del tambaleante simón de vidrio que sale a la nieve; dominándolo todo, la enorme capa del cochero (que es la última de sus poesías). Despedida nórdica a mi corazón de nórdico.

Pero ¿soy nórdico, yo? Y estas palabras ¿tienen algún sentido? Estas antítesis doctrinales –antítesis de doctrina, y también de gustos, de costumbres, de ideales– si valen, es para la polémica. Me sentiré más cercano a un francés inteligente que a un italiano tosco, pero cuando me plantee experiencias intelectuales, cuando los considere para mi cultura. En Saffron Hill[2] sentí lo apegado que sigo estando a las

---

[1] Se trata de anotaciones manuscritas y sin indicación de fecha (pero necesariamente de 1926), las últimas registradas en tres páginas escritas (47 a 49) de un cuaderno que, desde ese punto hasta el final de sus 195 carillas, quedó en blanco. Fueron publicadas póstumamente, con el título «Commiato» [«Despedida»], en *Il Baretti* III/3 (16 de marzo de 1926).

[2] Saffron Hill es una calle del distrito londinense de Camden que Gobetti visitó en un viaje a Londres en julio de 1925, cuyas impresiones están explicadas en el artículo «Little Italy», publicado en *La Rivoluzione Liberale* IV/3 (6-9 de septiembre de 1925, p. 126). Gobetti quedó impresionado por la pobreza del barrio y por las condiciones miserables en las que vivían los numerosos emigrantes italianos allí establecidos.

cosas humildes, a la vida de la raza. Yo siento que este destino de padecimiento, de humildad, lo tuvieron mis antepasados: se vieron encadenados a esta tierra a la que maldijeron y que, aun así, fue la última de sus ternuras y debilidades. No se puede estar desarraigado.

Dice Tilgher que es mejor un país civilizado. O sea, cree que podrá hacer mejor sus artículos. Ha renunciado a cualquier otra repercusión. Yo siento que mi acción, en otro lugar, no tendrá el sabor que tuvo aquí: que los matices no se entenderán, que no volveré a dar con los mismos amigos que me entendían.

El cinismo era una defensa contra el sentimentalismo que repugna a mi ideal viril. Pero me sentiría desolado si mi vida se redujera a la rigurosa ejecución de un plan, y si no advirtiera en mí, difícil de dominar en los momentos más difíciles, el tumulto de la vida interior y el ansia de los afectos.

La conciencia del hado —no como punto de partida, sino como indiferencia ante las circunstancias—, cuando se tiene seguridad en uno mismo. No me importan los resultados, porque los acepto como medida de mi acción, de mí mismo (otra tasación de la voluntad resultaría complicada e imposible). La meta: ser uno mismo en todas partes. Naturalmente, no hay que caer en la histeria, y la tranquilidad solo es posible si no se buscan asentimientos. Concebir la vida como serie de exámenes es estúpido: por el contrario, todo se reduce a gozar de crédito, a no tener necesidad de exámenes porque se es algo (socialmente, se entiende).

Índice